Colonel VACHÉE

NAPOLÉON EN CAMPAGNE

Librairie militaire Berger-Levrault

PARIS
Rue des Beaux-Arts, 5-7

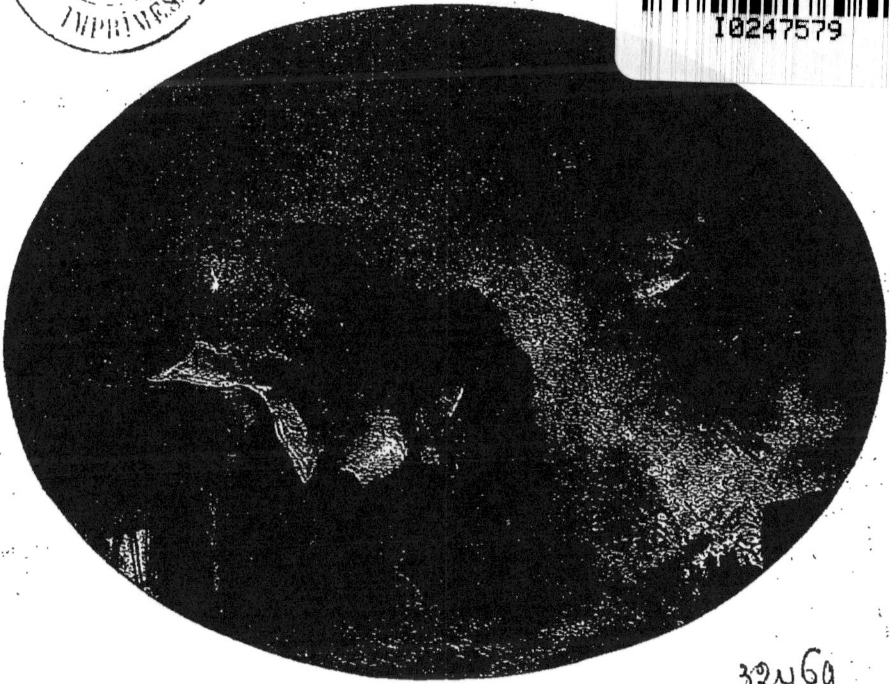

NANCY
Rue des Glacis, 18

1913

NAPOLÉON EN CAMPAGNE

DU MÊME AUTEUR :

Étude du caractère militaire du Maréchal Davout. 1908. Un volume grand in-8, avec un portrait . . . . 3 francs.

(Berger-Levrault, éditeurs.)

Tous droits de reproduction, de traduction et d'adaptation réservés pour tous pays.

Colonel VACHÉE

NAPOLÉON EN CAMPAGNE

« Entre les diverses leçons qu'offre la méditation de l'Histoire, l'une des plus profitables est celle qu'on peut retirer de l'examen du for intérieur des hommes qui ont exercé un grand pouvoir. » (Mathieu DUMAS, *Précis des événements militaires*, t. VII, p. 355.)

« Qu'un seul commande : plusieurs volontés affaiblissent l'armée. » (MACHIAVEL, *Discours sur la première décade de Tite-Live*.)

Avec deux cartes de l'époque impériale et un croquis

LIBRAIRIE MILITAIRE BERGER-LEVRAULT

PARIS	NANCY
Rue des Beaux-Arts, 5-7	Rue des Glacis, 18

1913

(Extrait de la *Revue Militaire générale*)

INTRODUCTION

Pendant l'été de 1807, le général Kosciuszko, le héros de l'indépendance de la Pologne, alors exilé à Fontainebleau, recevait la visite d'un de ses jeunes compatriotes, Chlapowski, qui était officier d'ordonnance de l'empereur Napoléon. Songeant à l'avenir de la Pologne, Kosciuszko parlait en ces termes au jeune officier :

« Tu fais bien de servir et d'étudier. Travaille bien et quand la guerre arrivera, fais attention à tout. Placé près de l'Empereur, tu peux acquérir beaucoup de connaissances et d'expérience. Augmente ton savoir le plus possible pour être utile plus tard à notre malheureux pays. Tu es à bonne école. Mais ne crois pas qu'il (l'Empereur) va reconstituer la Pologne! Il ne pense qu'à lui-même... C'est un despote, son seul but, c'est sa satisfaction, son ambition personnelle. Il ne créera jamais rien de durable, j'en suis sûr. Mais que tout cela ne te décourage pas! Tu peux apprendre beaucoup près de lui, l'expérience, la stratégie surtout. C'est un chef excellent. Mais, quoiqu'il ne veuille pas reconstituer notre patrie, il peut nous préparer beaucoup de bons officiers, sans lesquels nous ne pourrons rien faire de bon, si Dieu nous permet de nous trouver dans de meilleures circonstances. Je te répète encore une fois : Étudie, travaille, mais lui ne fera rien pour nous! »

Prenons à notre compte les conseils de Kosciuszko. Pour nous instruire dans l'art de la guerre, allons — par la pensée — au quartier général de Napoléon.

Quel précieux enseignement pour un officier que de vivre dans l'entourage immédiat de Napoléon pendant ses campagnes, que de le voir travailler, faire ses plans, donner ses ordres, veiller à leur exécution, enflammer pour l'action généraux et soldats!

Les campagnes de Napoléon ont donné lieu à bien des études didactiques, ses plans de campagnes et de batailles ont été l'objet d'analyses savantes qui forment la base du haut enseignement militaire de toutes les armées. Il semble qu'il y ait bien peu à ajouter aux nombreux travaux de cet ordre. En tout cas, ce n'est pas de ce côté que se tourne notre ambition. C'est l'homme lui-même dans sa pensée et dans son action que nous voudrions saisir sur le vif, nous voudrions faire revivre en nous les impressions qu'aurait pu éprouver l'observateur attentif et avisé que Kosciuszko, dans l'intérêt de sa patrie, désirait voir près de l'Empereur.

Sans doute, ce qui aurait frappé, avant tout, ce témoin de la vie de Napoléon en campagne, aurait été la puissance de sa personnalité; c'est un géant qui domine de cent coudées tout son entourage; autour de lui, point de collaborateurs; il n'y a que des agents d'exécution; c'est Napoléon qui centralise tout, centralisation d'ailleurs absolument excessive, nullement à imiter, car c'est elle qui, éteignant tout esprit d'initiative, a contribué à provoquer la ruine du système. Mais, en dehors de ce pouvoir d'absorption exagéré, que de leçons à prendre dans le mode d'action et de commandement du maître de la guerre! Ce mode d'action est caractérisé par un travail passionné, et par la volonté indomptable d'atteindre le but poursuivi. C'est la course à la solution simple, inattendue, décisive, par la voie la plus courte. Méditation incessante jusqu'à l'éclosion dans le cerveau de l'idée lumineuse, décision nette et rapide, exécution immédiate, sans aucune perte de temps : telles nous semblent être les sources du génie de Napoléon.

A côté de la partie psychologique du commandement il y a la partie métier. « Le cabinet de Napoléon était un laboratoire qui avait une partie toute mécanique (1). » « La vie de l'Empereur, ajoute Fain, se passait dans son cabinet... on pourrait dire que toutes les autres circonstances de sa vie n'étaient que des digressions. » Cela était vrai aussi bien en campagne qu'aux Tuileries, que ce cabinet fût installé dans les palais des rois, ou dans la plus misérable chaumière de Pologne. Quel intérêt pour un

---

(1) *Mémoires du baron Fain*, p. 75.

soldat de voir s'ouvrir devant soi la porte de ce sanctuaire ! Nous sommes au milieu de la nuit et voici que l'Empereur nous apparaît couché sur ses cartes éclairées par vingt bougies ; pendant que l'ennemi dort ou réunit des conseils, lui, solitaire, médite, décide, dicte ses ordres, utilise le temps à son maximum.

Nous le verrons ensuite poursuivre à l'extérieur l'œuvre éclose dans le silence du cabinet, surveiller l'exécution, animer son armée du souffle de sa foi et de son génie.

Notre but sera atteint — bien au delà de notre espoir — si, à la fin de cette étude, nous commençons à voir, ainsi que Taine le demande à l'historien, Napoléon vivant, pensant et agissant dans son quartier impérial, avec ses passions et ses habitudes, sa voix et sa physionomie, ses gestes et ses habits, distinct et complet, un peu comme si, officier de son état-major, nous venions de faire une campagne sous ses ordres.

NAPOLÉON EN CAMPAGNE

CHAPITRE I

LA PENSÉE ET LA DÉCISION

Du rôle du général en chef. — Puissance de l'individualité de Napoléon. — Conceptions essentiellement personnelles. — Méditation incessante. — Puissance de travail de Napoléon. — Travail de nuit. — Qualité du travail de Napoléon. — Force et constance de son attention. — Audace dans la décision. — Courage moral. — Quatre principes de guerre.

Avoir toujours présente à l'esprit la situation matérielle et morale de son armée, démêler sur des renseignements souvent vagues et contradictoires la situation et les projets de l'ennemi, prendre un parti sur ces données incertaines, le poursuivre sans perte de temps, parer à l'imprévu, ménager et accumuler ses forces pour les dépenser sans compter à l'heure décisive : tel est, dans ses grandes lignes, le rôle du chef d'armée. Personne dans l'histoire ne sut tenir ce rôle avec plus de maîtrise que celui qui fut successivement le général Bonaparte et l'empereur Napoléon Ier.

Il y eut sans doute dans la prodigieuse carrière de cet homme une part de bonheur, mais on ne saurait attribuer au seul bonheur la continuité et la grandeur de ses victoires, qui ne peuvent s'expliquer que par une étroite adaptation de ses facultés à l'art de la guerre. Quelles furent les facultés naturelles ou acquises qui du petit cadet corse firent un César triomphant en quatre-vingts batailles rangées, quelles furent ses méthodes de travail et de commandement? Autant de questions que nous voudrions parvenir à élucider — plus ou moins complètement — en étudiant l'existence de Napoléon pendant ses campagnes et le milieu dans lequel il vécut.

Tout d'abord le haut commandement comporte de la part du chef qui l'exerce un travail de pensée, préliminaire à toute décision; l'idée prend naissance, évolue, se précise et par un acte de la volonté se transforme en décision. Mais le rôle du chef ne se borne pas à prendre une décision; il lui appartient aussi de participer à l'exécution de la décision, en surveillant, en dirigeant et contrôlant les agents d'exécution. Cette participation est indispensable à la liaison et à la convergence des efforts, au redressement des erreurs, à la vigueur de l'exécution. Enfin le devoir du chef est aussi de distribuer aux exécutants les sanctions qui correspondent à leur mérite ou à leur insuffisance.

Tout commandement, pour être exercé complètement, doit pourvoir à ces diverses obligations : travail de pensée, prise de décision, surveillance de l'exécution, distribution des sanctions; la manière dont il y pourvoit lui donne sa physionomie caractéristique. Aucune de ces obligations ne peut être éludée sans qu'il en résulte un affaiblissement de l'action et de l'autorité du commandement.

Nous allons examiner successivement, sous ces différentes faces, en nous transportant dans son quartier général, la méthode de commandement de Napoléon, mais avant d'entrer dans cette analyse, un coup d'œil d'ensemble jeté sur ses campagnes et sur sa vie nous fait apercevoir de suite le caractère dominant de son action. Ce qui caractérise par-dessus tout Napoléon c'est la puissance de son individualité. Cette individualité animée par une âme ardente, passionnée, impatiente de mouvement, avide de succès, déborde sur tout son entourage, envahit toutes les fonctions. Son ambition égoïste l'incita à tout diriger pour tout régler à son profit. On a raconté que, lorsqu'il partit pour la première campagne d'Italie, il dit à un journaliste de ses amis : « Songez dans les récits de nos victoires à ne parler que de *moi*, toujours de *moi*, entendez-vous? » Ce *moi* fut l'éternel cri de sa toute personnelle ambition. « Ne citez que moi, ne chantez, ne louez, ne peignez que moi, disait-il aux orateurs, aux musiciens, aux poètes, aux peintres. Je vous achèterai ce que vous voudrez, mais il faut que vous soyez tous vendus (1). »

---

(1) *Mémoires de Mme de Rémusat*, t. II, p. 324.

Au service de ce formidable égoïsme, dont il faut exclure cependant toute idée mesquine, mettez l'esprit le plus puissant et le plus étendu, la volonté la plus forte et la plus tenace, une âme audacieuse, et vous comprendrez que, dans son commandement, Napoléon ait réduit au rôle d'aveugles instruments d'exécution tous les hommes qui, par la nature de leurs fonctions, auraient dû être les collaborateurs conscients de son œuvre.

Nous verrons plus loin comment il s'y prit pour animer l'exécution, pour donner à ses généraux et à ses troupes le principe de vie, ce qu'il appelle « le feu sacré »; mais arrêtons-nous d'abord à l'éclosion de l'idée directrice qui est comme le fil conducteur d'une campagne ou d'une manœuvre. Cette idée est absolument sienne, elle lui appartient sans partage. Son opinion est sa seule règle et, comme il le dit lui-même, le bon instrument qu'était sa tête lui était plus utile que les conseils des hommes qui passaient pour avoir de l'instruction et de l'expérience (1). « A la guerre, écrit-il (30 août 1808), les hommes ne sont rien, c'est un homme qui est tout. » « Moi, au milieu de la nuit, quand une bonne idée me passe par la tête, dans un quart d'heure l'ordre est donné, dans une demi-heure il est mis à exécution par les avant-postes (2). » Ce n'est pas là un mot sans portée, les actes sont conformes aux paroles, nous avons sur ce point le témoignage d'un homme qui, de 1802 à 1813, a suivi l'Empereur dans toutes ses campagnes, vivant et dormant sous son toit. Malgré son habituelle admiration pour son maître, le secrétaire intime Meneval se permet à cet endroit une critique discrète, il nous dit que l'infatigable activité de corps et d'esprit de Napoléon le portait à pratiquer d'une manière trop absolue ce principe « qu'il ne faut pas laisser faire à d'autres ce que l'on peut faire soi-même (3) »; après avoir signalé une première fois cette tendance, Meneval y revient encore et s'exprime en ces termes significatifs et péremptoires :

« Berthier, Talleyrand et tant d'autres n'ont pas donné un ordre, n'ont pas écrit une dépêche qui n'aient été dictés par

---

(1) CHAPTAL, *Souvenirs sur Napoléon*, p. 227.
(2) Conversation avec le général russe Batachof (cité par VANDAL, *Alexandre et Napoléon*, p. 600).
(3) *Mémoires du baron de Meneval*, t. III, p. 8.

Napoléon. Celui-ci avait non seulement l'initiative des conceptions, mais encore se réservait le détail de toutes les affaires. Je ne prétends pas qu'il eût entièrement raison en voulant ainsi tout faire par lui-même, mais son génie d'une activité surhumaine l'emportait; il se sentait *les moyens* et *le temps* de suffire à tout... en réalité c'était lui qui faisait tout (1). »

Au reste l'œuvre de Napoléon, par son originalité, exclut toute trace de collaboration. Ses ordres et ses instructions portent la griffe du maître. Des manœuvres comme celles d'Ulm, d'Austerlitz, d'Iéna, d'Eckmühl, pour ne citer que celles-là, chefs-d'œuvre d'une si grande et particulière allure, n'ont pu éclore que sous le souffle d'une inspiration unique, celle de l'Empereur. Par contraste, au même moment, chez ses adversaires, la controverse des conseils tuait l'originalité de la pensée, retardait la décision, conduisait aux solutions bâtardes et lentes qui laissent échapper l'occasion du succès.

Un exemple nous fera sentir plus vivement la manière de Napoléon dans l'élaboration et l'éclosion de l'idée. Nous l'empruntons à Ségur qui fut à la fois son historien et son aide de camp (2).

La scène se passe au quartier impérial de Pont-de-Brique (3), au mois de septembre 1805. L'Empereur vient d'apprendre qu'après le combat du cap Finistère, l'amiral Villeneuve, au lieu de suivre la flotte anglaise, est entré au Ferrol; plus d'espoir de surprendre le passage de la Manche. Il mande Daru, intendant général de l'armée. Celui-ci se présente à 4 heures du matin, il trouve l'Empereur dans sa chambre, l'air farouche, son chapeau enfoncé sur les yeux, le regard foudroyant, éclatant en invectives et en reproches amers contre Villeneuve. Puis, brusquement, changeant de ton, Napoléon dit à Daru, en lui montrant un bureau chargé de papiers : « Mettez-vous là et écrivez ! » Aussitôt sans transition, sans méditation apparente, de son accent serré, bref, impérieux, il dicte sans hésiter le plan de la campagne de 1805, jusqu'à Vienne. Il dicte ainsi pendant quatre ou cinq heures. S'étant assuré que ses instructions étaient bien

---

(1) *Mémoires du baron de Meneval*, t. III, p. 50.
(2) Ségur, *Mémoires d'un aide de camp*, p. 158.
(3) Pont-de-Brique est un petit château à une lieue de Boulogne, où s'installait Napoléon lorsqu'il allait inspecter les camps de l'Océan.

comprises, il congédie Daru : « Partez sur-le-champ pour Paris, en feignant de partir pour Ostende, arrivez-y seul pendant la nuit, que personne ne sache que vous y êtes ; descendez alors chez le général Dejean (1) ; vous vous enfermerez chez lui, vous préparerez avec lui, mais avec lui seul tous les ordres d'exécution pour les marches, les vivres, etc., etc. Je ne veux pas qu'un seul commis soit dans la confidence ; vous coucherez dans le cabinet même du général Dejean et personne ne devra savoir que vous y êtes… »

Peu importe l'exactitude absolue de ce récit donné dans une note remise aux archives (14 janvier 1836) par le fils de Daru ; il peut être discuté en certains points de détail, mais il dépeint l'homme qui semble faire jaillir de son cerveau, en un éclair de génie, ses plans et ses projets. Cependant il ne faut pas s'y tromper, l'improvisation n'est qu'apparente. Depuis un certain temps, Napoléon a ruminé son affaire, mais il ne s'en est ouvert à personne. « Si je parais toujours prêt à répondre à tout, disait-il à Rœderer (2), c'est qu'avant de rien entreprendre, j'ai longtemps médité, j'ai prévu ce qui pourrait arriver. Ce n'est pas un génie qui me révèle tout à coup ce que j'ai à dire ou à faire, dans une circonstance inattendue pour les autres, c'est ma réflexion, c'est la méditation. »

Ainsi pratiquée par un esprit aussi étendu et aussi puissant, esprit à la fois analytique et imaginatif, la méditation a donné naissance aux plans des quatorze campagnes du plus grand capitaine des temps modernes ; il médite constamment, sa tête travaille toujours, en dînant, au théâtre ; la nuit il se réveille pour travailler. Il enfante dans le travail et la peine comme la fille qui accouche : « Il n'y a pas un homme plus pusillanime que moi quand je fais un plan militaire, je me grossis tous les dangers et tous les maux possibles dans les circonstances ; je suis dans une agitation tout à fait pénible. Cela ne m'empêche pas de paraître fort serein devant les personnes qui m'entourent. Je suis comme une fille qui accouche. Et quand ma résolution est prise, tout est oublié, hors ce qui peut la faire réussir (3). »

---

(1) Ministre de l'administration de la guerre.
(2) Rœderer, *Mémoires*, t. III, p. 380.
(3) Rœderer, *Mémoires*, t. III, p. 380.

Nous voyons apparaître ici en Napoléon une de ses qualités maîtresses, une de celles qui ont le plus contribué à l'élever, la puissance de travail. Les dix-neuf années de ce qu'on peut appeler sa vie publique ont été remplies par un labeur presque surhumain; un de ses principes de guerre est que le temps est tout, et il sait que le temps perdu ne se regagne pas. Par disposition naturelle, par tempérament, sa résistance au travail est extraordinaire; il dit lui-même à Las-Cases (1), que « le travail est son élément, qu'il est né et construit pour le travail, il a connu la limite de ses yeux, il a connu la limite de ses jambes, il n'a jamais pu connaître celle de son travail. » « Travaillant jusqu'à vingt heures par jour, on n'aperçut jamais ni son esprit fatigué, ni son corps abattu, ni aucune trace de lassitude, et je me suis souvent dit, écrit Chaptal, qu'un tel homme vis-à-vis de l'ennemi devait avoir par cela seul un avantage incalculable (2). » Sans être homme de guerre, Chaptal avait pressenti que, par sa méthode et sa puissance de travail, Napoléon, gagnant l'ennemi de vitesse, était toujours en situation de lui imposer sa volonté.

Napoléon avait, en outre, une précieuse et rare faculté, il travaillait aussi facilement la nuit que le jour. Il disait avoir travaillé plus la nuit que le jour. Ce n'est pas que les affaires lui causent des insomnies, mais il dort à heures ininterrompues et peu de sommeil lui suffit. En campagne, souvent réveillé subitement au milieu de la nuit et aussitôt levé, il donne ses décisions ou dicte ses réponses avec la même clarté, la même fraîcheur d'esprit qu'en plein jour. C'est ce qu'il appelait « la présence d'esprit d'après minuit »; elle était complète et extraordinaire chez lui. « Telle était l'organisation privilégiée de cet homme extraordinaire en tout qu'il pouvait dormir une heure, être réveillé par un ordre à donner, se rendormir, être réveillé de nouveau sans que son repos ni sa santé en souffrissent. Six heures de sommeil lui suffisaient, soit qu'il les prît de suite, soit qu'il dormît à divers intervalles dans les vingt-quatre heures (3). »

---

(1) LAS-CASES, *Mémorial de Sainte-Hélène*, t. VI, p. 359.
(2) CHAPTAL, *Souvenirs sur Napoléon*, p. 318.
(3) *Mémoires du baron de Meneval*, t. III, p. 42.

En campagne, à l'approche des batailles, la nuit était particulièrement consacrée à son travail de pensée. Généralement couché après son dîner, vers 8 heures, il se lève au moment où les rapports des reconnaissances arrivent au quartier impérial, vers 1 heure ou 2 du matin. Bacler d'Albe lui a installé, sur une grande table, au milieu de la pièce qui lui sert de cabinet, la meilleure carte du théâtre de la guerre; sur cette carte, très exactement orientée et entourée de vingt ou trente chandelles, sont marquées avec des épingles à tête de couleur les positions des différents corps d'armée et ce qu'on connaît des positions de l'ennemi. C'est là-dessus qu'il travaille en promenant son compas ouvert à l'échelle de 6 ou 7 lieues — une étape. Avant la fin de la nuit, il a pris sa détermination, dicté et expédié ses ordres que les troupes exécutent dès les premières heures du jour (1). Dans un chapitre suivant nous le verrons opérer ainsi en un cas concret, mais dès maintenant on se rend compte de « l'avantage incalculable », comme a dit Chaptal, qu'une telle méthode de travail lui donnait sur un ennemi consacrant les heures de nuit au sommeil ou les gaspillant dans les délibérations sans fin des conseils.

Toutefois, il importe de remarquer que cette période de travail intensif n'eut qu'une durée limitée; une pareille dépense de forces exige le feu sacré et la vigueur de la jeunesse. C'est l'opinion de Napoléon lui-même. Il l'exprimait ainsi en 1805 : « On n'a qu'un temps pour la guerre, j'y serai bon encore six ans (jusqu'à quarante ans) après quoi moi-même je devrai m'arrêter. » Comme il le prévoyait, à partir de 1809, il commence à décliner, sa pensée perd de sa netteté et de sa précision, sa volonté est moins forte, son caractère moins décidé. Ses maréchaux remarquent, déjà dès 1806, qu'il prend moins allègrement la vie de campagne, il commence à aimer ses aises, il a, pour ainsi dire, une « manière lâchée » de faire la guerre.

Si peu d'hommes ont, dans leur vie, travaillé par la pensée autant que Napoléon, moins encore ont tiré de leur travail un aussi grand rendement. Cela tenait autant à l'étendue de son intelligence, singulièrement remarquable, qu'à la force de sa

---

(1) D'après JOMINI, *Précis de l'art de la guerre*, p. 289.

volonté. A une imagination vive qui, d'une seule idée, en enfantait mille autres, il unissait « cette faculté de géométrie transcendante qu'il appliquait à la guerre avec le même aisance et la même ampleur que Monge l'appliquait à d'autres objets » (1).

« Les habitudes géométriques de son esprit l'ont toujours porté à analyser jusqu'à ses émotions. Napoléon est l'homme, nous pouvons le dire avec Mme de Rémusat, qui a le plus médité sur les *pourquoi* qui régissent les actions humaines. Incessamment tendu dans les moindres actions de sa vie, se découvrant toujours un secret motif pour chacun de ses mouvements, il n'a jamais expliqué ni conçu cette nonchalance naturelle qui fait qu'on agit parfois sans projet et sans but (2). » Aucun esprit n'est plus net ni plus positif; personne n'est plus éloigné de ce défaut par lequel, suivant Frédéric II, les hommes pèchent le plus : « Ne point s'appliquer assez pour se faire des idées nettes des choses auxquelles on est employé. »

Une caractéristique du génie de Napoléon est la force et la constance de son attention. Son effort du moment se concentre en entier sur l'objet dont il s'occupe, sans permettre à son imagination de s'en écarter un seul instant, il prolonge cet effort jusqu'à l'éclosion d'une solution. Lui-même compare son cerveau à un casier où les différentes questions sont rangées avec ordre. Pendant le travail il ouvre un tiroir et n'envisage que l'affaire qui s'y trouve; la question traitée, il passe de même à la suivante jusqu'au moment où, voulant se reposer, il ferme tous les tiroirs de son cerveau. Un travail de pensée aussi méthodique et aussi précis ne peut être obtenu que par l'effort d'une volonté persévérante et inflexible qui ramène avec obstination dans la voie tracée l'esprit naturellement vagabond. Toujours au fait, Napoléon « pense plus vite que les autres ». Il attribuait sa pensée plus rapide à une plus grande mobilité des fibres de son cerveau. Ne peut-on pas dire que cette économie de temps était due aussi en grande partie à la force de son attention?

L'audace dans la décision, qui est une autre marque distinctive du génie militaire de Napoléon, se rattache, comme la rapi-

---

(1) SAINTE-BEUVE, *Causeries du lundi*, t. III, p. 150.
(2) *Mémoires de Mme de Rémusat*, t. I, p. 103.

dité de pensée, autant à la vigueur de la volonté qu'à la nature de l'esprit. C'est un joueur effréné, il ne cesse de jeter hardiment toute sa fortune sur le tapis en une partie décisive, mais, le plus habile des joueurs, il emploie à gagner cette partie toutes les ressources de son intelligence et de son expérience. « L'homme habile doit profiter de tout, ne rien négliger de ce qui peut lui donner une chance de plus. L'homme moins habile, quelquefois en en méprisant une seule, fait tout manquer. » Voilà ce qu'il écrivait à Talleyrand dont la diplomatie nonchalante et avisée augurait mal cependant de ce continuel défi à la fortune. « Je réussirai! c'était le mot fondamental de ses calculs, et souvent son entêtement à le prononcer l'a servi pour y parvenir (1). » La confiance en son étoile fut sans aucun doute une des raisons de sa prodigieuse élévation, mais, par une naturelle conséquence, ce qu'il y avait d'excessif dans le génie de Napoléon fut aussi la cause de sa ruine.

Cette audace était soutenue par une ambition formidable de gloire (2), par le souci de vivre dans la postérité, par une résolution inébranlable de faire de grandes choses ou de périr avec honneur. Cette audace, qui semble téméraire à notre époque plus prudente, plus ambitieuse de bien-être que de gloire, se décèle dans les plans de campagne et de manœuvre de Napoléon, en ce qu'il y recherche sans cesse l'acte décisif, la bataille à grand rendement. Tout est calculé, il est vrai, pour limiter la part du hasard, mais cette « sacrée majesté » conserve toujours une influence, Napoléon le sait et le dit : « Tous les grands événements ne tiennent jamais qu'à un cheveu (3). » Sans doute, comme il l'a proclamé, si ses guerres furent audacieuses, elles furent aussi méthodiques. « Il eut toujours en vue le rapport des moyens avec les conséquences et des efforts sur les obstacles. » Mais, malgré son esprit mathématique, il grossit souvent outre mesure, par orgueil ou diplomatie, sous le coup d'une illusion inconsciente ou préméditée, l'évaluation de ses ressources et de sa puissance d'action. Des expéditions comme celles d'Égypte

---

(1) *Mémoires de Mme de Rémusat*, t. I, p. 385.
(2) *Mémoires de Marmont*, t. II, p. 41.
(3) Napoléon à Talleyrand, 26 septembre 1797.

et de Russie, loin de toute ligne d'appui et de ravitaillement, peuvent être considérées comme de téméraires aventures. Que serait-il advenu s'il eût été vaincu à Arcole, à Marengo, à Austerlitz, à Iéna...? Surtout à Marengo, il a véritablement joué sur un coup de dé tout son avenir. Jeu d'audace qui peut réussir quelque temps, mais qui, indéfiniment répété, ruine son homme, en dépit de toute habileté.

Malgré la faillite de ce jeu à outrance, combien ne doit-on pas admirer le courage moral d'un homme qui, consciemment, engage toute sa fortune, avec l'avenir de son pays, dans des parties si redoutables? Se reportant par la pensée aux heures de ses grandes décisions, Napoléon, à Sainte-Hélène, déclarait « qu'on se fait une idée peu juste de la force nécessaire pour livrer avec une pleine méditation de ses conséquences une de ces grandes batailles d'où va dépendre le sort d'une armée, d'un pays, la possession d'un trône » (1). Aussi, a-t-il proclamé plus d'une fois que la première qualité d'un homme de guerre était la fermeté de caractère. C'est une parole sur laquelle on ne saurait trop méditer en notre temps de démocratie et de paix prolongée, où souvent, par des circonstances qui ne permettent en rien d'apprécier la fermeté de caractère, un homme est porté au commandement suprême des armées!

Le courage moral de Napoléon ne se manifesta jamais avec plus de force qu'en 1796 avant Arcole. Son armée est alors accablée de fatigue, mécontente, inférieure de plus de moitié à l'ennemi, le Directoire refuse obstinément tout secours. « En ce moment critique (11-15 novembre 1796) Bonaparte lui-même s'alarme, il n'ose plus répondre de rien. Je tiens de Collot lui-même, écrit Ségur (2), qu'il le renvoya à Milan, en le prévenant de se tenir prêt à tout événement. Bien plus, quelque pût être le fâcheux effet de cette précaution, il le chargea d'une lettre pour Joséphine, qu'il autorisait à se retirer de Milan à Gênes. Peu d'années après, à Saint-Cloud, elle-même m'a dit que dans cette lettre Bonaparte lui avouait « qu'il n'avait plus d'espoir, que tout était perdu, que partout l'ennemi montrait une force

---

(1) *Mémorial de Sainte-Hélène*, t. II, p. 18.
(2) Ségur, *Histoire et Mémoires*, t. I, p. 308.

triple de la sienne, qu'il ne lui restait que *son courage*, que probablement il allait perdre l'Adige, qu'ensuite il disputerait le Mincio et que cette dernière position perdue, s'il existait encore, il irait la rejoindre à Gênes où il lui conseillait de se retirer ».
Mais il restait à Bonaparte son courage moral, sa volonté de périr avec honneur en jouant une partie suprême, et aussi son audacieuse et méditative pensée. Ce fut suffisant pour retourner une situation désespérée. On connaît la manœuvre d'Arcole, les combats acharnés dans les marais de l'Alpon (15, 16, 17 novembre 1796), la rentrée triomphale à Vérone par la porte d'Orient. Que n'avons-nous connu, en 1870, à Metz, une pareille volonté de vaincre !

En résumé, conception essentiellement personnelle, méditation incessante, esprit actif et audacieux, remarquable par son étendue, mais essentiellement positif, volonté forte, obstinée, énergique : telles furent les ouvrières vigilantes et laborieuses qui tissèrent la trame des décisions et des plans de Napoléon. Quelques grands principes directeurs, très simples, furent les axes d'activité de cette pensée toujours en travail. Napoléon en donne l'essentiel dans une lettre à Lauriston, alors chargé de l'expédition des Antilles.

« Souvenez-vous toujours de ces trois choses :

« Réunion des forces ;

« Activité ;

« Ferme résolution de périr avec gloire. »

Nous sommes tenté d'ajouter cette quatrième maxime, aussi toute napoléonienne :

« Surprendre l'adversaire par la ruse et le secret, par l'imprévu et la rapidité des opérations. »

Voilà la théorie, elle est simple, mais elle ne vaut que par l'exécution. Nous allons voir comment il la comprenait.

CHAPITRE II

L'EXÉCUTION

Impulsion que Napoléon donne à l'exécution. — Suppression de toute perte de temps entre la décision et l'exécution. — Prix du temps. — Intervention de Napoléon dans le travail d'état-major. — Établissement des ordres d'opérations. — Situation de Berthier vis-à-vis de Napoléon. — Napoléon est son propre directeur des étapes.

A la guerre, la plus belle conception est vaine si elle ne se matérialise en des actes, le meilleur plan ne vaut que par l'exécution. Cette opinion n'a jamais eu de plus zélé partisan que Napoléon; par tempérament il était hostile aux rêveries purement spéculatives, à la tournure d'esprit de ceux qu'il appelait avec mépris « les idéologues ». Cet homme du Midi à l'imagination ardente était en même temps le plus pratique des réalistes. Chez lui, la vigueur et la rapidité de l'exécution ne le cédaient en rien à la force de la conception. Dans les belles manœuvres impériales, on se demande ce qu'on doit le plus admirer de l'idée ou du geste qui la réalise. Les belles combinaisons qui menaçaient l'existence des armées de Wurmser, Mélas, Mack, Brunswick, étaient en elles-mêmes des manœuvres savantes, elles auraient seules produit la défaite de l'ennemi, mais elles n'auraient fait que menacer le sort de ces armées, elles ne les auraient pas détruites sans cette brillante exécution, cette vigueur, cette rapidité qui ont étonné le monde (1).

Nous avons vu que, chez Napoléon, l'idée de la manœuvre était essentiellement personnelle; il ne pouvait en être tout à fait de même de l'exécution qui, nécessairement, mettait en action, sous des formes diverses, un grand nombre d'hommes. Quel était le degré d'influence de Napoléon dans l'exécution? En quelle

---

(1) JOMINI, *Traité des grandes opérations militaires*, t. III, p. 215.

mesure y intervenait-il? Là, comme ailleurs, son individualité imprimait fortement sa marque en donnant à l'exécution une allure singulièrement ferme et rapide.

L'Empereur intervenait tout d'abord par la volonté ardente de supprimer toute perte de temps entre la conception de l'idée et l'acte qui en était la conséquence. La volonté et l'exécution étaient pour ainsi dire fondues ensemble... « L'art de Napoléon consistait surtout en ce que pour l'exécution d'un plan qu'il avait embrassé en grand et qu'il avait calculé, il choisissait avec une volonté ferme, inflexible, les moyens qui devaient le conduire au plus vite et le plus vigoureusement au but. Sa redoutable autorité dissipait comme une chimère toute objection, toute preuve d'impossibilité (1). »

Nul plus que lui n'a tenu compte de la valeur du temps. « La perte du temps est irréparable à la guerre, écrivait-il à son frère Joseph (20 mars 1806), les raisons que l'on allègue sont toujours mauvaises, car les opérations ne manquent que par des retards (2). » Aussi, que de recommandations dans ses ordres pour accélérer l'exécution. C'est à Murat qu'il écrit de l'abbaye d'Elchingen (17 octobre 1805) : « Je vous félicite des succès que vous avez obtenus. Mais point de repos, poursuivez l'ennemi l'épée dans les reins et coupez-lui toutes les communications. » D'Augsbourg (12 octobre 1805), à Soult : « Si l'ennemi n'est pas à Memmingen, descendez comme l'éclair jusqu'à notre hauteur. » En 1809, à Masséna, au moment de Landshut, il adresse cet entraînant appel : « Vous voyez d'un coup d'œil que jamais circonstance ne voulût qu'un mouvement soit plus actif et plus rapide que celui-ci... Activité, activité, vitesse, je me recommande à vous ! »

Après la bataille de Coutras (1587), Henri de Navarre perdit les fruits de la victoire en quittant son armée pour s'en aller en Béarn présenter de sa main à la comtesse de Guiche, qu'il aimait alors, les enseignes, cornettes et autres dépouilles des ennemis dont il avait fait un galant trophée (3). Voilà qui est bien différent

---

(1) ODELEBEN, *Relation circonstanciée de la campagne de Saxe en 1813.*
(2) *Lettres inédites de Napoléon Ier*, publiées par Léon LECESTRE, t. I, p. 62.
(3) SAINTE-BEUVE, *Causeries du lundi*, t. VIII, p. 157.

de la manière de Napoléon, qui, sans être insensible aux charmes féminins, n'aurait jamais dérobé une minute à ses opérations pour une belle dame. Avant comme après la bataille, il avait pour principe d'imposer, à lui-même comme à toute l'armée, un effort presque surhumain. Alors, il n'y a pas d'obstacle, qu'on ne lui parle pas d'impossibilité, en aucun cas, il n'accepte ce genre d'excuses. C'est une sorte de bluff sublime auquel il a recours pour stimuler les énergies, pour entretenir ce qu'il appelait le « feu sacré » chez ceux qu'il poussait vers un but que l'audace était seule capable d'atteindre (1).

C'est dans cet état d'esprit qu'il écrit à Augereau vieilli et fatigué, cette lettre (26 février 1814) où les phrases se succèdent brèves, sonores, saccadées comme en une sonnerie d'assaut :

« Mon cousin, quoi ! six heures après avoir reçu les premières troupes venant d'Espagne, vous n'étiez pas déjà en campagne ! Six heures de repos leur suffisaient. J'ai remporté le combat de Nangis avec une brigade de dragons qui, de Bayonne, n'avait pas encore débridé... Je vous ordonne de partir douze heures après la réception de la présente lettre et de vous mettre en campagne. Si vous êtes toujours l'Augereau de Castiglione, gardez le commandement, si vos soixante ans pèsent sur vous, quittez-le et remettez-le au plus ancien de vos officiers généraux. La patrie est menacée et en danger, elle ne peut être sauvée que par l'audace et la bonne volonté et non par de vaines temporisations. Soyez le premier aux balles. Il n'est plus question d'agir comme dans les derniers temps. Il faut reprendre ses bottes et sa résolution de 93. »

C'est par cette rapidité dans l'exécution, jointe au secret des opérations, que Napoléon créait la surprise et déroutait son adversaire.

Rapidité et secret des opérations sont deux grands facteurs de la victoire qui, pour bien des raisons, tendent à échapper aux armées modernes ; mais tout est relatif dans les combinaisons humaines et celui des deux adversaires qui, dans la prochaine guerre, l'emportera sous ce rapport, mettra de son côté bien des chances de succès.

---

(1) *Mémoires du baron de Meneval*, t. III, p. 251.

Napoléon intervenait encore dans l'exécution de bien d'autres manières, en particulier par le contrôle incessant et par l'action entraînante qu'il exerçait sur son armée; j'y viendrai bientôt; mais, pour le moment, je voudrais me borner à le regarder vivre et agir dans son quartier général, je désirerais le contempler par une fenêtre ouverte de son cabinet de travail, dans la solitude duquel germèrent tant d'idées fécondes. C'est là que nous l'avons déjà vu prendre sa décision et que nous allons le suivre encore.

La décision étant prise, l'exécution comporte tout d'abord pour le haut commandement un acte essentiel : donner les ordres. C'est là qu'on voit apparaître les auxiliaires immédiats du commandement, l'état-major.

Thiébault a défini l'état-major du chef d'armée « le point central des grandes opérations militaires et administratives d'une armée, celui où, d'après les ordres du général en chef, tout se règle et s'ordonne et d'où tout s'active et se surveille » (1). Il est au-dessus des forces humaines, ajoutait-il, de pouvoir suffire en même temps aux méditations que nécessite un commandement étendu et aux détails qui tiennent à l'exécution des plans qu'il faut à chaque instant modifier et changer.

La méditation, travail préparatoire de la décision, et la prise de décision sont l'affaire exclusive du général en chef; il donne la direction générale du mouvement par des instructions ou des ordres à son chef d'état-major, celui-ci est chargé des détails qui tiennent à l'exécution du mouvement et à l'entretien des armées. Si on ne se conforme point à cette répartition rationnelle du travail, on tombe soit dans une centralisation excessive qui dépasse les limites des forces humaines, soit dans une abdication du commandement qui fait perdre à l'action la fermeté et la vigueur désirables. Tombant dans le premier de ces excès, Napoléon ne laissait à l'état-major de Berthier que ce qu'il ne pouvait faire lui-même.

L'état-major n'avait aucune participation au travail de pensée de l'Empereur, il n'était pas orienté, il n'avait qu'à obéir au doigt et à l'œil. « Tenez-vous-en strictement aux ordres que je

---

(1) Thiébault, *Manuel général des états-majors*, p. 17.

vous donne, moi seul je sais ce que je dois faire (1). » Voilà la consigne de Berthier. Il s'y tient strictement, a une foi aveugle en l'Empereur et se garde de toute idée personnelle. Il expédie les ordres; major-général, expédiant les ordres de l'Empereur, tel est son titre et sa fonction. Voyons comment ces ordres étaient établis.

La décision prise, l'Empereur, dans son cabinet, dictait un ordre général qui était adressé à Berthier et qui donnait l'ensemble des mouvements à exécuter et des dispositions à prendre par les divers corps. Après en avoir pris connaissance, Berthier remettait cet ordre non point aux officiers de l'État-major général, mais aux employés militaires ou civils de son cabinet particulier (2). Chacun d'eux y découpait, pour ainsi dire, ce qui concernait sa spécialité et en faisait un ordre particulier, qui n'était qu'un extrait à peu près *textuel* de l'ordre de l'Empereur. On ne trouve là que des copistes. En un mot, dans les ordres d'opérations, la forme comme le fond étaient de Napoléon.

S'agissait-il simplement d'un rapport à recevoir, d'une question à trancher, d'une réponse à donner, Berthier ne se serait jamais permis d'agir de sa propre initiative. Un acte d'initiative dans ce sens aurait été considéré par Napoléon comme un véritable abus de confiance. Un officier, porteur de dépêches, arrivait-il la nuit, il était introduit auprès du major général, toujours logé à côté de l'Empereur. « Berthier se rendait alors chez l'Empereur, suivi de l'officier, pour que Napoléon pût, au besoin, interroger ce dernier. L'Empereur, s'il était couché, se levait aussitôt, passait sa robe de chambre de molleton ou de piqué blanc et dictait au major général la réponse. Celui-ci la transmettait *textuellement* aux généraux ou maréchaux en la faisant transcrire

---

(1) Napoléon à Berthier, février 1806. Berthier regardait comme tout à fait naturel cet effacement de sa propre personnalité. « Je ne suis rien dans l'armée, je reçois au nom de l'Empereur les rapports de MM. les maréchaux et je signe ses ordres pour lui, mais je suis nul pour ce qui m'est personnel (Berthier à Soult, Osterode, 1er mars 1807). — « L'Empereur, monsieur le Maréchal, n'a besoin ni de conseils, ni de plans de campagne. Personne ne connaît sa pensée et notre devoir est d'obéir (Berthier à Ney, Varsovie, 18 janv. 1807).

(2) On verra, dans un autre chapitre, la composition du cabinet particulier de l'Empereur, de celui de Berthier. de l'état-major et le fonctionnement détaillé de ces rouages.

en même temps sur son livre d'ordres, avec le nom de l'officier chargé de la porter à destination et l'indication de l'heure à laquelle cet officier était expédié. Avant de donner un ordre subséquent, l'Empereur se faisait représenter le livre d'ordres et y relisait l'ordre précédent (1). »

L'Empereur dictait, Berthier expédiait, telle était la règle. « Il n'y avait d'exception à cette règle que lorsque, pendant les marches, l'Empereur donnait des ordres verbaux au major général ; dans ces circonstances, celui-ci les dictait à quelqu'un de son entourage, mais, après l'arrivée au quartier général, ces ordres verbaux étaient toujours confirmés par des ordres écrits plus explicites que les premiers (2). »

Si donc on considère, avec Jomini, le chef d'état-major comme devant être le confident du général en chef, son collaborateur intellectuel, « celui qui le seconde, encore même qu'il serait en état de tout diriger lui-même, prévient ses fautes en lui fournissant de bons renseignements », on doit reconnaître que Berthier n'a pas rempli auprès de Napoléon un pareil rôle, pour lequel il n'avait du reste aucune aptitude. Mais ce n'était pas ce que Napoléon lui demandait. Berthier, comme major général, avait pour fonction d'expédier les ordres de l'Empereur, de donner les ordres de mouvement (3) et d'administration, tenir les états de situation, l'organisation, le personnel, et enfin faire le service actif de guerre près de l'Empereur (4). Dans ce rôle plus restreint, quoique encore si important, Napoléon appréciait l'exactitude ponctuelle de Berthier, son obéissance passive, exempte de tout commentaire, sa discrétion, sa modestie, sa vigilance, sa prévoyance minutieuse pour l'expédition et la transmission des ordres, toutes qualités qui, dans plus d'une circonstance, assurèrent le succès des opérations. Dans ses Commentaires, Napoléon, racontant sa campagne de 1796, nous a laissé son appréciation sur Berthier. « Il avait (en 1796) une grande acti-

---

(1) *Mémoires du baron de Meneval*, t. III, p. 48.
(2) D'après l'intendant Denniée, attaché au cabinet du major général.
(3) Ici, par ordres de mouvement, il faut entendre les ordres pour les mouvements des détachements allant de l'intérieur à l'armée, les mouvements entre les dépôts et les troupes de l'avant, etc. Il ne s'agit en rien des ordres d'opérations.
(4) Rapport du major général à l'Empereur, Mayence, 19 avril 1813.

vité, il suivait son général dans toutes ses reconnaissances et dans toutes ses courses, sans que cela ralentît en rien son travail de bureau. *Il était d'un caractère indécis, peu propre à commander en chef,* mais possédant toutes les qualités d'un bon chef d'état-major. Il connaissait bien la carte, entendait bien la partie des reconnaissances, soignait lui-même l'expédition des ordres, était rompu à présenter avec simplicité les mouvements les plus composés d'une armée (1). » On voit aussi par là l'idée qu'avait Napoléon des fonctions d'un chef d'état-major, le rôle restreint qu'il lui assignait dans sa pensée et qui diffère si profondément de la définition de Jomini.

Mais, quand on porte un jugement sur un homme, il convient de marquer les époques. L'homme se modifie avec les circonstances et suivant les temps. De même que Napoléon, Berthier n'échappe pas à cette règle générale. « Dès 1805, son activité commençait à s'éteindre et il contribuait à gâter l'armée en substituant dans le cœur des officiers l'égoïsme à l'enthousiasme de la gloire (2). » D'autre part, les effectifs s'accroissent, l'activité prodigieuse de l'Empereur se ralentit aussi, alors apparaît nettement, aux yeux même de Napoléon, l'insuffisance du système qui fait dépendre d'un seul cerveau tous les mouvements des armées. Le 2 juillet 1812, l'Empereur écrit au major général : « L'état-major est organisé de manière qu'on n'y prévoit rien. » Pendant cette campagne de Russie, Berthier, à plusieurs reprises, subit des reproches. « Berthier, je donnerais un bras pour que vous fussiez à Grosbois; non seulement vous ne m'êtes bon à rien, mais vous me nuisez. » Tout cela prouve que la machine fonctionnait mal et il ne pouvait en être autrement, parce que l'activité de l'esprit ne vivifiait pas le travail des aides d'un commandement aussi étendu.

A la suite de ces cruelles remontrances, Berthier boudait, il ne venait pas dîner, Napoléon l'envoyait chercher, l'attendait pour se mettre à table. Il lui passait les bras autour du cou, lui disait qu'ils étaient inséparables, le raillait sur Mme Visconti, enfin le plaçait lui-même à table en face de lui (3).

---

(1) *Commentaires de Napoléon, campagne de 1796,* t. I, p. 178.
(2) STANDHAL, *Vie de Napoléon,* p. 229 et suivantes.
(3) *Mémoires du baron de Meneval,* t. III, pp. 46 et 47.

Napoléon n'était pas sans avoir quelque attachement pour celui qu'il appelait son frère d'armes, son fidèle compagnon de guerre, quelquefois même sa femme (1).

Tout en le considérant comme « un homme bien médiocre », il se plaît à reconnaître que, quand rien ne l'en détourne, il n'est pas sans quelque penchant pour lui (2). Avec son perpétuel besoin de tout analyser, même ses sentiments, il arrive à se demander pourquoi, lui, qui ne s'amuse guère aux sentiments inutiles, il s'amuse à aimer un homme aussi médiocre. C'est parce qu'« il croit en vous », lui répond Talleyrand. Ce fut une des qualités de Berthier d'avoir inspiré ce penchant. Il fut l'homme de Napoléon, il fut le chef d'état-major qui s'adaptait au génie, à la personnalité du chef qu'il servait. Cette harmonieuse juxtaposition de deux hommes, par tant de côtés si différents, fut, sans aucun doute, un des éléments des chefs-d'œuvre guerriers de l'épopée impériale.

Avec les idées de notre temps, nous considérons Berthier comme un chef d'état-major à compétence restreinte, mais il serait injuste de ne pas reconnaître que, dans cette sphère d'action limitée, il rendit à Napoléon des services très précieux, quoique sans éclat, et y fit preuve de qualités estimables. Pour lui rendre l'hommage que les nouvelles générations lui ont parfois refusé, nous ne saurions mieux terminer cet aperçu de son caractère militaire que par l'appréciation élogieuse de Mathieu Dumas, bien qualifié pour le juger, puisqu'il fut son aide-major général en 1805, et qu'en 1812 il travailla à ses côtés comme intendant général de l'armée. « Pendant dix-neuf années remplies par seize campagnes, presque toutes doubles, d'été et d'hiver, l'histoire de la vie du maréchal Berthier n'est autre que celle des guerres de Bonaparte et de ses opérations dont il dirigea tous les détails d'exécution dans le cabinet et sur le terrain...

Son infatigable activité semblait défier le génie ardent dans

---

(1) MENEVAL. Tout le monde sait, écrit Mlle Avrillon (*Mém.*, t. II, p. 15), combien l'Empereur était attaché au maréchal Berthier. J'en ai eu des preuves pendant notre séjour au château de Marrac (1808). Comme le maréchal souffrait alors de la goutte, dont il avait de fréquentes attaques, l'Empereur allait très souvent le voir dans la petite maison qu'il habitait à un quart de lieue du château...

(2) *Mémoires de Mme de Rémusat*, t. I, p. 231.

la sphère duquel il était entraîné, il travaillait avec un ordre admirable, saisissait avec promptitude et sagacité les vues générales, les dispositions à peine indiquées et donnait ensuite tous les ordres d'exécution avec prévoyance, clarté et concision. Discret, impénétrable, modeste, il ne se faisait jamais valoir ; il était exact, juste et même sévère, mais il donnait toujours l'exemple du zèle et de la vigilance : il maintenait la discipline avec rigueur et savait faire respecter par ceux qui lui étaient subordonnés, quels que fussent leur rang et leur grade, l'autorité qui lui était confiée. » Ce sont les paroles d'un ami en même temps que d'un subordonné, elles se rapportent à la meilleure période de la carrière de Berthier, il convenait de les citer pour conserver au major général de la Grande Armée le rang qui lui revient dans la glorieuse phalange des compagnons de Napoléon.

Nous reviendrons encore sur la personnalité de Berthier, mais en examinant la part prise par Napoléon dans le travail de l'état-major, il était indispensable d'établir nettement la situation du major général vis-à-vis de l'Empereur.

Les mesures administratives que nécessite l'entretien d'une armée sont une partie de l'art de la guerre non moins importante et souvent plus difficile que les dispositions concernant les opérations de l'avant ; elles étaient aussi l'objet des méditations constantes de Napoléon. Non seulement, comme il convient, il en arrêtait lui-même les grandes lignes qui doivent être rattachées étroitement aux combinaisons stratégiques, mais dans des ordres dictés au chef d'état-major ou à l'intendant général de l'armée, il en fixait les détails ; il ne s'en remettait à personne pour le choix de l'emplacement des grands dépôts, des arsenaux de construction, des hôpitaux, des magasins de vivres et manutentions. Il était son propre directeur des étapes et empiétait même souvent sur les attributions d'autorités inférieures par des ordres ayant pour objet d'infimes détails.

Cette concentration à outrance du commandement était une conséquence de son système autoritaire. « Son autorité était le principe et l'unique fin de tous les actes de son gouvernement... Dans son palais ou sous sa tente, en quelque lieu qu'il se trouvât, tous les fils étaient toujours tendus par cette main de fer, sa jalouse méfiance n'en laissait échapper aucun (1). » Cette manière de commander ne saurait être donnée en modèle. Combien d'hommes, même choisis dans une élite et à la plus grande force de l'âge, seraient capables de fournir la carrière de Napoléon ? Pour Napoléon lui-même on peut affirmer, avec Clausewitz, que le franchissement et la tension exagérée de toutes les conditions naturelles ont fait qu'il a détruit lui seul l'édifice qu'il avait seul élevé. Toutefois, au point de vue militaire, cette concentration du commandement a permis à Napoléon de réduire au minimum le temps mort entre la prise de décision et la mise en mouvement des troupes. Cette économie du temps, d'une grande importance dans toutes les branches de l'activité humaine, est une condition essentielle du succès à la guerre. Chercher à la réaliser par les procédés de Napoléon serait téméraire ; nous devons y tendre, en respectant les principes essentiels de la division du travail et de l'économie des forces, par l'organisation méthodique du fonctionnement des états-majors.

---

(1) Mathieu DUMAS, *Précis des événements militaires.*

CHAPITRE III (1)

L'EXÉCUTION (*suite*)

L'Empereur pendant l'ouverture de la campagne de 1806. — Mesures préparatoires. — Secret, attitude pacifique, confiance. — La réunion de l'armée. — Départ de l'Empereur de Saint-Cloud. — Séjour à Mayence. — Activité fébrile. — Séjour à Wurtzbourg : Prise de possession du commandement de la Grande Armée. — Projet d'opérations. — La traversée de la forêt de Franconie. — Le débouché en Saxe. — Moyens d'acquérir la supériorité des forces morales. — Action politique. — Action sur le soldat. — La nuit historique du 11 au 12 octobre à Auma. — Nouveaux renseignements. — La décision. — Calculs de marche. — L'ordre général d'opérations du 12 octobre. — Les instructions de l'Empereur. — Les ordres particuliers du major général. — Rapidité de mise en mouvement des corps d'armée. — Exécution du mouvement du 3ᵉ corps. — Conclusions.

Dans le cas concret que nous allons examiner, nous avons le désir de montrer Napoléon dans son quartier général, suivant à un jour donné une situation de guerre, prenant une de ces décisions majeures d'où dépend le sort d'une campagne, puis l'exprimant en des ordres qui mettent en mouvement les troupes avec une promptitude que les états-majors modernes peuvent envier, mais qu'ils sont encore bien loin d'atteindre. Nous avons choisi la nuit historique du 11 au 12 octobre 1806, pendant laquelle l'Empereur ordonna le mouvement de conversion à gauche qui allait conduire son armée aux champs d'Iéna et d'Auerstædt.

Mais avant d'en arriver là, jetons un coup d'œil rapide sur l'ouverture de cette campagne de Prusse par laquelle, comme l'année précédente à Ulm, il surprit l'ennemi en flagrant délit de manœuvre, grâce au secret de ses projets, à la soudaineté de la décision, à la rapidité de l'exécution.

Quoique ne désirant pas la guerre, et affectant jusqu'au dernier moment de n'y pas croire, l'Empereur, dès le mois d'août, a

---

(1) Voir le croquis pour l'entrée en campagne de la Grande Armée en 1806 et la carte de Petri dont se servit Napoléon en 1806.

préparé son plan de campagne (1); suivant sa propre expression, « il a pondu sur la carte (2) ». Avec la boîte à compartiments que Berthier lui a fait construire l'année précédente, il peut juger d'un coup d'œil les mouvements des troupes prussiennes, régiment par régiment, bataillon par bataillon (3). A travers les fluctuations de sa pensée qui s'attache à différentes hypothèses, sa correspondance, à partir du 5 septembre, laisse nettement entrevoir « son idée maîtresse qui est de marcher de Bamberg sur Berlin en traversant le Frankenwald (4) ». La période du 5 au 18 septembre est une période préparatoire, pendant laquelle, sans vouloir paraître renoncer à la paix, l'Empereur se prépare à faire entrer, le cas échéant, son armée en campagne, c'est la période de tension politique, au cours de laquelle, tout espoir d'arrangement n'étant pas perdu, les préparatifs de guerre doivent se faire avec la plus grande discrétion. « Il faut parler paix mais agir guerre (5). » « Secret et mystère » est le mot d'ordre. Cependant les précautions sont prises pour parer à une coalition possible de la Prusse, de la Russie et de l'Autriche, la défense des côtes de France est organisée, la Grande Armée qui, depuis le commencement de l'année 1806, a pris des quartiers de rafraîchissement dans le sud de l'Allemagne, reçoit l'ordre de se pourvoir de tout ce qui lui manque pour la guerre : équipages, ambulances, outils de pionniers, bidons et marmites; des levées d'hommes et de chevaux sont prescrites. En cas de guerre,

---

(1) « Les affaires vont ici tout à fait comme je les avais calculées, il y a deux mois, à Paris, marche par marche, presque événement par événement. Je ne me suis trompé en rien. » (L'Empereur à Talleyrand, Auma, 12 oct. 1806, 7 heures du soir.)
(2) Mathieu Dumas, *Précis des événements militaires*, t. XIX, p. 403.
(3) Le 28 août 1805, l'Empereur avait ordonné à Berthier de lui faire faire deux boîtes portatives à compartiments : une pour lui-même, l'autre pour Berthier. Elles devaient être distribuées de telle sorte que, d'un coup d'œil, on puisse connaître à l'aide de cartes à jouer écrites les mouvements de toutes les troupes ennemies, régiment par régiment, bataillon par bataillon, et même jusqu'à ceux des détachements un peu considérables. Tous les quinze jours, on devait envoyer l'état des changements survenus pendant la quinzaine précédente, en s'aidant non seulement des renseignements des gazettes, mais encore des divers renseignements parvenant à Berthier, ministre de la Guerre, et au ministre des Relations extérieures. Le même individu devait faire jouer les cartes dans la boîte et dresser l'état de situation de l'armée ennemie chaque quinzaine (*Correspondance militaire*, n° 552 : L'Empereur à Berthier. camp de Boulogne, 28 août 1805).
(4) Général Bonnal, *La Manœuvre d'Iéna*, p. 29.
(5) L'Empereur à Talleyrand.

l'armée devra être réunie, huit jours après que l'Empereur en aura donné l'ordre, dans le pays de Bamberg, pour marcher de là droit sur Berlin. Des officiers sont envoyés en reconnaissance « à tout hasard » sur les débouchés des chemins traversant la forêt de Franconie; d'autres vont à Berlin et à Dresde; des émissaires sont expédiés sur la frontière de Russie pour s'informer de ce qui s'y passe. Au point de vue stratégique, l'Empereur se préoccupe de couvrir ses ailes : au nord, le roi de Hollande, Louis, doit réunir son armée à Utrecht et être prêt à marcher sur Wesel, pour créer une diversion. Eugène, en Italie, commandera une armée d'observation qui surveillera l'Autriche.

Le 10 septembre, le vent souffle de plus en plus à la guerre, les mesures préparatoires s'accentuent. L'Empereur ordonne à Caulaincourt, grand écuyer, de faire arranger toutes ses lunettes de campagne, de faire partir le 11 ses chevaux, ses mulets, ses cantines, mais que tout cela se fasse avec tout le mystère possible, que l'on tâche de faire croire que c'est pour la chasse de Compiègne : ce sera toujours, jusqu'à leur passage à Compiègne, deux jours de gagnés. Le maréchal Bessières, le grand maréchal du palais Duroc, le général Lemarois, le prince Borghèse, l'adjoint du palais Ségur, feront également partir leurs chevaux, mais Caulaincourt doit leur dire qu'ils sont destinés à accompagner l'Empereur à la diète de Francfort (1).

Malgré cela, il se défend encore de croire à la guerre et écrit à Berthier (2) : « En causant avec le roi de Bavière, dites-lui secrètement que, si je me brouillais avec la Prusse, ce que je ne crois pas, mais que si jamais elle en fait la folie, il y gagnera Baireuth. »

En réalité, il ne désire pas cette guerre, il se considérerait comme criminel de provoquer une « *guerre de fantaisie* », qui n'est pas justifiée par la politique de ses États... car sa politique s'étend sur le Midi et non sur le Nord. Voilà ce qu'il écrit au roi de Prusse et à M. de Laforest, ministre de France à Berlin (3). Ces déclarations pacifiques, peut-être sincères, vont avoir une

---

(1) L'Empereur à Caulaincourt, Saint-Cloud, 10 septembre 1806.
(2) L'Empereur au major général, Saint-Cloud, 10 septembre 1806.
(3) L'Empereur au roi de Prusse, Saint-Cloud, 12 septembre 1806. — Note pour une dépêche à M. de Laforest, Saint-Cloud, 12 septembre 1806.

répercussion inattendue sur la marche de la guerre, car, jusqu'à la veille d'Iéna, elles renforceront, au quartier général prussien, les avis des temporisateurs, à la tête desquels est le commandant même de l'armée, Brunswick, et couperont les ailes aux idées d'offensive.

Pourtant l'Empereur a fixé la limite de sa patience, c'est l'entrée en Saxe des troupes prussiennes; alors les ministres de France à Berlin et à Dresde demanderont leurs passeports, en instruiront par courrier extraordinaire le maréchal Berthier, qui est à Munich, et les troupes se mettront de suite en mouvement pour être réunies, huit jours après, dans le pays de Bamberg. Napoléon a la plus grande confiance dans le succès, s'il doit faire la guerre. Il écrit à Murat, le 12 septembre : « N'ayez sur les affaires politiques aucune inquiétude : marchez comme si de rien n'était. Si véritablement je dois frapper encore, mes mesures sont bien prises et si sûres, que l'Europe n'apprendra mon départ de Paris que par la ruine entière de mes ennemis. Il est bon que vos journaux me peignent occupé à Paris de plaisirs, de chasses, de négociations... »

Les Prussiens firent leur entrée à Dresde le 13 septembre. Sans aucun doute, la nouvelle en parvint le 18, dans la soirée, à Napoléon. L'Empereur, sans perdre une minute, à 11 heures du soir, donne les ordres pour le transport en poste de sa garde, qui, ainsi, fera en six jours la route de Paris à Mayence; il dicte, le 19 dans la matinée, pendant deux heures à Clarke, secrétaire du cabinet, pour ordonner tous les mouvements de l'armée et sa réunion dans le pays de Bamberg.

Le 20, au matin, Napoléon écrit au major général : « Je vous envoie le mouvement de l'armée. C'est aujourd'hui le 20 septembre, 6 heures du matin. J'espère que vous recevrez ma lettre dans la journée du 24 et qu'avant le 3 ou 4 octobre toutes mes intentions seront exécutées. Je compte être à Mayence le 30 septembre et probablement le 2 ou le 3 à Wurtzbourg. Là je déciderai mes opérations ultérieures. »

Quoique la guerre soit décidée, l'Empereur reste à Saint-Cloud jusqu'au 25 septembre, continuant à donner des ordres pour l'organisation de l'armée, l'approvisionnement des places. Pendant cette période du 20 au 24, son attention se porte, tout spécialement, sur l'électorat de Hesse-Cassel, dont l'attitude douteuse est d'autant plus inquiétante que l'offensive la plus dangereuse de la Prusse peut se produire de ce côté !

L'exécution du plan d'opérations était subordonnée à la priorité du franchissement, par l'une ou l'autre armée, des forêts de Thuringe ou de Franconie. Si l'armée prussienne devançait l'armée française, les premières batailles se livreraient dans la vallée du Main; l'Empereur aurait à subir l'initiative de son adversaire.

Une première lettre de Berthier, écrite le 19, annonçant que les Prussiens se rassemblaient à Hof, à Magdebourg et à Hanovre, une deuxième lettre de Berthier, écrite le 20, rendant compte de l'activité des troupes prussiennes et exprimant la crainte d'un retard de l'armée française, jettent l'inquiétude dans l'esprit de Napoléon; cette inquiétude se trahit visiblement dans la lettre écrite par l'Empereur le 24 pour faire hâter le mouvement de ses troupes et leur faire gagner, si possible, deux journées.

C'est sans doute sous cette impression d'incertitude inquiète que l'Empereur fit son voyage de Saint-Cloud à Mayence. Il partit de Saint-Cloud le 25, à 4^h 30 du matin, avec l'Impératrice qui devait tenir sa cour à Mayence pendant la campagne; il s'arrêta le 26 à Metz pendant quelques heures et arriva le 28 à Mayence, avec l'intention de se porter, le 1er octobre, à l'avant-garde, si les circonstances l'exigeaient (1).

Les renseignements reçus à Mayence firent connaître que les craintes exprimées par Berthier étaient très exagérées; le 29 septembre, l'Empereur pouvait écrire à Fouché : « Nous sommes ici en mesure. »

Pendant son séjour à Mayence, Napoléon déploya une activité prodigieuse. Arrivé dans cette ville le 28 septembre à midi, après quatre journées et trois nuits de voyage en poste, il se mit au travail le 29 au matin et dicta, presque sans interruption, jusqu'au 1er octobre dans la soirée (9 heures du soir), moment où il monta en voiture pour se rendre à Wurtzbourg. Les questions d'organisation de l'armée, d'approvisionnements en munitions et en farines, l'organisation de la défense générale de

---

(1) L'Empereur au major général, Saint-Cloud, 24 septembre 1806.

l'Empire, la correspondance avec ses alliés, les princes allemands, font l'objet de nombreuses notes, lettres et instructions, datées de Mayence.

La plus grande partie du travail préparatoire à l'entrée en campagne, ainsi improvisée au dernier moment par l'Empereur, et qui a exigé de sa part un si formidable effort, est préparée de nos jours, dès le temps de paix, avec le concours de nombreux officiers d'état-major, et un simple télégramme suffit à mettre toute l'immense machine en mouvement. Cette méthode scientifique, qui nous a été léguée par le maréchal de Moltke, offre, sans contredit, de grands avantages sur l'improvisation napoléonienne (1). On raconte qu'au mois de juillet 1870, après la déclaration de guerre, un reporter américain, reçu à Berlin par le maréchal de Moltke, le trouva occupé à lire, dans le texte latin, un livre de Tacite. Tout avait été prévu et organisé dès le temps de paix, l'ordre de mobilisation lancé, tous les corps d'armée furent transportés sans nouvelle intervention du chef de l'armée.

En 1806, la situation militaire antérieure rendait impossible une semblable préparation, mais, malgré cela, quel contraste entre la placidité du maréchal de Moltke et l'activité fébrile de Napoléon qui nous apparaît, à ce moment, dans les fonctions multiples de chef de gouvernement, de chef d'armée, de chef d'état-major et d'intendant général ! Il concentre en lui tous les pouvoirs et donne à lui seul l'impulsion à tous les services. Pouvait-il faire autrement ? Non sans doute, car la décentralisation du travail exige une éducation préalable que n'avaient pas reçue les aides de Napoléon. Il était condamné par la force des choses à tout prévoir et à tout diriger, aussi croyons-nous facilement ce qu'il écrivait de Mayence, le 30 septembre 1806, au roi de Wurtemberg : « qu'il était le plus esclave de tous les hommes, obligé d'obéir à un maître qui n'a point de cœur : le calcul des événements et la nature des choses ».

Napoléon, se séparant non sans émotion, paraît-il, de l'impératrice Joséphine, partit de Mayence le 1er octobre vers 9 heures du soir; après avoir voyagé toute la nuit dans sa berline, il arriva vers 6 heures du matin le 2, à Aschaffenbourg, s'y arrêta

---

(1) BONNAL, *La Manœuvre d'Iéna*.

deux ou trois heures pour déjeuner et causer avec le Prince Primat, puis, reprenant sa route, il atteignit, à 10 heures du soir, son quartier général de Wurtzbourg. Berthier l'y attendait.

Son premier soin fut de s'occuper des vivres, de se faire rendre compte de l'exécution de ses ordres à ce sujet. Sans aucun doute il exprima à Berthier son très vif mécontentement de ce que les mesures prescrites s'exécutaient avec « une lenteur qui n'a pas de nom ». On sent, à cette heure, dans la correspondance du major général le coup de fouet du maître (1).

Le 3 octobre, l'Empereur prit possession de son commandement par un ordre du jour qui annonçait son arrivée, il prescrivait à ses maréchaux de passer la revue de leurs corps, revue préparatoire d'entrée en campagne.

C'est le 5 octobre seulement qu'il donna à Berthier l'ordre général pour les opérations ultérieures. Sans déclaration de guerre, la frontière sera franchie le 7. Le projet d'opérations, tenu secret jusqu'à ce jour, n'est dévoilé qu'à la dernière minute. Il est magistralement exposé dans cette lettre de l'Empereur à Soult :

L'Empereur au maréchal Soult

Würtzbourg, 5 octobre 1806, 11 heures du matin.

Le major général rédige dans ce moment vos ordres que vous recevrez dans la journée. . . . .
Je crois convenable que vous connaissiez mes projets, afin que cette connaissance puisse vous guider dans les circonstances importantes.

J'ai fait occuper, armer, approvisionner les citadelles de Würtzbourg, de Forchheim et de Kronach et je débouche avec toute mon armée sur la Saxe par trois débouchés. Vous êtes à la tête de ma droite, ayant à une demi-journée derrière vous le corps du maréchal Ney, et à une journée derrière 10.000 Bavarois, ce qui fait au delà de 50.000 hommes. Le maréchal Bernadotte est à la tête de mon centre. Il a derrière lui le corps du maréchal Davout, la plus grande partie de la réserve de cavalerie et ma Garde, ce qui forme plus de 70.000 hommes. Il débouche par Kronach, Lobenstein et Schleiz. Le 5e corps est à la tête de ma gauche. Il a derrière lui le corps du maréchal Augereau. Il débouche par Cobourg, Gräfenthal et Saalfeld.

---

(1) Lettres du major général du 2 octobre, 11 heures du soir, aux maréchaux Davout et Bernadotte.
Lettres diverses du major général du 3 octobre.

Cela forme plus de 40.000 hommes. Le même jour que vous arriverez à Hof, tout cela sera arrivé dans des positions à la même hauteur.

Je me tiendrai le plus constamment à hauteur du centre.

Avec cette immense supériorité de forces réunies sur un espace si étroit, vous sentez que je suis dans la volonté de ne rien hasarder et d'attaquer l'ennemi, partout où il voudra tenir, avec des forces doubles . . . .

. . . . . Arrivé à Hof, votre premier soin doit être de lier des communications entre Lobenstein, Ebersdorf et Schleiz. . . . .

Selon tous les renseignements que j'ai aujourd'hui, il paraît que si l'ennemi fait des mouvements, c'est sur ma gauche, puisque le gros de ses forces paraît être à Erfurt.

La première opération à exécuter est le franchissement de la forêt de Franconie et le débouché de la Grande Armée en Saxe. C'est une période critique, c'est « le moment le plus important de la campagne ». L'une des colonnes peut être attaquée avant que le gros de l'armée n'ait débouché et se trouver ainsi dans une situation périlleuse. Aussi, avec la question des vivres, celle des liaisons à établir entre les colonnes fut-elle, pendant les journées qui précédèrent le débouché, l'une des grandes préoccupations de l'Empereur. D'après les renseignements, Napoléon savait que le gros des forces ennemies était dans la région Naumburg, Weimar, Erfurt, Gotha; il avait donc surtout à veiller sur sa colonne de gauche, à la tête de laquelle marchait le maréchal Lannes; s'il ne pouvait résister, Lannes manœuvrerait en retraite en couvrant la grande chaussée de Bamberg et la colonne du centre viendrait à son secours. Toutes les précautions sont donc prises pour parer aux attaques possibles de l'ennemi et assurer la jonction des trois colonnes. Une fois cette jonction faite, l'Empereur poussera jusqu'à Neustadt et Triptis pour dégager la sortie des défilés; après cela, quelque chose que fasse l'ennemi pour l'attaquer, il sera enchanté; s'il se laisse attaquer, Napoléon ne le manquera pas; s'il file par Magdebourg, Soult, avec le 4e corps, sera avant lui à Dresde. « Je désire beaucoup une bataille... Après cette bataille, je serai à Dresde ou à Berlin avant lui (1). » Tel est l'état d'esprit de Napoléon le 10 octobre, au matin.

---

(1) L'Empereur à Soult, Ebersdorf, 10 octobre 1806, 8 heures du matin.

Le 10, la colonne du centre entre en liaison avec celle de droite, il ne manque plus que la colonne de gauche dont on n'a pas encore au quartier impérial de nouvelles positives. De Schleiz, on a entendu une canonnade assez forte vers Saalfeld, et, comme elle a cessé avant la fin du jour, on en conclut à la victoire de nos armes; à 7 heures du soir, le major général écrit à Lannes : « L'Empereur attend avec *impatience* que vous vous rendiez à *grandes journées* sur Neustadt, vous devez former la gauche de l'armée qui va se porter sur *Gera*. L'Empereur compte sur votre activité ordinaire pour faire rapidement ce mouvement. »

A Gera « les affaires s'éclairciront », c'est-à-dire qu'on verra si l'ennemi attaque, s'il se laisse attaquer, ou s'il file. La décision s'en suivra. Le 11 octobre, la tête de la colonne du centre trouve Gera évacuée. Malgré cette constatation, dans la journée du 11, l'Empereur ne se trouve pas suffisamment renseigné pour pouvoir conclure que l'ennemi a renoncé à toute attaque entre Saale et Elster. Cependant il a ruminé une manœuvre répondant à l'hypothèse probable où l'ennemi se concentrerait sur la rive gauche de la Saale, dans la journée il s'en ouvre à Murat (1), mais il ajourne sa décision jusqu'après la réception des dernières nouvelles de la journée. La lettre suivante, écrite à Ney, le 11 octobre, à minuit, par le major général, marque bien que la décision est réservée pour la deuxième partie de la nuit :

Auma, 11 octobre 1806, minuit.

L'Empereur, Monsieur le Maréchal, ordonne que vous vous mettiez sur-le-champ en marche avec votre corps d'armée pour vous rendre vers Neustadt où vous attendrez de nouveaux ordres. Il est à croire qu'arrivé à Neustadt, vous recevrez des ordres pour continuer votre marche.

Le maréchal Davout est en avant d'Auma. Le maréchal Bernadotte est à Gera. Le maréchal Lannes, qui était à Saalfeld, a eu l'ordre de marcher sur Pössneck, mais nous n'avons pas de ses nouvelles. Si monsieur le maréchal Ney en apprend, il en fera passer au quartier général, ainsi que de celles qu'il pourrait apprendre de l'ennemi.

---

(1) Lettre de Murat à l'Empereur, 11 octobre 1806, 11 heures du soir.

Il ressort de cette lettre que, tout en ayant connaissance de la concentration des Prussiens vers Erfurt, l'Empereur ne jugeait pas impossible qu'on se heurtât encore à une partie de leurs forces sur la rive droite de la Saale, vers Roda. Ney marchant de Schleiz sur Neustadt (15 kilomètres sud de Roda) devait, dans cette hypothèse, relier le gros de l'armée aux maréchaux Lannes et Augereau qui, de Saalfeld, se dirigeaient aussi sur Neustadt. Tel était le point de vue de l'Empereur, le soir du 11 octobre 1806, à Auma.

Par ce qui précède, nous voyons avec quelle attention et quelle prudence il mûrissait ses projets et préparait ses décisions. Aucune effervescence ni aucune précipitation dans cette pensée si active qui, à ce moment même, se rend compte très exactement des hésitations, des oscillations, des velléités contradictoires de son adversaire. Car aujourd'hui nous savons que, jusqu'au 10 octobre, le haut commandement prussien n'avait pas renoncé à prendre l'offensive sur la rive droite de la Saale, et que, malgré l'ordre donné le 10, de tout faire refluer sur la rive gauche, entre Iéna et Weimar, le prince de Hohenlohe ne fit évacuer la rive droite par les Saxons que dans la nuit du 10 au 11 octobre (1).

Nous allons maintenant chercher à suivre d'aussi près que possible le travail de pensée de l'Empereur dans cette nuit historique du 11 au 12 octobre, à assister à l'éclosion de sa décision, à l'établissement des ordres et à la mise en mouvement des troupes.

Un mot cependant encore avant d'aborder ces heures décisives. Dans cette semaine qui s'étend du dimanche 5 octobre 1806, jour où l'Empereur donna son premier ordre d'opérations, au dimanche 12 octobre, nous voudrions signaler quelques autres manifestations de son activité qui fut loin d'être absorbée par la réglementation de la partie stratégique et matérielle de la guerre. L'Empereur cherche à dominer l'ennemi autant par la supériorité des forces morales que par la mise en œuvre de moyens matériels plus puissants. Il a déjà pour lui le prestige de ses victoires antérieures, cela ne suffit pas; par ses déclara-

---

(1) Hohenlohe, *Lettres sur la stratégie*, t. I, p. 79.

tions pacifiques répétées, il cherche à jeter la division au camp ennemi, à affermir ses alliances; malgré l'absolutisme de son pouvoir, il plaide la justice de sa cause au tribunal de l'opinion. A l'Autriche, il fait des offres d'alliance (1), il adresse une proclamation aux Saxons auxquels il se présente en libérateur (2); avec un machiavélisme raffiné, au moment même où, plein de confiance dans la victoire, il dirige à marches forcées ses corps d'armée sur Iéna et Naumburg, il adresse au roi de Prusse, pour paralyser complètement sa volonté hésitante, une lettre où il le met en garde contre « cette espèce de vertige qui anime ses conseils et qui lui ont fait commettre des erreurs politiques dont l'Europe est encore tout étonnée, et des erreurs militaires de l'énormité desquelles l'Europe ne tardera pas à retentir (3) ». Auprès des rois de Bavière et de Wurtemberg, des princes de la Confédération germanique il proteste de son bon droit (4); à l'opinion de la France et de l'Europe il parle par le message au Sénat et le premier bulletin de la Grande Armée (5). Fouché est chargé de donner dans le même sens une direction à l'opinion (6). Tout cela est son œuvre, est rédigé par lui, Empereur, et on ne peut s'empêcher d'admirer la souplesse de ce merveilleux esprit en constatant combien les arguments et le style même sont, dans leur variété, appropriés à la culture et à l'état d'esprit des destinataires de ces différents documents.

Pour ses soldats, c'est la proclamation enflammée destinée à exciter leur colère contre des ennemis provocateurs, insensés, qui ont la prétention de flétrir l'honneur des soldats d'Austerlitz, au moment même où ils allaient être reçus en France avec des fêtes triomphales.

Sur ses soldats, il a encore un autre moyen d'action à l'approche des combats, il accourt au milieu d'eux, il se montre partout, il double par sa présence leur courage et leur confiance dans le

---

(1) Lettre de l'Empereur à M. de La Rochefoucauld, ambassadeur à Vienne, Würtzbourg, 3 octobre 1806.
(2) Proclamation aux peuples de la Saxe, Ebersdorf, 10 octobre 1806.
(3) L'Empereur au roi de Prusse, camp impérial, Gera, 12 octobre 1806.
(4) Lettres du 7 octobre 1806.
(5) Message au Sénat, Bamberg, 7 octobre; premier *Bulletin* de la Grande Armée Kronach, 8 octobre.
(6) L'Empereur à Fouché, Bamberg, 7 octobre 1806.

succès. S'il est resté sur les derrières jusqu'à ce que ses têtes de colonnes soient en mesure d'attaquer, différant son départ sous divers prétextes, s'annonçant et se faisant attendre par ses escortes sur plusieurs directions, tenant les esprits en suspens pour déjouer la curiosité et les conjectures, aussitôt que ses corps sont en ligne, il les traverse rapidement, généralement de nuit, pour ne pas entraver la marche des colonnes et pousse jusqu'à l'avant-garde. Là il reçoit les rapports, interroge les prisonniers, les espions, les voyageurs, les habitants, descend jusqu'aux moindres détails et se multiplie si bien aux yeux des soldats par la célérité de ses courses et de ses reconnaissances que tous l'ont vu ou croient et veulent l'avoir vu (1). C'est ainsi que, parti de Würtzbourg le 6 octobre 1806, il s'est transporté à Auma; il y est arrivé le 11 octobre dans la matinée, y a fait installer son quartier général, mais, de sa personne, il est allé jusqu'à Gera prendre langue avec l'avant-garde; le soir, il est revenu coucher à Auma, point central où les nouvelles lui arriveront sans retard.

C'est à ce moment que nous allons le prendre pour suivre de plus près encore le cours de sa pensée.

Après avoir passé toute la journée à Gera, Napoléon de retour à Auma vers 10 heures du soir s'installe de sa personne dans les locaux de l'école de l'endroit. Entre minuit et 2^h 30 du matin de nouveaux renseignements arrivent. C'est d'abord une lettre de Soult, datée de Weyda, 11 octobre, 10 heures du soir (2). « Les troupes saxonnes, qui étaient à Weyda (deux régiments), en sont parties il y a trois jours (le 9) et se sont dirigées sur Iéna; celles qui étaient à Gera ont aussi pris en même temps cette direction. Les rapports que j'ai reçus en arrivant portent qu'il n'y a pas d'ennemis d'ici à Iéna, mais que sur ce point il devrait y avoir un fort corps de troupes. Les reconnaissances que j'ai envoyées n'ont pu encore me faire leurs rapports, mais tout me porte à croire qu'entre la Saale et l'Elster il n'y a pas grand' chose... (3). » Un rapport de Lasalle et une lettre de Murat vinrent confirmer

---

(1) Mathieu Dumas, *Précis des événements militaires*, t. III, p. 285.

(2) Weyda est à environ 16 kilomètres d'Auma. Cette lettre a dû arriver vers minuit au quartier impérial.

(3) Le maréchal Soult au major général, Weyda, 11 octobre 1806, 10 heures du soir.

ces renseignements, qui étaient exacts. De Wachholder-Baum, village à 8 kilomètres au nord de Gera, Lasalle écrit : « Les prisonniers disent que le Roi est à Erfurt avec 200.000 hommes; on fait courir le bruit qu'une colonne de Russes doit être arrivée à Dresde; mais l'officier prussien qui m'a donné cette nouvelle n'en croit rien lui-même (1) ».

Murat, qui transmet ce rapport, y joint la lettre suivante (2) :
« J'ai l'honneur d'adresser à Votre Majesté le rapport que je reçois à l'instant du général Lasalle. Je vous ai envoyé avec M. Montjoie deux négociants qui ont traversé toute l'armée ennemie; ils pourront vous donner des renseignements bien positifs si on peut les forcer à être sincères, car, à dire vrai, je les crois espions de l'ennemi; la route qu'ils ont tenue semble le prouver car pourquoi de Gotha se porter sur Erfurt et de là à Iéna, avec le projet de descendre sur Saalfeld pour se rendre à Leipzig?

« Les nouveaux renseignements que j'ai pu me procurer semblent confirmer ceux que Votre Majesté a déjà reçus sur la réunion de l'armée à Erfurt (3). Le sergent autrichien que vous avez interrogé (4) est parti pour Naumburg; il a promis d'être de retour dans la matinée; aussitôt son arrivée, je l'enverrai à Votre Majesté. Dès que mon aide de camp, parti pour Zeitz, sera de retour, je m'empresserai de vous adresser son rapport.

« Deux routes conduisent de Gera à Naumburg, celle par Zeitz, l'autre par Crossen; la première bien meilleure n'est plus longue que l'autre que d'une lieue et demie; ainsi Votre Majesté pourra toujours exécuter son *projet* en s'élevant jusques à Zeitz. »

De tous ces renseignements concordants l'Empereur conclut que, décidément, l'ennemi est réuni aux environs d'Erfurt dans

---

(1) Le général Lasalle au général Belliard, Wachholder-Baum, 11 octobre 1806, 8 heures du soir.

(2) Le grand-duc de Berg à l'Empereur, Gera, 11 octobre 1806, 11 heures du soir. — Gera est à 29 kilomètres environ d'Auma.

(3) En réalité, le 11 octobre, le Roi et l'armée étaient non à Erfurt, mais à Weimar.

(4) Napoléon avait passé l'après-midi du 11 à Gera, y avait conféré avec Murat, avait pour ainsi dire assisté à la prise par les hussards de Lasalle d'un convoi ennemi qui filait sur Camburg, y avait interrogé les prisonniers, les espions, etc. On voit, par la lettre de Murat, que Napoléon lui avait parlé, dans la journée, de son projet de porter à Naumburg une partie de ses troupes.

une attitude défensive. Mais que peut-il faire? Rester à Erfurt ou se mettre en retraite sur l'Elbe. Dans l'un ou l'autre cas la concentration sur Roda de l'armée française n'a plus de raison d'être, Ney va être dirigé sur le point central d'Auma, il remplacera à la colonne du centre Bernadotte et Davout qui vont être lancés vers le nord et constituera, avec le corps de Soult et la Garde, la masse de manœuvre. En conséquence, le major général adresse, à 3 heures du matin, au maréchal Ney le contre-ordre suivant :

Auma, 12 octobre 1806, 3 heures du matin.

Je vous envoie, Monsieur le Maréchal, un officier de mon état-major pour vous porter un nouvel ordre de l'Empereur. En conséquence des *nouveaux* renseignements que nous venons d'avoir de l'ennemi, Sa Majesté ordonne que vous vous rendiez de suite sur Auma et que vous regardiez comme non avenu l'ordre daté de minuit qui vous ordonnait de vous rendre à Neustadt.

(Ordre porté par M. Thomas, officier d'état-major, parti à 3^h15 du matin.)

Ayant ainsi paré au plus pressé, Napoléon, qui, comme nous l'avons vu, a depuis le matin au moins son projet en tête (on sait qu'il faisait toujours son thème sur deux hypothèses), se décide à se porter sur l'ennemi en manœuvrant sur sa gauche de façon à l'envelopper dans la région d'Erfurt, s'il y reste, ou à le couper de Dresde et de Berlin, s'il se met en retraite vers l'Elbe (1). Il étudie le détail des mouvements et fait ses calculs de marche; pour mieux fixer sa pensée, comme il le fit d'autres fois, il les jette sur le papier et écrit de sa main la note qui suit :

Note

Garde 10 au soir à Bamberg, 11 à Lichtenfels, 12 en avant de Kronach, 13 à Lobenstein;

D'Hautpoul, le 11 à 2 lieues en avant de Kronach, 14, à Auma, 15, à Iéna;

---

(1) « Les affaires vont ici tout à fait comme je les avais calculées, il y a deux mois, à Paris, marche par marche, presque événement par événement; je ne me suis trompé en rien... Il se passera des choses intéressantes d'ici à deux ou trois jours, mais tout paraît me confirmer dans l'opinion que les Prussiens n'ont presque aucune chance pour eux. Leurs généraux sont de grands imbéciles... Dresde est entièrement découvert. » (L'Empereur à Talleyrand, Auma, 12 oct. 1806.)

Klein, le 11, à 2 lieues en avant de Kronach, 15, à Iéna, 14, à Iéna, le 13, à Auma;
Klein, le 12 à Lobenstein;

Iéna à Weimar, 4 lieues,	cavalerie de réserve,	le 14 à Iéna;
Naumburg à Weimar, 7 lieues,	Garde,	le 15 à Iéna;
Kahla à Weimar, 5 lieues,	parc,	le 15 à Auma;
Neustadt à Iéna, 5 lieues,	Davout,	le 14 à Apolda;
Gera à Iéna, 7 lieues,	Lannes,	le 15 à Weimar;
De Zeitz à Iéna, 7 lieues,	Augereau,	le 14 à Mellingen;
	Bernadotte,	le 14 à Dornburg;
	Soult,	le 14 à Iéna;
	Ney,	le 14 à Kahla.

Ce travail préparatoire terminé, Napoléon dicte son ordre général d'opérations :

L'Empereur au major général

Auma, 12 octobre 1806, 4 heures du matin.

Donnez ordre au maréchal Davout de partir de sa position pour se diriger sur Naumburg, où il arrivera le plus vite qu'il pourra, en tenant cependant toujours ses troupes en situation de combattre. Il se fera précéder par toute sa cavalerie légère qui enverra des coureurs aussi loin que possible, tant pour avoir des nouvelles de l'ennemi que pour faire des prisonniers, arrêter les bagages et avoir des renseignements précis.

La division de dragons du général Sahuc (1) sera sous ses ordres. Elle se rendra à Mittel-Pöllnitz, où elle prendra les ordres du maréchal Davout. Le prince Murat et le maréchal Bernadotte ont ordre également de se rendre à Naumburg, mais de suivre la route de Zeitz.

Le maréchal Lannes de Neustadt se rend sur Iéna. Le maréchal Augereau se rend sur Kahla. Le maréchal Ney sera à Mittel-Pöllnitz. Le quartier général sera Gera midi.

Donnez ordre qu'on fasse filer les divisions de grosse cavalerie et les divisions de dragons qui seraient restées en arrière, ainsi que le parc sur Gera.

Voilà l'expression nette et concise de la décision de l'Empereur.

Aujourd'hui il est admis que, pour laisser à ses commandants de corps une juste et salutaire initiative, le chef d'armée, dans

---

(1) La 4ᵉ division de dragons (général Sahuc) faisait partie de la réserve de cavalerie. Une partie de cette réserve était en arrière de la colonne du centre. Il n'y avait en tête de la colonne du centre, avec le prince Murat, que la brigade de hussards (Lasalle), la brigade de chasseurs (général Milhaud) n'ayant en ce moment qu'un régiment, la division de dragons Beaumont (3ᵉ) et la division de dragons Sahuc (4ᵉ).

ses directives, leur fait connaître son idée générale de manœuvre et définit le rôle qu'il leur assigne dans son opération d'ensemble. Rien de semblable dans l'ordre de Napoléon; c'est comme un commandement d'exécution que Berthier est simplement chargé de transmettre sans explication à chaque commandant de corps en donnant à chacun les seules prescriptions qui le concernent. Nous verrons bientôt le travail de Berthier. Mais auparavant achevons d'analyser le travail de l'Empereur.

Dans l'ordre ci-dessus donné à Berthier, il n'est pas question du corps Soult. L'Empereur adresse directement à Soult l'ordre particulier suivant :

L'Empereur au maréchal Soult

Auma, 12 octobre 1806, 4 heures du matin.

Réunissez-vous à Gera et à Ronneburg. Il est possible que vous ne fassiez pas aujourd'hui d'autre mouvement. Je serai d'ailleurs à midi à Géra où est le quartier général.

Depuis le commencement de la campagne l'Empereur a témoigné à Soult une confiance particulière; « il lui a donné connaissance de ses projets, afin que cette connaissance puisse le guider dans les circonstances importantes » et pour le cas où il aurait à opérer en détachement. Cette situation spéciale, qui a entraîné, depuis le début de la campagne, une correspondance suivie entre l'Empereur et Soult, est la seule explication qu'on puisse trouver de cet ordre particulier adressé directement (1) par l'Empereur à Soult.

L'ordre général de l'Empereur ne contient, comme on vient de le voir, aucun renseignement sur l'ennemi, aucune indication sur l'idée de manœuvre, ni sur le rôle des différents corps. Pour les commandants des corps exposés à prendre contact avec

---

(1) Il faut toutefois ajouter que le 10 octobre le maréchal Soult avait reçu du major général l'ordre de se diriger sur Gera.
D'autre part, le 11 octobre à 10 heures du soir, Soult avait écrit deux lettres, l'une à l'Empereur, l'autre au major général, rendant compte de la position occupée par son corps d'armée et disant qu'à moins d'ordre contraire il réunirait le 12 son corps d'armée à Gera. Il n'y avait donc qu'à le laisser faire. La courte lettre de l'Empereur du 12 octobre, 4 heures du matin, n'est qu'une confirmation de l'ordre du 10.

l'ennemi, Napoléon complète l'ordre d'opérations qu'ils ont à recevoir du major général par une lettre particulière où il les initie plus ou moins complètement à sa pensée et leur définit leur mission. Dans le cas présent, il écrit à Lannes, à Murat et à Davout les « instructions » qui suivent :

L'Empereur au maréchal Lannes

Quartier impérial, Auma, 12 octobre 1806, 4 heures du matin.

J'ai reçu avec grand plaisir la nouvelle de votre affaire du 10 courant (1)..... J'étais hier au soir à Gera. Nous avons mis en déroute l'escorte des bagages de l'ennemi et pris 500 voitures ; la cavalerie est chargée d'or.

Vous recevrez l'ordre d'opérations du major général.

Toutes les lettres interceptées font voir que l'ennemi a perdu la tête. Ils tiennent conseil jour et nuit et ne savent quel parti prendre. Vous verrez que mon armée est réunie, que je leur barre le chemin de Dresde et de Berlin.

L'art est aujourd'hui d'attaquer tout ce qu'on rencontre, afin de battre l'ennemi en détail et pendant qu'il se réunit. Quand je dis qu'il faut attaquer tout ce qu'on rencontre, je veux dire qu'il faut attaquer tout ce qui est en marche et non dans une position qui le rend trop supérieur.

Les Prussiens avaient déjà lancé une colonne sur Francfort qu'ils ont bientôt repliée. Jusqu'à cette heure, ils montrent bien leur ignorance de l'art de la guerre.

Ne manquez pas d'envoyer beaucoup de coureurs devant vous pour intercepter les voyageurs et recueillir le plus de renseignements possible.

Si l'ennemi fait un mouvement d'Erfurt sur Saalfeld, ce qui serait absurde, mais, dans sa position, il faut s'attendre à toutes sortes d'événements, vous vous réunirez au maréchal Augereau et vous tomberez sur le flanc des Prussiens.

L'Empereur au grand-duc de Berg

Auma, 12 octobre 1806, 4 heures du matin.

Je serai aujourd'hui avant midi à Gera.

Vous verrez par la situation de l'armée que j'enveloppe complètement l'ennemi. Mais il me faut des renseignements sur ce qu'il veut faire. J'espère que vous en trouverez dans la poste de Zeitz.

---

(1) Il s'agit du combat de Saalfeld. A cette heure même, Lannes s'étonnait de n'avoir pas encore reçu les félicitations de l'Empereur et craignait que son rapport sur ce combat ne se fût égaré.

Vous avez vu ce que j'ai fait à Gera; faites de même; attaquez hardiment ce qui est en marche. Ce sont des colonnes qui cherchent à se rendre à un point de réunion et la rapidité de mes mouvements les empêche de recevoir à temps un contre-ordre. Deux ou trois avantages de cette espèce écraseront l'armée prussienne sans qu'il soit besoin peut-être d'affaire générale.

Le maréchal Davout envoie directement à Naumburg toute sa cavalerie. Inondez avec la vôtre toute la plaine de Leipzig.

Ce furent là les deux seules instructions envoyées à 4 heures du matin par l'Empereur.

Cependant à 8^h 30 du matin, sans doute sur la nouvelle que l'ennemi évacuait Iéna, l'Empereur écrit aussi à Davout :

L'Empereur au maréchal Davout

Auma, 12 octobre 1806, 8^h 30 du matin.

Je monte à cheval pour me rendre à Gera.

Instruisez-moi de la route que vous prendrez pour vous rendre à Naumburg.

Il serait possible que l'ennemi exécutât son mouvement de retraite derrière l'Ilm et la Saale; car il me paraît qu'il évacue Iéna. Il vous sera facile de vous en assurer une fois arrivé à Naumburg.

Faites battre la plaine par toute votre cavalerie légère et envoyez, aussi rapidement que vous pourrez, des nouvelles au prince Murat qui sera du côté de Zeitz, et à moi qui serai du côté de Gera. Le maréchal Ney sera à Gera (1) de bonne heure. Vous pourrez lui faire part de ce qui viendra à votre connaissance.

Les autres maréchaux ne devaient recevoir que l'ordre d'opérations adressé par le major général; ce pouvait être à la rigueur suffisant pour Ney, Soult, la Garde, qui étaient en deuxième ligne et à proximité de l'Empereur; Murat était en mesure d'orienter Bernadotte avec lequel il opérait en liaison. Mais, par suite de la conversion de l'armée, Augereau à Kahla était, tout autant que Lannes à Iéna, exposé à une rencontre avec l'ennemi et, comme il l'écrivit lui-même à Lannes, le 13 octobre : « L'Empereur ne lui a donné d'autres ordres que de se rendre à Kahla ». On sent dans cette phrase le regret d'Augereau de n'avoir pas

---

(1) L'ordre général de l'Empereur à Berthier, 12 octobre, 4 heures du matin, disait : « Le maréchal Ney sera à Mittel-Pöllnitz » (18 kilomètres sud-ouest de Gera).

reçu une orientation sur son rôle. Cependant, en bon camarade, il subordonne ses mouvements à ceux de Lannes, il opère avec lui en liaison matérielle et morale. Il n'en fut pas de même de Bernadotte vis-à-vis de Davout, dans la nuit du 13 au 14 octobre ; le conflit qui s'éleva entre ces deux maréchaux et qui eut comme fâcheuse conséquence l'inaction de Bernadotte dans les batailles du 14 aurait été sans doute évité si Bernadotte eût été initié plus complètement à l'idée de manœuvre de l'Empereur.

En ce qui concerne la direction proprement dite des opérations, le travail de l'Empereur s'arrête là dans la matinée du 12, car les lettres à Talleyrand, la rédaction du deuxième bulletin de la Grande Armée ne visent pas directement les opérations.

Passons maintenant à l'examen du travail du major général.

Les premiers ordres d'opérations expédiés par Berthier furent ceux de Murat et de Bernadotte qui étaient tous les deux à Gera (29 kilomètres du quartier impérial d'Auma).

La partie de l'ordre de l'Empereur les concernant était la suivante :

Le prince Murat et le maréchal Bernadotte ont ordre également de se rendre à Naumburg (comme le maréchal Davout), mais de suivre la route de Zeitz.

Cette phrase, qui fut sans doute complétée par des indications verbales de l'Empereur, donna naissance aux ordres d'opérations ci-après :

Le major général au grand-duc de Berg

Auma, 12 octobre 1806, 4 heures du matin.

L'Empereur ordonne, mon Prince, que vous partiez sur-le-champ de Gera pour vous rendre à Zeitz, vous jetterez des coureurs sur Leipzig.

De Zeitz, si vos renseignements portent que l'ennemi est toujours du côté d'Erfurt, l'intention de l'Empereur est que vous vous portiez sur Naumburg où sera le maréchal Davout.

Le quartier général sera aujourd'hui à Gera.

La position de l'armée, aujourd'hui 12, est ainsi qu'il suit :

Le maréchal Soult à Gera, le maréchal Ney à Mittel, le maréchal Lannes à Iéna, le maréchal Augereau à Kahla, le maréchal Davout en route de Mittel sur Naumburg.

Le major général au maréchal Bernadotte

Auma, 12 octobre 1806, 4 heures du matin.

Je vous préviens, Monsieur le Maréchal, que je donne l'ordre au grand-duc de Berg de se porter sur Zeitz et de là sur Naumburg, si les renseignements qu'il recueillera de l'ennemi le portent toujours à croire que ses principales forces sont du côté d'Erfurt.

L'intention de l'Empereur est que vous appuyiez le mouvement du grand-duc. Concertez-vous avec lui pour votre marche.

Le quartier général sera rendu aujourd'hui à midi à Gera.

La rédaction et la contexture de ces deux ordres du major général donnent lieu à quelques remarques sur les détails de cette partie du service d'état-major à la Grande Armée.

Dans le premier ordre à Murat la mission de la cavalerie est bien définie, mais il n'y est pas question de l'appui qu'elle doit recevoir du 1ᵉʳ corps d'armée. Sans doute, Bernadotte doit se concerter avec Murat et lui faire connaître la teneur de son ordre, mais, qu'un retard intervienne dans l'entente, il n'y aura plus concordance dans les mouvements des deux corps.

Par contre, Bernadotte n'est d'aucune façon orienté sur le mouvement général de l'armée; on ne lui dit même pas que Davout est à Naumburg et il ne pourra l'apprendre que par Murat. Les deux ordres incomplets par eux-mêmes se complètent l'un l'autre. Ils furent sans doute écrits par un seul et même officier qui, sachant que les deux maréchaux avaient à s'entendre (1), jugea superflu de répéter dans l'un des ordres ce que contenait l'autre. En cela, on sent la hâte avec laquelle ce travail était fait. Il fallait aller vite, même au prix de quelques lacunes de rédaction.

Si l'on compare maintenant l'ordre du major général au grand-duc de Berg à l'instruction qui fut adressée à la même heure à celui-ci par l'Empereur, on relève un défaut de concordance en ce qui concerne la mission de la cavalerie; ce défaut de concor-

---

(1) Dans cette première partie de la campagne, le 1ᵉʳ corps était placé jusqu'à un certain point sous les ordres de Murat, lieutenant général de l'Empereur.

dance n'échappa pas à Murat qui crut nécessaire d'en écrire à l'Empereur :

Zeitz, 12 octobre 1806.

Sire, j'ai reçu la lettre de Votre Majesté écrite d'aujourd'hui 4 heures matin et celle du prince de Neufchâtel écrite à la même heure. Le ministre me prescrit de son côté de me borner à jeter quelques coureurs sur Leipzig si j'apprends que l'ennemi s'est retiré sur Erfurt et de marcher avec tout mon corps d'armée sur Naumburg et Votre Majesté m'ordonne d'inonder, avec toute ma cavalerie au lieu de quelques coureurs, la plaine de Leipzig. Pour remplir ce double but, voici les dispositions que j'ai cru prendre. [Suivent les dispositions prises qui sont un moyen terme (1).]

De cette manière, nous nous trouvons pour ainsi dire en masse et en manière d'exécuter les mouvements qu'il plaira à Votre Majesté d'ordonner sur Weissenfels ou sur Naumburg . . . .

Je resterai à Zeitz jusqu'à ce qu'il ait plu à Votre Majesté de me faire connaître si elle approuve mes dispositions et si je dois demain me porter sur Weissenfels ou sur Naumburg.

La phrase imagée, mais manquant de précision : « inondez avec votre cavalerie toute la plaine de Leipzig », eut pour conséquence fâcheuse de rejeter à l'est de la route Zeitz—Naumburg la division de dragons Beaumont et les brigades Lasalle et Milhaud, et fit que cette cavalerie ne put arriver que tardivement le 14 octobre, sur le champ de bataille d'Iéna.

Les lettres écrites directement par l'Empereur aux maréchaux étaient expédiées par le cabinet de Berthier, il appartenait donc au major général d'en prendre connaissance et de signaler à l'Empereur les contradictions entre les prescriptions contenues

---

(1) Brigade Lasalle à Mölsen, 3ᵉ division de dragons à Teuchern, quartier général de la cavalerie à Teuchern, 13ᵉ chasseurs de la brigade Milhaud sur Weissenfels et Naumburg, 1ᵉʳ corps à Meineweh. En somme, la réserve de cavalerie était en entier à droite de la route de marche Zeitz—Naumburg et orientée sur Leipzig. Il en résulta que le 13 au soir et le 14 au matin elle fut embouteillée derrière le 1ᵉʳ corps dans le défilé de la Saale, de Naumburg à Camburg, ce qui fit qu'elle ne put arriver à temps sur le champ de bataille d'Iéna.

dans cette correspondance directe et les ordres d'opérations particuliers. Mais cela implique une collaboration intellectuelle entre le chef d'armée et le major général, qui n'existait à aucun degré entre Napoléon et Berthier. L'Empereur était considéré alors comme un être infaillible par tout son entourage et personne ne se serait cru autorisé à lui signaler une faute même évidente.

Le maréchal Davout, avec le 3e corps, avait été dirigé, comme Murat et Bernadotte, sur Naumburg, mais, au lieu de faire un crochet par Zeitz, il devait se diriger sur Naumburg par la route directe, de façon « à y arriver le plus vite possible, en tenant cependant toujours ses troupes en situation de combattre ». Ce sont, on se le rappelle, les expressions même de l'ordre général de l'Empereur au major général. Voici l'ordre particulier adressé en conséquence par Berthier au maréchal Davout :

Auma, 12 octobre 1806, 5 heures du matin.

Il est ordonné à M. le maréchal Davout de partir avec tout son corps d'armée de la position qu'il occupe (1), pour se diriger directement sur Naumburg, en tenant toujours cependant ses troupes en situation de combattre; il se fera précéder par toute sa cavalerie légère qui enverra des coureurs aussi loin que possible, tant pour avoir des nouvelles de l'ennemi, que pour faire des prisonniers, arrêter les bagages et avoir des renseignements précis.

La division de dragons du général Sahuc sera sous les ordres du maréchal Davout : je le préviens que je fais dire au général Sahuc de se rendre à Mittel où il prendra les ordres du maréchal Davout.

Le grand-duc de Berg et le maréchal Bernadotte ont également l'ordre de se rendre sur Naumburg, mais de suivre la route de Zeitz. Le maréchal Lannes de Neustadt se rend sur Iéna. Le maréchal Augereau se rend à Kahla; le maréchal Soult à Gera; le maréchal Ney à Mittel. Le quartier général impérial sera aujourd'hui à midi à Gera.

Cet ordre particulier est la copie à peu près textuelle de l'ordre général de l'Empereur donné à Berthier à 4 heures du matin.

Dans l'idée de l'Empereur, le mouvement de Davout avait une importance extrême pour le succès de sa combinaison. La contexture même de l'ordre général à Berthier montre l'intérêt que l'Empereur accordait à l'exécution de ce mouvement. L'ordre

---

(1) Mittel-Pöllnitz.

général débute, en effet, par les indications relatives au mouvement de Davout et ces indications tiennent plus de la moitié du texte entier de l'ordre.

Pour se rendre de Mittel à Naumburg, le 3ᵉ corps avait à faire de 45 à 50 kilomètres, étape beaucoup plus longue que celles de tous les autres corps d'armée. L'Empereur avait recommandé que cette distance fût franchie le plus rapidement possible. Pour ces raisons, on aurait dû, semble-t-il, faire partir l'ordre à Davout à la première heure; au contraire, il fut expédié le dernier de tous, à 5 heures du matin. Par suite de cette erreur de l'état-major, le mouvement du 3ᵉ corps fut retardé d'une heure environ.

Dans ses *Lettres sur la stratégie* (1), le prince de Hohenlohe s'étonne de voir Napoléon diriger Bernadotte sur Zeitz et Davout sur Naumburg en imposant ainsi à ce dernier une étape de plus de 45 kilomètres. En dirigeant Bernadotte sur Naumburg et Davout sur Zeitz, chacun des maréchaux n'aurait eu à faire que 34 kilomètres. Il ajoute : « Napoléon dirigeait ses corps d'une façon si magistrale d'habitude que ces mesures-là vous étonnent et vous obligent à en rechercher les motifs. » Il en découvre le motif dans la volonté de Napoléon de confier à Davout la mission exigeant le plus d'initiative. L'explication est très admissible (2). En tout cas, au point de vue des résultats, cette mesure fut des plus heureuses car on peut mettre en doute qu'avec son esprit peu offensif, Bernadotte eût gagné et même livré la bataille d'Auerstædt.

Le général Sahuc, qui était mis à la disposition de Davout, recevait l'ordre particulier suivant, bien lourd dans sa rédaction :

Auma, 12 octobre 1806, 5 heures du matin.

L'Empereur ordonne, Général, que vous soyez aux ordres de M. le maréchal Davout; ce maréchal est en avant de vous, à Mittel; le général Sahuc enverra prendre ses ordres, sa division étant destinée à marcher avec son corps d'armée. J'en préviens le grand-duc de Berg. Rendez-vous sur-le-champ avec votre division à Mittel.

---

(1) Hohenlohe, *Lettres sur la stratégie*, t. I, p. 54.
(2) « Dans le métier de la guerre, comme dans les lettres, chacun a son genre. (Napoléon au roi de Naples, Joseph, Saint-Cloud, 6 janv. 1806.)

Les ordres à Lannes et à Augereau terminent la série des ordres particuliers.

Dans son ordre général l'Empereur s'était contenté d'indiquer les mouvements de ces deux maréchaux en ces termes laconiques : « Le maréchal Lannes de Neustadt se rend sur Iéna. Le maréchal Augereau se rend sur Kahla », indications un peu succinctes pour deux corps d'avant-garde qui vont se trouver au contact de l'ennemi. Les ordres particuliers ne contiennent pas plus de renseignements tant sur l'ennemi que sur la conduite à tenir. Les voici :

Le major général au maréchal Lannes

Auma, 12 octobre 1806, 4ʰ 30 du matin.

Il est ordonné à M. le maréchal Lannes de se porter aujourd'hui, avec tout son corps d'armée, sur Iéna.

Je donne l'ordre au maréchal Augereau de se porter sur Kahla. Le maréchal Ney se trouvera ce soir à Mittel et le maréchal Soult à Gera, le maréchal Davout sur la route de Mittel à Naumburg, le maréchal Bernadotte sur la route de Gera à Naumburg en passant par Zeitz. Le quartier général sera à midi à Géra.

L'intention de l'Empereur, Monsieur le Maréchal, est qu'aussitôt votre arrivée à Iéna, vous preniez tous les renseignements possibles pour savoir ce que fait l'ennemi depuis trois jours. Vous ferez ouvrir les lettres de la poste. Vous ferez interroger les postillons et les maîtres de poste afin d'apprendre ce que fait l'ennemi, vous enverrez des courriers sur Weymar.

Je vous préviens que nous avons pris hier sur notre droite, entre Gera et Zeitz, plus de 300 voitures de bagages, de l'artillerie, des objets précieux et fait 200 prisonniers.

Sans aucun doute l'Empereur avait dit à Berthier d'inviter Lannes à envoyer des courriers sur Weimar, à prendre, dès son arrivée à Iéna, tous les renseignements possibles sur ce que l'ennemi faisait depuis trois jours.

L'Empereur insistait encore sur ce point dans la lettre adressée directement par lui à Lannes à 4 heures du matin : « Ne manquez pas, écrivait-il, d'envoyer beaucoup de coureurs devant vous pour intercepter les voyageurs et recueillir le plus de renseignements possibles. »

C'est encore certainement aussi d'après un ordre verbal de

l'Empereur que Berthier avise Lannes de la prise d'un convoi ennemi par les hussards de Lasalle dans la journée du 11. Ce petit succès de la cavalerie française fut sans aucun doute très agréable à l'Empereur, il aime à en répandre la nouvelle, il ne manque pas d'en faire part lui-même à Lannes dans la lettre qu'il lui adresse directement, il l'insère, en ces termes, le même jour, dans le deuxième bulletin de la Grande Armée : « Le général Lasalle, de la cavalerie de la réserve, a culbuté l'escorte des bagages ennemis; cinq cents caissons et voitures de bagages ont été pris par les hussards français; notre cavalerie légère est couverte d'or. » Il n'était pas mauvais, en présence de cette cavalerie prussienne, jugée si redoutable, de chanter, en les grossissant, les exploits des cavaliers français.

Dans la situation de l'armée donnée à Lannes, il n'est pas question de la cavalerie de Murat. C'est évidemment une omission. Nous allons voir par contre ce renseignement figurer dans l'ordre à Augereau, à qui il était certainement moins utile.

Le major général au maréchal Augereau

Auma, 12 octobre 1806, 4ʰ 30 du matin.

L'Empereur, Monsieur le Maréchal, ordonne que vous vous portiez avec votre corps d'armée sur Kahla.

M. le maréchal Lannes reçoit l'ordre de se porter sur Iéna. Envoyez des coureurs en avant pour avoir des nouvelles de l'ennemi. Adressez-moi toutes les nouvelles que vous aurez au quartier impérial à Gera (1).

Mettez-vous en correspondance avec le maréchal Lannes à Iéna.

La position de l'armée du 12 sera ainsi qu'il suit :

Le grand-duc se porte sur Zeitz et de là sur Naumburg si l'ennemi est toujours du côté d'Erfurt.

Le maréchal Bernadotte suit ce mouvement.

Le maréchal Soult à Gera, le maréchal Ney à Mittel, le maréchal Davout se met en route de Mittel sur Naumburg.

Les mouvements des différents corps étaient ainsi complètement réglés par ces ordres de quelques lignes dictés et expédiés entre 4 et 5 heures du matin. L'allure, l'incorrection du style, les nombreuses omissions, la rapidité de la rédaction,

---

(1) Ici, comme dans l'ordre particulier adressé à Murat, l'heure à laquelle le quartier général sera à Gera n'est pas donné.

tout nous porte à croire que ces ordres ont été écrits par des officiers ou des secrétaires, sous la dictée même de Berthier, qui avait sous les yeux l'ordre général de l'Empereur et qu'il complétait occasionnellement en se servant d'indications reçues verbalement et consignées peut-être sur son carnet vert.

En somme, ces ordres brefs, quoique diffus et peu concis, contenaient peu de choses : l'objectif de la marche, la situation de l'armée et, pour les corps de première ligne, la recommandation de se procurer des renseignements sur l'ennemi. Mais de ce que le général en chef sait lui-même de l'ennemi, de l'ensemble de la manœuvre projetée, de la mission de chaque corps dans cette manœuvre, il n'est pas question. Nous savons que c'est le système adopté, il favorise la conservation du secret de la manœuvre, c'est un avantage ; mais, par contre, les commandants de corps d'armée marchent en aveugles et peuvent difficilement faire acte d'initiative. Aucune indication non plus sur les zones de marche ou les itinéraires qui appartiennent à chacun des corps d'armée. Ce sont les commandants de corps d'armée eux-mêmes qui choisissent leur route pour se rendre à la destination qui leur est fixée, ils la font connaître au quartier impérial : « Instruisez-moi de la route que vous prendrez pour vous rendre à Naumbourg, écrivait l'Empereur à Davout, le 12 octobre 1806. » Cette façon de procéder, qui pouvait être imposée par l'insuffisance des cartes (1), n'en était pas moins gênante, comme en témoigne ce que Davout écrivait le 26 septembre 1805, d'Oggersheim, au major général :

« .....J'ai l'honneur de supplier Votre Excellence de vouloir bien nous fixer sur les routes que nous devons prendre, pour éviter les plus graves inconvénients d'engager dans les défilés de cette nature des corps d'armée aussi considérables et ceux qui pourraient avoir lieu pour les subsistances. »

D'autre part, ce système d'ordres particuliers, extraits de l'ordre général de l'Empereur, se prêtait à la multiplication d'omissions ou d'erreurs assez nombreuses, comme on vient de le constater.

Les ordres ainsi établis par Berthier étaient portés à leurs destinataires par des officiers. Parvenus aux corps d'armée,

---

(1) Voir la carte de Saxe de Petri avec laquelle l'Empereur donnait ses ordres.

les ordres de l'armée étaient mis à exécution avec une rapidité qui doit attirer toute notre attention, car, sans aucun doute, c'est une des causes premières des succès de Napoléon. Deux heures en moyenne (1) après la réception de l'ordre de l'armée par le commandant de corps d'armée, les troupes se mettaient en mouvement. Il fallait encore moins de temps lorsque, comme dans le cas que nous examinons, les troupes avaient été prévenues de se tenir prêtes à partir. Le tableau ci-contre donne des indications précises sur les conditions de transmission et d'exécution des ordres dans la nuit du 11 au 12 octobre 1806.

Suivons, dans l'exécution de l'ordre du 12, l'un des corps de la Grande Armée, le troisième, celui qui eut la plus longue marche à faire.

L'ordre du major général était remis à Davout vers 6 heures du matin. La 1re division (Morand), était à Mittel avec le quartier général, la 2e division (Friand) était bivouaquée à une demi-lieue en arrière, la 3e (Gudin), un peu plus en arrière, sur les hauteurs entre Mittel et Auma.

Davout donnait immédiatement aux troupes rassemblées :
1º L'itinéraire à suivre, Rauchwitz, Mölau, Naumburg;
2º L'ordre de marche, 1re, 2e, 3e division;
3º La formation de marche, formation massée (2).

Avant le départ, il faisait lire devant le front des compagnies une proclamation destinée à surexciter leur ardeur. « Par ses savantes manœuvres, l'Empereur vient de mettre les Prussiens dans la même position où était à Ulm l'armée autrichienne. » Aussitôt après, les corps s'ébranlèrent aux cris de : « Vive l'Empereur »; la cavalerie légère et le régiment d'infanterie d'avant-garde à 6h 30, 1re division (Morand) 7 heures, 2e division (Friant), suivie par la division de dragons Sahuc, à 8 heures, 3e division (Gudin), 9h 30.

A 9h 30, au moment où la division du général Gudin se mettait en marche, elle rendit les honneurs à l'Empereur qui passait devant son front en se rendant à Gera.

---

(1) Temps donné par Lannes à Berthier, dans une lettre du 11 octobre 1806.
(2) Colonne par compagnie à demi-distance ou serrée, l'infanterie en dehors de la route réservée à l'artillerie (BONNAL, *Manœuvre d'Iéna*, p. 291).

CORPS D'ARMÉE	EMPLACEMENTS des quartiers généraux dans la nuit du 11 au 12 octobre	DISTANCE au quartier impérial d'Auma	HEURE de départ de l'ordre de l'armée	HEURE de réception par les commandants de corps	HEURE de départ des têtes de colonnes	EMPLACEMENTS atteints le 12 au soir par les têtes de colonnes	DISTANCES parcourues	OBSERVATIONS
Murat........	Géra.......	29 kilom.	4 h. matin	7ʰ 15 matin	9 h. matin	Mölsen Teuchern	40 à 45 kilom.	
1ᵉʳ corps (Bernadotte)..	Géra.......	29 —	4 —	7ʰ 15 —	9 —	Meineweh	27 kilom.	
3ᵉ corps (Davout)....	Mittel......	7,500	5 —	6 h. —	7 —	Naumburg	45 —	
4ᵉ corps (Soult).....	Weyda......	17 —	4 —	6 —	7 —	Gera et Naulitz	24 —	
5ᵉ corps (Lannes)....	Neustadt.....	13,500	4ʰ 30 —	6 —	10 —	Winzerla (6 kilomètres d'Iéna)	24 —	Combat.
6ᵉ corps (Ney).....	Schleiz.......	18 —	3 h. —	5ʰ 30 —	6 —	Mittel et Auma	16 —	Le 6ᵉ corps était sous les armes dès 2 heures du matin.
7ᵉ corps (Augereau)..	en marche de Saalfeld sur Neustadt.	30 —	4ʰ 30 —	8ʰ 15 —	10 h. — (Changement de direction)	Kahla	37 —	Le 7ᵉ corps s'était mis en marche sur Neustadt dès la pointe du jour.

La marche, très pénible, « occasionna beaucoup de traîneurs ». L'avant-garde fit 45 kilomètres et arriva à destination à 3ʰ 30 pour la cavalerie, à 8 heures du soir pour l'infanterie ; les 1ʳᵉ, 2ᵉ et 3ᵉ divisions firent respectivement 40, 37 et 28 kilomètres.

L'arrivée du 3ᵉ corps à Naumburg, le 12 octobre, était si peu prévue au quartier général prussien, que, lorsqu'on en annonça la nouvelle, à Weimar, au prince de Brunswick, il se refusa à y croire en s'écriant : « Pourtant, ils ne peuvent pas voler (1). »

A quoi donc était due cette rapidité d'exécution qui créait ainsi la surprise et déroutait l'adversaire? Sans aucun doute à l'entraînement du 3ᵉ corps, que son chef comparait justement à la Xᵉ légion de César, mais aussi à la méthode de travail de Napoléon, à l'organisation de son système. Le secret du système est dans la centralisation en une seule personne des fonctions de commandant en chef et de chef d'état-major. Non seulement Napoléon décide des opérations, mais il n'a pour ainsi dire besoin de personne ni pour préparer sa décision, ni pour la formuler. La position de ses corps, ce qu'on peut préjuger, d'après les renseignements reçus, des positions de l'ennemi, tout cela est constamment présent dans son cerveau, c'est à peine s'il a besoin de jeter les yeux sur la carte figurative dressée jour et nuit dans son cabinet ; il est à lui seul ce que nous appelons aujourd'hui le 2ᵉ bureau de l'état-major, il en est aussi le 3ᵉ bureau, car il élabore lui-même ses ordres d'opérations ; il lui suffit d'un secrétaire auquel il puisse dire : « Asseyez-vous et écrivez », puis : « Expédiez ». Enfin, par le travail de nuit, il réduit au minimum le temps mort entre la prise de décision et l'exécution. A la pointe du jour les troupes exécutent les mouvements prescrits par l'Empereur dans les dernières heures de la nuit.

Le travail, pour ainsi dire surhumain, de Napoléon, qui était en réalité son propre chef d'état-major, ne peut être pris comme base d'une organisation, car il excède les forces physiques et intellectuelles de presque tous les hommes. Mais, tout en respectant l'initiative de chacun et le principe fécond de la division du travail, en maintenant à l'état-major les fonctions

---

(1) Hohenlohe, *Lettres sur la stratégie*, t. I, p. 76.

d'aide du commandement, telles qu'elles sont actuellement comprises, on doit viser à atteindre cette rapidité d'exécution qui caractérise le commandement de l'Empereur. « La nuit est le temps de travail du général en chef », disait Napoléon. C'est aussi le temps de travail de l'état-major. Il faut organiser d'une façon méthodique, comme on le fait dans certaines industries, le travail de nuit dans les états-majors, avec des équipes qui se relèvent. Cela exigera des états-majors nombreux, composés d'officiers de choix, dépositaires de la pensée du chef, ce qui n'existait pas dans l'État-major impérial. Un tel état-major, disposant de moyens de transport rapides, pourra, malgré la grande extension du front des armées, au moyen d'ordres courts, réduits au strict indispensable (1), mettre les troupes en mouvement dans les conditions de rapidité réalisées le 12 octobre 1806. Il contribuera ainsi grandement à la victoire de nos armes.

---

(1) Ordre préparatoire (Instruction sur le service dans les états-majors).

CHAPITRE IV

LE QUARTIER GÉNÉRAL IMPÉRIAL

I — La Maison de l'Empereur

La maison de l'Empereur. — Berthier, Duroc, Caulaincourt. — Officiers généraux auprès de l'Empereur. — Aides de camp. — Officiers d'ordonnance. — Maréchal du palais. — Préfet du palais. — Chambellan. — Médecins et chirurgiens. — Les pages. — Domesticité. — Le cabinet de l'Empereur, secrétaires intimes : Bourrienne, Meneval, Fain. — Secrétaires du cabinet. — Bureau topographique : Bacler d'Albe. Ses fonctions d'officier d'état-major. — Le service des renseignements au cabinet de l'Empereur. — L'auditeur au Conseil d'État Lelorgne d'Ideville. — La dictée des ordres. — Le service des aides de camp et officiers d'ordonnance. — Le salon de service. — L'existence au quartier impérial. — Installation au cantonnement. — Le service de la table. — L'Empereur en route. — Les voitures. — L'équitation. — Ordre de marche de la suite de l'Empereur. — L'Empereur doublant les colonnes. — Les femmes pendant les campagnes.

Avant de poursuivre l'examen de l'action que l'Empereur exerçait sur son armée par la surveillance de l'exécution et les sanctions qui étaient la consécration de son contrôle, nous voudrions reconstituer le milieu dans lequel il vivait en campagne et prendre une idée aussi nette que possible de son train de vie. Quelle existence menait-on au grand quartier impérial dans les années de gloire, en 1805, 1806, 1807, 1809? Qui étaient les hommes admis à l'honneur de vivre dans l'atmosphère de l'Empereur?

Le grand quartier impérial comprenait deux organes tout à fait distincts : la maison militaire de l'Empereur et le quartier général (1).

La maison militaire était constituée par l'entourage immédiat

---

(1) Le quartier général se divisait lui-même en quartier général de l'État-major général et quartier général de l'intendant général.

de Napoléon, par le personnel attaché à sa personne, grands-officiers, généraux, aides de camp et officiers d'ordonnance, secrétaires, dignitaires et employés de la cour. Tout ce personnel entraînait à sa suite un nombreux équipage : le 21 décembre 1806, la maison de l'Empereur comprenait 800 rationnaires.

Dans cette cour chamarrée qui suivait l'Empereur, trois grands dignitaires de la Couronne étaient ses familiers : Berthier, à la fois vice-connétable, grand veneur, ministre de la Guerre et major général de la Grande Armée; Duroc, grand maréchal du palais et Caulaincourt, grand écuyer. Que n'avons-nous, pour peindre Napoléon en campagne, des mémoires ou une correspondance personnelle de ces trois personnages?

Nous avons déjà parlé de Berthier, nous connaissons ses défauts et ses qualités comme major général; nous allons compléter le portrait physique et moral de ce fidèle compagnon de guerre de Napoléon, toujours logé sous le même toit, partageant sa table, prenant place dans sa voiture, le suivant partout à cheval, dans ses tournées, sur le champ de bataille, ne le quittant guère plus que son ombre depuis la première campagne d'Italie jusqu'à l'abdication de Fontainebleau, se tuant enfin de désespoir pour l'avoir abandonné dans un moment d'aberration.

« Berthier, petit, gros, rit toujours, très affairé, amoureux de Mme Visconti (1). » Voilà l'impression que Desaix a du Berthier d'Italie, et qu'il nous a laissée dans son journal de voyage de 1797 en Suisse et en Italie.

L'appréciation toute féminine et moins succincte de la duchesse d'Abrantès n'est pas plus flatteuse : « Berthier était petit, mal bâti, sans être cependant contrefait, il avait une tête un peu trop forte pour son corps, des cheveux crépus plutôt

---

(1) Mme Visconti, femme du marquis Francesco Visconti (ambassadeur de la République cisalpine, à Paris, mort en 1808), « grande, belle », écrit Desaix, dans son journal, veuve de Jean Sopransi, amie de Mme Bonaparte. Tous les contemporains vantent la beauté de sa taille et de son visage. Quoiqu'elle trompât ouvertement Berthier et que cette passion fût la risée de tous les jeunes officiers de l'état-major, il l'aima jusqu'au bout et lui constitua, en 1814, 40.000 livres de rente viagère. Le portrait de Mme Visconti, qu'on a justement nommée « la bêtise de Berthier », a été fait par Gérard et est au Musée du Louvre. (Note du « Journal de voyage du général Desaix, en Suisse et en Italie (1797) », publié par Arthur Chuquet. Librairie Plon, 8, rue Garancière).

que bouclés, d'une couleur qui n'était ni noire, ni blonde... Des mains naturellement laides et qu'il rendait effroyables en rongeant continuellement ses ongles, au point d'avoir des doigts presque toujours saignants. Ajoutez qu'il bredouillait fort en parlant et faisait non pas des grimaces, mais des mouvements tellement singuliers par leur vivacité, qu'il en était fort amusant pour ceux qui ne prenaient pas une part directe à sa dignité. »

« Il parlait avec un fort accent nasillard, avait presque toujours les mains dans ses poches ou un doigt fourré dans le nez. Son habit et son pantalon étaient mal ajustés et lui pendaient sur le corps (1). » En général, il mettait une grande importance à ce que tout se fît autour de lui à l'instar de ce qui se passait chez l'Empereur, peut-être même cela allait-il jusqu'à l'affectation (2). Il paraissait vouloir imiter son maître par le choix d'un chapeau petit et simple qu'il portait à la façon de Napoléon ; aussi on le prenait souvent pour l'Empereur à qui il ressemblait par la tournure lorsqu'il était en voiture. Toujours vif, il allait grand train à cheval et était toujours bien monté, ce qui s'accordait parfaitement avec ses fonctions de grand veneur. Il aimait passionnément la chasse, au point que, quand une vieille corneille lui passait au-dessus de la tête, il laissait tomber les rênes, même en galopant, et faisait mine de lui lâcher un coup de fusil.

Malgré son zèle pour le service et le ton sérieux avec lequel Berthier parlait à ses subalternes, il était toujours poli.

Son ton envers l'Empereur approchait d'une certaine familiarité, mais lorsque Napoléon le faisait appeler, il prenait un air très respectueux et quand il lui donnait des ordres, il marchait le chapeau quelque temps à la main (3).

Duroc, duc de Frioul, était, comme Berthier, un fidèle compagnon de Napoléon. Comme grand maréchal du palais, il avait dans ses attributions l'ordonnancement des dépenses

---

(1) *Mémoires militaires de Grabowski,* officier polonais attaché à l'État-major général de Napoléon Ier, 1812-1813-1814, p. 219.

(2) *Mémoires du baron Fain,* p. 241.

(3 ODELEBEN, officier saxon attaché à l'État-major impérial, *Relation circonstanciée de la campagne de 1813 en Saxe,* p. 198.

(bouche, éclairage, chauffage, domestiques, etc.), la police et la surveillance de la maison de l'Empereur, qu'il tenait remarquablement « mais, au dire de Mme de Rémusat, avec des formes dures, toutes émanées de la dureté du Maître ». Quand l'Empereur grondait, on s'apercevait dans le château d'une succession de brutalité, dont le moindre valet de pied ressentait les atteintes. Le service se faisait avec une exactitude militaire, les punitions étaient sévères, l'exigence ne se relâchait pas, aussi, tout se passait en silence et régulièrement. Tout abus était réprimé, les bénéfices des gens calculés et réglés d'avance. Dans les offices et les cuisines, la moindre chose, un simple bouillon, un verre d'eau sucrée ne se seraient pas distribués sans l'autorisation ou le bon du grand maréchal. Il ne se passait rien dans le palais dont il ne fût informé. Duroc était d'une discrétion à toute épreuve et redisait tout, seulement à l'Empereur, qui s'informait des moindres choses (1). Il rendait encore à Napoléon des services d'un ordre particulier; avec Murat, Talleyrand et d'autres encore, il pourvoyait, dans les courts répits des affaires ou des batailles, aux fantaisies féminines de Napoléon (2). Le duc de Frioul avait un esprit sans éclat, mais sage et juste, peu de passions, mais une profonde raison et une ambition bornée naturellement, avec un air nonchalant et indifférent, paraissant ne se soucier de rien, si ce n'est de Mlle Bigotini, danseuse de l'Opéra.

N'usant de son crédit qu'avec discrétion (3), il a rendu cependant une multitude de services à des personnes qui l'ont ignoré. Simple, vrai, modeste, probe et désintéressé, très attentif et exempt de petites passions, il fut très utile à l'Empereur dont il possédait toute la confiance et lui a souvent fait des amis. Quoique déjà très occupé par ses fonctions, il était souvent chargé par l'Empereur de travaux étrangers, et tout en maugréant parfois contre les obligations des grandeurs, il s'en acquittait toujours à la satisfaction de Napoléon. Aussi, le 7 juin 1813, l'Empereur écrivait à Mme de Montesquiou : « La

---

(1) *Mémoires de Madame de Rémusat*, t. III, p. 317.
(2) *Ibid.*, t. I, p. 121.
(3) *Journal de Castellane*, p. 85.

mort du duc de Frioul m'a peiné. C'est, depuis vingt ans, la première fois qu'il n'ait pas deviné ce qui pouvait me plaire (1) ».

Le grand écuyer Caulaincourt, duc de Vicence, avait dans ses attributions le service de l'écurie, les pages, les courriers et estafettes. Il prenait les ordres au lever et au coucher pour les départs. Il devait accompagner partout l'Empereur, il marchait devant lui quand il sortait de ses appartements pour monter à cheval, lui donnait la cravache, lui présentait le bout des rênes et l'étrier gauche. Il s'assurait de la solidité des voitures, de l'adresse des piqueurs, cochers et postillons, de la sûreté et du dressage des chevaux. En route, il était dans la voiture qui précédait la voiture impériale (2); à cheval, il était chargé de présenter à l'Empereur, prête à être consultée, la carte du pays; si le cheval de l'Empereur venait à tomber, c'était au grand écuyer à le relever et à lui offrir sa propre monture.

Dans son journal de marche, Castellane, assez sévère pour Duroc, n'a que des éloges pour Caulaincourt qu'il dépeint ainsi :

« Le duc de Vicence, homme de cinq pieds huit pouces, a l'air sévère et noble, franc et loyal, il est aimé et estimé de tous. L'Empereur en fait cas, mais comme il lui dit la vérité, Sa Majesté lui préfère le grand maréchal d'un caractère plus flexible. C'est un excellent officier général, d'un caractère très militaire (3). » Tout en rendant justice à ses qualités, l'Empereur avait plus de familiarité avec Duroc qu'avec Caulaincourt, de manières plus froides et plus attachées à l'étiquette. D'après Odeleben (4), Caulaincourt « songeait avec un zèle inexprimable à tous les besoins de Napoléon ». Il apportait dans son service « une exactitude et une attention que rien n'égalait ». « Une activité sans bornes était la principale de ses qualités. Il possédait le talent de dire tout en peu de mots. Après avoir passé la nuit à travailler avec Napoléon, il était à la pointe du jour le premier

---

(1) Le grand maréchal était le supérieur des préfets du palais. Son habit était amarante et brodé en argent sur toutes les tailles. Les préfets du palais portaient la même couleur avec moins de broderies.

(2) Imbert DE SAINT-AMAND, *La Cour de l'impératrice Joséphine*, p. 75.

(3) *Journal de Castellane*, p. 93.

(4) ODELEBEN, *Relation circonstanciée de la campagne de Saxe en 1813*, p. 83 et 147.

à son poste... Il était presque toujours à cheval et se trouvait constamment à la portière de l'Empereur. Après la mort de Duroc, il cumula les fonctions de grand maréchal avec celles de grand écuyer, le service de la maison n'en fut pas moins bien assuré ; comme son prédécesseur, et avec plus de rudesse encore dans les formes, il surveillait avec la plus grande sévérité tous les objets d'économie. » C'était un des talents de Napoléon d'inspirer à ses serviteurs un pareil zèle, tout en se gardant de ne jamais reconnaître pleinement leur mérite. « Caulaincourt n'avait pas d'esprit, disait un jour à Sainte-Hélène l'Empereur à Gourgaud, il ne savait pas écrire, c'était un excellent chef d'écurie, voilà tout » (1).

A côté et au-dessous de ces trois grands personnages, quelques généraux étaient près de l'Empereur, sans fonctions définies, mais prêts à recevoir des missions éventuelles ; ce sont, au mois d'octobre 1806, le général de brigade Corbineau, écuyer de l'Impératrice, et le général de brigade Gardanne, gouverneur des pages, auxquels l'Empereur fit remplir les fonctions d'aides de camp généraux pendant toute la campagne. Au début de cette même campagne, le général de division Clarke était aussi près de l'Empereur comme secrétaire du cabinet, fonction créée par décret du 30 vendémiaire an XIII. A ce titre, « Clarke était chargé du cabinet topographique de Sa Majesté, il devait écrire lui-même, soit sous la dictée de l'Empereur, soit sur ses propres minutes, tout ce qui avait rapport à l'administration de la guerre ou de la marine, aux plans de campagne et à tous autres objets relatifs à ces départements que Sa Majesté voulait lui confier. Il ne pouvait avoir aucun commis. Il avait l'autorisation de prendre un secrétaire particulier, mais ce secrétaire particulier, sous quelque prétexte que ce fût, ne pouvait prendre aucune connaissance du travail ci-dessus spécifié, ni y être employé en aucune manière (2) ». Ancien chef du bureau topographique

---

(1) « Galant, aimable de sa personne, joignant les formes de l'ancienne cour à la valeur plus réelle des hommes de la cour militaire de l'Empereur », dit Mlle AVRILLON dans ses *Mémoires*, Caulaincourt eut une liaison durable avec la belle Mme de Canisy, dame du palais de l'Impératrice et femme de l'écuyer de l'Empereur. (*Mémoires* de Mlle AVRILLON, t. II, p. 38 et suiv.).

(2) Décret impérial du 30 vendémiaire an XIII (22 oct. 1804) créant deux secrétaires de cabinet et réglant leurs attributions.

de Carnot, homme de plume autant qu'homme d'épée, administrateur habile et intègre, le général de division Clarke avait certainement toutes les aptitudes voulues pour être un excellent chef de cabinet, mais ces fonctions subalternes étaient véritablement inférieures à l'élévation de son grade et à l'importance de sa personnalité (1); aussi, en 1806, il ne fit que paraître au cabinet, et fut nommé bientôt gouverneur d'Erfurt, puis gouverneur de Berlin.

La maison militaire comprenait les aides de camp et les officiers d'ordonnance de l'Empereur.

Les aides de camp, presque toujours officiers généraux, choisis parmi les fidèles de la première heure, tous connus par leur éclatante bravoure, étaient chargés des missions importantes, des reconnaissances à longue portée, des communications verbales aux commandants de corps d'armée. Napoléon aimait à leur donner, sur le champ de bataille, un commandement momentané et périlleux, qui leur permettait de se classer au premier rang des braves.

Nous trouvons comme aides de camp généraux de l'Empereur en 1806 : le général de brigade Lemarois, « le beau Lemarois », qui est connu de l'Empereur depuis Toulon, a été aide de camp du premier Consul et a signé, comme témoin, au contrat de mariage avec Joséphine ; le général de brigade Bertrand, que sa bravoure en Égypte a signalé à Bonaparte ; ce sont encore les deux anciens aides de camp de Desaix, que le premier Consul a recueillis sur le champ de bataille de Marengo, Rapp et Savary ; Rapp, homme faible et bien insignifiant, hormis un jour d'affaire (2), mais qui plaît à l'Empereur, malgré sa « franchise toute germanique », par ses prouesses de cavalier héroïque, Savary commandant la gendarmerie d'élite, homme à tout faire, à volonté diplomate, soldat ou policier, dont une des fonctions est de veiller à la sûreté personnelle de l'Empereur ; c'est enfin Mouton, général de brigade et alsacien comme Rapp, ayant le même franc-parler et la même bravoure.

---

(1) On se rappelle que, pendant la première campagne d'Italie, Clarke avait été délégué par le Directoire auprès de Bonaparte pour le surveiller. Au lieu de le surveiller il s'était entendu avec lui.

(2) Lettre de Napoléon à Davout, Paris, 2 décembre 1811.

Les officiers d'ordonnance, aides de camp de second rang, du grade de commandant, capitaine ou lieutenant, sont employés aussi à des missions et à la transmission des ordres concurremment avec les adjoints d'état-major; par décret du 19 septembre 1806, leur nombre est fixé à douze. Les recommandations, la faveur, présidaient la plupart du temps à la nomination des jeunes officiers à ces postes de choix. L'Empereur et Berthier les choisissaient souvent dans les familles nobles ralliées à l'Empire. En 1806, les officiers d'ordonnance près de l'Empereur sont : MM. Deponthon, capitaine du génie, de Lamarche, capitaine au 4ᵉ hussards, Scherb, capitaine au 10ᵉ cuirassiers, Castille, capitaine d'artillerie, Eugène de Montesquiou, aide de camp du maréchal Davout, Amédée de Turenne, capitaine; ce dernier, qu'on retrouve plus tard comme chambellan, grand maître de la garde-robe, est un des favoris de l'Empereur; spirituel, bien informé, il l'amuse par la chronique du jour. Napoléon l'avait surnommé, à cause de son anglomanie, milord Kinscster (1).

En 1806 et 1807, l'uniforme des officiers d'ordonnance de l'Empereur était vert foncé, sans broderie, avec une aiguillette d'or pendant de l'épaule gauche et rattachée à la boutonnière sur la poitrine. Plus tard, en 1810 et 1811, l'uniforme est devenu plus élégant, bleu de ciel avec broderies d'argent (2). Pour s'habiller, s'équiper et se pourvoir de chevaux, la dépense d'un officier d'ordonnance nouvellement promu montait, à la fin de l'Empire, au moins à 6.000 francs (3).

Les aides de camp généraux de l'Empereur avaient eux-mêmes chacun comme aides de camp deux ou trois officiers subalternes que Napoléon employait comme ses propres officiers d'ordonnance.

A côté de cette suite militaire, se trouvaient quelques personnages de la cour.

Pendant la campagne de 1813, c'est d'abord le maréchal du palais, comte de Beausset, chargé, depuis plusieurs années, du

---

(1) Masson, *Napoléon chez lui,* p. 100.
(2) *Mémoires du baron Fain,* p. 235.
(3) *Vie de Planat,* p. 204.

service de la bouche de Sa Majesté, goutteux et bon vivant, que Castellane nous montre en Espagne en 1808 suivant le quartier impérial sur sa mule avec un zèle méritoire et brisant en mille morceaux sous son poids énorme les chaises du salon de service. Il a sous ses ordres, comme préfet du palais, le baron de Canouville, le frère du « beau Canouville » un des amants préférés de la princesse Pauline.

En 1813, le comte de Turenne d'Aynac, l'officier d'ordonnance de 1806, est chambellan. Les écuyers sont les barons de Mesgrigny et Lenneps (1).

Sont attachés à la maison quatre médecins de la cour et quatre ou cinq chirurgiens, dont Ywan, qui a fait toutes les campagnes, qu'on voyait toujours à cheval derrière l'Empereur (2).

Un payeur de la couronne faisait aussi partie de la maison.

Quatre pages qui, en cas de besoin, pouvaient être envoyés en commission, suivaient l'Empereur à l'armée. Les pages, destinés à devenir par la suite officiers de cavalerie, étaient recrutés parmi les enfants des généraux, des hauts fonctionnaires, des familles nobles ralliées à l'Empire. De 1805 à 1814, cent trente jeunes gens entrèrent comme pages dans la maison (3). Parmi les pages on trouve les fils des maréchaux Moncey et Oudinot, du général Gudin, le jeune de Barral, neveu de l'archevêque de Tours, Ferdinand de Lariboisière, tué à la Moskowa sous-lieutenant au 1er de carabiniers. A l'armée ils étaient chargés d'amener le cheval de l'Empereur, de porter le télescope de campagne, de préparer les relais, etc. (4). La petite tenue des pages comportait un chapeau à trois cornes garni d'une torsade et d'une cocarde en argent, un habit vert avec galons d'argent, une culotte de velours vert et des bottes à l'écuyère (5).

---

(1) En 1813, l'uniforme des employés civils supérieurs de la maison de Napoléon, tels que chambellans, écuyers, était le même que celui des officiers d'ordonnance : habit bleu clair avec une élégante et riche broderie en argent et chapeau avec des plumes noires (ODELEBEN).

(2) *Mémoires du baron Fain*, p. 254.

(3) MASSON, *Les Cavaliers de Napoléon*, p. 75.

(4) ODELEBEN, *Relation de la campagne de Saxe en 1813*, p. 180.

(5) Charles DUPLESSIS, *L'Équitation en France*.

Les fourriers du palais présidaient au nettoyage, à l'ameublement et aux divers approvisionnements du logement impérial. Ils portaient un uniforme vert et avaient le grade de lieutenant. En 1806, deux fourriers du palais, MM. Bayon et Deschamps, étaient sous les ordres de M. Philippe de Ségur, qui portait alors les épaulettes de capitaine, était adjoint au grand maréchal et faisait fonctions de chambellan.

Un personnel subalterne de maîtres d'hôtel, valets de chambre, cuisiniers, piqueurs, palefreniers, était employé aux travaux de domesticité.

Le service personnel de l'Empereur se composait de quatre valets de chambre qui furent pendant longtemps Constant, Sénéchal, Pelard et Hubert. Constant, premier valet de chambre (1) de 1800 à 1814, était véritablement le valet de chambre de Napoléon, il faisait habituellement le service de la toilette, son aide était indispensable à l'Empereur « homme à valet de chambre », disait Constant. Sénéchal, qui suppléait Constant, avait la même habitude du service.

Le mameluk Roustam était, après Constant, le domestique le plus intime de Napoléon. Dans l'intérieur de la chambre, il lui mettait ses bottes, tenait le miroir quand il se rasait, il gardait l'Empereur la nuit. A l'extérieur, il faisait l'office de piqueur, le suivait de près dans toutes ces courses, porteur de la bouteille de campagne, de la capote, du manteau et du portemanteau de Sa Majesté, il galopait dans toutes les parades vêtu d'un riche costume oriental.

Le service de l'écurie était confié au premier piqueur Jardin père, qui mettait toute son habileté à préparer pour l'Empereur des chevaux très assouplis et très sûrs.

Un commissaire était spécialement chargé du service de la table qu'il avait « à ferme ».

Pour compléter la description de la maison de l'Empereur, nous avons hâte de parler du cabinet. C'était certainement dans la pensée de Napoléon l'organe le plus important de sa

---

(1) Tenue du premier valet de chambre : « Habit français en drap vert avec parements et collet enrichis de broderies d'or, un gilet de casimir blanc, une culotte noire et des bas de soie ». Le vert était la couleur de l'Empereur et était porté par tout le personnel touchant à sa personne.

suite immédiate, c'était son instrument de travail. C'est de ce sanctuaire du génie que sont sorties les victoires dont les noms resplendiront à jamais dans l'histoire militaire.

Le personnel fort restreint du cabinet de Napoléon comprenait les secrétaires intimes ou secrétaires du portefeuille et le bureau topographique. Il y eut aussi au cabinet, comme nous l'avons déjà vu, les secrétaires du cabinet, institués par un décret du 22 octobre 1804, mais cette institution ne donna pas tout ce que l'Empereur en attendait et ne fonctionna que par intermittence, on peut donc la considérer comme un rouage secondaire.

Ce qui frappe le plus dans cette organisation est le petit nombre d'employés qui suffit au travail considérable incombant au cabinet : deux ou trois maîtres des requêtes ou auditeurs au Conseil d'État, civils n'ayant aucune connaissance des choses de la guerre, « vivaient toujours dans la sphère de cet homme extraordinaire, dont l'esprit volcanique enfantait mille idées diverses (1) », et étaient les seuls fils transmettant à l'état-major, aux ministres, à toutes les autorités de la France, les ordres que l'Empereur adressait directement. Leur consigne était d'être présents jour et nuit, toujours prêts à répondre à l'appel du Maître, leur fonction, de saisir au vol les dictées de l'Empereur, de les reproduire fidèlement et de les expédier. Ils avaient comme une existence cloîtrée « Meneval et Fain, écrivait l'Empereur à Sainte-Hélène, vivaient si retirés qu'il était des chambellans qui, après avoir servi quatre années au palais, ne les avaient jamais vus (2) ».

Napoléon n'aimait pas les figures nouvelles, aussi les secrétaires intimes ne changent guère pendant tout l'Empire. On en compte juste trois : Bourrienne, Meneval et Fain.

Jusqu'en 1802, Bourrienne occupe la place. Ancien condisciple de Napoléon à l'École militaire, Bourrienne avait des moyens, parlait bien l'allemand, était intrigant mais voleur. C'est le jugement de Napoléon (3).

---

(1) ODELEBEN, *Relation circonstanciée de la campagne de Saxe en 1813*, p. 140.
(2) Note écrite de la main de l'Empereur sur un exemplaire des *Mémoires de Fleury de Chabouton*.
(3) *Journal inédit de Gourgaud à Sainte-Hélène*, p. 565.

« Voleur, ajoute l'Empereur, au point de prendre un écrin de diamants sur une cheminée... quand je lui dictais des ordres où je lui parlais de millions, sa figure changeait, il jouissait. C'est malheureux, car il m'était utile, il avait une jolie main, il était actif, infatigable, était patriote et n'aimait pas les Bourbons, mais il était trop voleur ». Il était devenu trop important, donnait des soirées, jouait au premier ministre. Le 20 octobre 1802, Napoléon, sous prétexte d'une participation clandestine de Bourrienne à une adjudication de fournitures militaires, le renvoya du cabinet. Il y fut remplacé par Meneval, ancien secrétaire de Joseph Bonaparte. Meneval, « Menevalot », comme l'appelait l'Empereur dans les jours de bonne humeur, fit toutes les campagnes de 1802 à 1813. Véritable bénédictin, il fut un auxiliaire précieux de Napoléon par la régularité de son travail et de sa présence, par sa discrétion à toute épreuve et pourtant, à Sainte-Hélène, l'Empereur déchu, parfois si dur pour ses bons serviteurs, dit de Meneval qu'il n'était qu'un commis sachant à peine l'orthographe. Depuis 1806, Fain, qui « avait plus de moyens », fut adjoint à Meneval comme secrétaire-archiviste, il le remplaça comme secrétaire intime après la campagne de Russie, d'où Meneval revint fatigué et malade. Pendant la belle période des campagnes de l'Empire, « Meneval et Fain, auxquels il faut ajouter sans doute un commis archiviste du nom de Bary, ont constitué à peu près seuls le personnel du cabinet (1) ».

Comme nous l'avons dit, il y eut par intermittence au cabinet des fonctionnaires d'un ordre plus relevé que les secrétaires intimes, dont les fonctions ne dépassaient guère celles d'un commis de confiance : c'étaient les secrétaires du cabinet institués par décret du 30 vendémiaire an XIII. Nous croyons intéressant de donner le texte entier de ce décret, dont nous avons déjà cité plus haut un extrait, parce qu'on y voit apparaître nettement les intentions de Napoléon sur l'organisation et le fonctionnement du cabinet, la volonté de n'y admettre qu'un personnel restreint et sûr pour éviter les indiscrétions et les fuites. « Mystère et secret », tel est toujours le mot d'ordre et

---

(1) Masson, *Napoléon chez lui.*

pour Napoléon le secret et la bureaucratie sont deux choses incompatibles. (1)

Décret créant deux secrétaires du cabinet de l'Empereur et réglant leurs attributions

Saint-Cloud, 30 vendémiaire an XIII (22 oct. 1804).

Il y aura auprès de l'Empereur deux conseillers d'État, secrétaires du cabinet.

L'un d'eux sera chargé du cabinet topographique de Sa Majesté et d'écrire lui-même, soit sous la dictée de l'Empereur, soit sur ses propres minutes, tout ce qui aura rapport à l'administration de la guerre ou de la marine, aux plans de campagne et à tous autres objets relatifs à ces départements que Sa Majesté voudra lui confier.

L'autre sera chargé de tenir la statistique des différentes puissances de l'Europe et d'écrire lui-même, soit sous la dictée de l'Empereur, soit sur ses propres minutes, tout ce qui aura rapport à l'administration des affaires de l'intérieur et des finances, aux plans de politique et à tous autres objets relatifs à ces départements que Sa Majesté voudra lui confier.

Ils ne pourront avoir l'un et l'autre aucun commis.

S'ils ont un secrétaire particulier, ce secrétaire, sous quelque prétexte que ce soit, ne pourra prendre aucune connaissance du travail ci-dessus spécifié ni y être employé en aucune manière.

Ils seront de service par semaine pour l'analyse et le travail des pétitions adressées à l'Empereur. *Ils feront également ce travail sans le secours d'aucun commis.*

Les cartes et plans qui seront nécessaires au cabinet seront dressés soit dans les bureaux de la marine, soit dans les bureaux de la guerre, soit dans ceux des ponts et chaussées, afin qu'il n'y ait dans le palais de l'Empereur *aucun dessinateur ou aucun autre employé pour cet objet.*

NAPOLÉON.

Le général Clarke, comme nous l'avons déjà dit, fut titulaire, pendant un certain temps, de la première place de secrétaire du cabinet; il accompagna, à ce titre, l'Empereur au début de la campagne de 1805, jusqu'au moment où il fut nommé gouverneur de Vienne. Pendant la campagne de 1806, Clarke paraît encore au cabinet, mais il prend bientôt les fonctions de gouverneur d'Erfurt, puis de Berlin, et sa place de secrétaire du cabinet resta inoccupée de même que la deuxième, jusqu'au mois

---

1. Fain

de février 1809. A cette époque, l'une fut donnée à M. Edouard Mounier, auditeur au Conseil d'État depuis 1806. Les attributions primitives furent singulièrement restreintes. Mounier, qui connaissait la plupart des langues européennes, devint le chef de bureau des traducteurs attachés au cabinet. Il accompagna le quartier général dans les campagnes de 1809, 1812 et 1813.

La seconde place de secrétaire du cabinet fut occupée, en 1810, par M. Deponthon, officier du génie des plus distingués, qui avait débuté à l'armée d'Italie, avait fait toutes les campagnes et que l'Empereur s'était attaché comme officier d'ordonnance dès 1806.

Nous avons vu que les secrétaires du portefeuille, dépourvus de toute connaissance des choses de la guerre, n'avaient pour fonctions que d'écrire sous la dictée de Napoléon et d'expédier, après les avoir mis au net, ses ordres et ses notes. Ce n'est que par ce côté matériel qu'ils contribuaient au travail de l'Empereur ; il faut arriver au cabinet topographique pour trouver un travail de préparation des opérations.

Même permanence du personnel au bureau topographique que chez les secrétaires du portefeuille. L'ingénieur géographe Bacler d'Albe, déjà employé comme officier géographe dessinateur à l'État-major général de l'armée d'Italie, est directeur du bureau topographique jusqu'en 1813. En 1806, comme chef d'escadron, il était seul pour assurer ce service; colonel en 1807, il est général en 1813, il a auprès de lui deux adjoints, MM. Duvivier et Lameau. Desaix nous présente Bacler d'Albe en 1796, comme « un petit homme noir, beau garçon, gentil, plein d'instruction, plein de talent et dessinant bien. » En 1813, il est devenu pour Castellane, qui sans doute est sans indulgence pour la science topographique, « le gros d'Albe, ce topographe par excellence, ce grand topographe qui n'a pas beaucoup d'esprit ». Quoi qu'il en fût, il remplissait ses fonctions à la satisfaction de l'Empereur pendant dix-sept ans, ce qui n'est pas pour nous donner une médiocre idée de sa valeur professionnelle. « Sa persévérance dans l'étude, ajoute d'ailleurs Castellane, l'avait rendu presque *indispensable* à l'Empereur. Napoléon s'exprimait en peu de mots : d'Albe le comprenait et exécutait à sa manière et avec indépendance (qualité bien rare dans l'État-major impérial) la tâche qui lui était imposée... Il avait la confiance particulière de l'Empereur qui ne se privait pas cependant de « le bourrer parfois ». Napoléon le faisait appeler plus souvent et plus inopinément qu'aucun de ses aides de camp. D'Albe ne pouvait disposer d'aucun de ses instants. Jour et nuit, il était occupé de service. Il était toujours le dernier dont Napoléon se servait au départ, le premier appelé au travail à l'arrivée. « Qu'on appelle d'Albe », étaient les premiers mots de Napoléon, lorsque, au cours des opérations, une dépêche intéressante arrivait au milieu de la nuit (1).

Quelles étaient donc les fonctions qui rendaient d'Albe ainsi indispensable à l'Empereur? « Il était chargé principalement de la rectification des cartes, de la combinaison et de la préparation des matériaux, de la fixation des marches et de toutes les lignes d'opération très étendues (1). »

Dès l'arrivée au cantonnement, d'Albe présidait à l'installation du cabinet de l'Empereur. Le portefeuille contenant les papiers, les cartes, les deux ou trois boîtes d'acajou à compartiments où était la bibliothèque de voyage étaient étalés sur des tables quand on en trouvait, ou sur des planches ou des portes supportées par des tréteaux (2). Au milieu de la chambre il y avait une grande table sur laquelle était étendue la meilleure carte du théâtre de la guerre. D'Albe y avait fait ressortir, par des nuances coloriées, le tracé des rivières, des montagnes ou des frontières. On orientait cette carte très exactement avant que Napoléon n'entrât et on piquait des épingles avec des têtes de couleurs différentes pour marquer d'une part la position des différents corps de l'armée française, d'autre part, ce qu'on savait des positions de l'ennemi. C'était l'affaire de Bacler d'Albe. Aux quatre coins de la pièce étaient des tables pour les secrétaires.

Pendant la nuit, la carte était entourée d'une vingtaine de chandelles, entre lesquelles il y avait le compas pour mesurer les distances (3). A l'arrivée d'une dépêche, d'Albe en faisait

---

(1) ODELEBEN, *Relation circonstanciée de la campagne de Saxe en 1813*, pp. 157 et 158.

(2) *Mémoires du baron de Meneval*, t. III, p. 42.

(3) ODELEBEN, *Relation circonstanciée de la campagne de Saxe en 1813*.

un rapport sommaire; l'Empereur suivait du doigt sur la carte et faisait marcher à travers les épingles le compas, dont l'ouverture correspondait à la distance d'une étape. Souvent, la grande dimension des cartes forçait l'Empereur à s'étendre tout de son long sur la table et d'Albe d'y monter aussitôt pour rester maître de son terrain. Je les ai vus plus d'une fois, ajoute Fain, tous deux sur cette grande table et s'interrompant par une brusque exclamation, au plus fort de leur travail, quand la tête de l'un venait à heurter trop rudement la tête de l'autre (1).

Voilà ce qui rendait d'Albe indispensable, car tout ce travail de préparation est un véritable travail d'état-major qui facilite singulièrement la prise de décision du commandement, se traduit aussi en une grande économie de temps et contribue plus qu'on ne pense aux succès des opérations. Aucun autre officier, y compris Berthier, ne nous semble avoir été associé d'une façon si intime au travail de pensée de Napoléon. A ce titre, Bacler d'Albe a tenu dans l'État-major impérial une situation unique; seul il a rempli près de Napoléon celles des fonctions d'état-major qu'on doit considérer comme les plus élevées et qui consistent à préparer la décision du chef. C'est un point qui jusqu'à présent n'avait pas été mis, croyons-nous, suffisamment en lumière. Il est regrettable que Bacler d'Albe n'ait point écrit de mémoires qui, nous pouvons le supposer, nous permettraient de suivre pas à pas l'évolution de la pensée de Napoléon dans les périodes décisives de ses campagnes.

Franchissant ainsi les frontières de la topographie, Bacler d'Albe plaçait constamment sous les yeux de Napoléon l'échiquier stratégique; sous une forme sensible, il le tenait exactement informé de la situation de l'armée par rapport aux positions de l'ennemi; c'est aujourd'hui la plus importante fonction de tout chef d'état-major. Où prenait-il les renseignements pour faire ce travail de centralisation qui était la résultante du dépouillement et du rapprochement de nombreux documents, ordres de mouvements, états de cantonnements et de situation, renseignements sur l'ennemi provenant de sources diverses?

L'état détaillé de l'emplacement de la Grande Armée, établi

---

(1) *Mémoires du baron de Fain*, p. 40.

dans les *bureaux de l'État-major général*, était fourni chaque jour à l'Empereur (1) par Berthier.

Les renseignements sur l'ennemi étaient présentés à l'Empereur « sous forme de résumé avec rapport détaillé » par le chef du bureau de statistique qui était un des rouages importants du cabinet (2).

Dès le temps de paix, l'Empereur avait, par *son livret des armées étrangères*, des renseignements détaillés sur les armées de l'Europe. « Toutes les légations avaient pour instruction secrète de tenir une note suivie de tous les mouvements de troupes qui passaient sous leurs yeux ou qui venaient à leur connaissance... Ces renseignements étaient l'objet d'un bulletin à part et le ministère (des relations extérieures) à Paris, avait un bureau chargé d'en faire le dépouillement (3). » Le chef de ce bureau aux relations extérieures fut, sous le ministère du duc de Cadore, l'auditeur au Conseil d'État Lelorgne d'Ideville.

Nous retrouvons Lelorgne d'Ideville au cabinet de l'Empereur pendant la plupart des campagnes, en qualité de secrétaire interprète pour les langues du Nord, mais sous ce titre il était en fait chef d'un véritable bureau de statistique. « Il était chargé, au cabinet, écrit Meneval (4), d'un travail important qui consistait à extraire des dépêches de nos agents diplomatiques et des publications étrangères des renseignements sur la composition, ainsi que sur les *mouvements* des armées ennemies et d'en présenter le résumé avec un rapport détaillé. Les états de situation que M. d'Ideville était parvenu à fournir étaient dressés avec tant de sagacité et d'exactitude que l'Empereur connaissait aussi bien la composition des armées étrangères que celle des armées françaises. Dans les campagnes de Russie

---

(1) Circulaire du major général aux chefs d'état-major des corps d'armée, Würtzburg, 29 septembre 1806 :
...Je vous recommande (aussi) de me faire parvenir toujours, *sans aucun délai*, l'état de vos cantonnements, lorsqu'ils éprouvent quelque changement, Sa Majesté m'ayant *expressément* ordonné de lui présenter chaque jour l'état détaillé de l'emplacement de la Grande Armée (Foucart, *Campagne de Prusse : Iéna*, p. 192).

(2) Meneval, t. I, p. 402.

(3) *Mémoires du baron de Fain*, p. 82 et 83.

(4) Meneval t. I, p. 402.

et d'Allemagne, l'Empereur se faisait suivre constamment à cheval par le secrétaire interprète, qu'il chargeait d'interroger les prisonniers ou les gens du pays et de lui rendre compte du contenu des lettres ou rapports que le sort de la guerre faisait tomber dans ses mains. Il obtenait ainsi, par le zèle et la pénétration de M. d'Ideville, des informations qui étaient souvent pour lui d'un haut intérêt. »

Une autre source d'informations était fournie par l'espionnage. Au quartier impérial, le service de l'espionnage fut dirigé pendant plusieurs années par le général Savary.

En 1805, tous les espions de Mack furent achetés très aisément et presque tous les états-majors autrichiens furent moralement « enfoncés ». Fouché avait remis à Savary toutes ses notes secrètes, sur l'Allemagne, et celui-ci, les mains pleines d'or, les exploita vite et avec succès à l'aide du fameux Schulmeister « vrai protée d'exploration (1) ». Ce Schulmeister, désigné dans les lettres de Savary sous le nom de « l'émissaire Charles », a rempli le rôle d'espion depuis 1805 jusqu'à la fin de 1809; il dirigeait un vrai bureau de renseignements, allant souvent lui-même aux informations, mais envoyant aussi des émissaires qui, comme lui, savaient s'introduire partout et connaissaient des officiers dans chaque armée (2).

Chaque commandant de corps d'armée avait également un bureau de renseignements monté avec des agents qui circulaient et donnaient des nouvelles. Napoléon ne cessait dans ses lettres à ses maréchaux de leur demander de lui fournir des renseignements sur l'ennemi, de les inciter à les rechercher par tous les moyens dont ils disposaient. Il leur indiquait souvent sur quels points devaient se porter leurs investigations.

Toutes ces informations, provenant de sources si différentes, permettaient au bureau de statistique de « surprendre l'empreinte de la vérité (3) », d'établir exactement ce résumé avec rapport détaillé qui était fourni à l'Empereur et qui, sans aucun doute, communiqué à Bacler d'Albe, lui permettait de placer sur sa

---

(1) *Mémoires de Fouché*, t. I, p. 339.
(2) Voir : *L'Espionnage militaire sous Napoléon I*er, par Paul Muller.
(3) *Mémoires du baron de Fain*, p. 84.

carte les positions probables de l'ennemi, en regard de celles de la Grande Armée.

L'Empereur, avec la puissance de sa personnalité et l'activité de son esprit, prenait une grande part à la préparation de ses décisions; il n'attendait certes pas les rapports de d'Ideville et la carte de Bacler d'Albe pour se mettre dans l'esprit l'ensemble et les détails d'une situation de guerre; mais, en l'aidant à coordonner et à embrasser d'un coup d'œil ses éléments d'appréciation, d'Albe, et à un moindre degré d'Ideville, que l'on connaît à peine dans l'histoire, furent de précieux auxiliaires de Napoléon.

Avant de quitter le cabinet impérial, nous voudrions achever de nous représenter l'Empereur dans les diverses phases de son travail. Nous venons de le voir travaillant sur la carte avec Bacler d'Albe avant la prise de décision. La décision prise, il dicte les ordres.

« Quand l'idée a atteint sa maturité, nous rapporte Meneval, il commence à marcher lentement dans la pièce où il se trouve et la parcourt dans sa plus grande longueur. Il se met alors à dicter d'une parole grave et accentuée, mais qui n'est interrompue par aucun repos. A mesure que l'inspiration se fait sentir, elle se décèle par un ton plus animé et par une espèce de tic qui consiste dans le mouvement du bras droit qu'il tord en tirant avec la main le parement de la manche de son habit. Les expressions se présentent sans effort pour rendre sa pensée. Quelquefois incorrectes, ces incorrections mêmes ajoutent à l'énergie de son langage et peignent toujours merveilleusement ce qu'il veut dire (1). »

« En campagne, l'Empereur dicte au général Clarke, secrétaire du cabinet, à M. Meneval, secrétaire du portefeuille, à M. Fain, archiviste du cabinet. Le général Duroc, le major général, M. Daru, intendant général, les aides de camp, plus tard le premier officier d'ordonnance écrivent également sous la dictée de l'Empereur. En l'absence du secrétaire du portefeuille, l'Empereur dicte de préférence à celui que l'ordre concerne lorsqu'il est

---

(1) *Mémoires du baron de Meneval*, t. I, p. 420. — Napoléon avait peu de mémoire pour les noms propres qu'il altérait souvent. Il disait, par exemple, Caligula pour Kalouga, Macon pour Mouton, Glogau au lieu de Gourgaud.

présent dans le cabinet. Celui qui a écrit met au net lui-même la dictée que l'Empereur lui a faite, ordre ou note, et la lui remet aussitôt. En raison de la rapidité avec laquelle l'Empereur dictait, il eût été impossible à qui que ce fût, autre que celui qui avait écrit, de mettre au net les ordres dictés par l'Empereur.

« Les dictées et les minutes, qui doivent remplacer le brouillon des dictées, sont écrites à mi-marge sur du papier format grand aigle (1). Elles portent en tête l'indication du destinataire : « Au major général, au maréchal Soult. » Dans la marge, le secrétaire indique le lieu, la date, l'heure et souvent le sommaire des objets contenus dans la dépêche. Il ajoute le nom de l'officier ou du courrier porteur de la dépêche et l'heure de son départ.

Les expéditions, copiées les premières pour être expédiées sans retard, sont faites sur du papier vélin, doré sur tranche, format petit aigle (2), écrites sans marge et présentées à la signature de l'Empereur.

L'archiviste tient chaque jour une feuille de travail numérotée contenant le sommaire des dépêches expédiées dans le jour par l'Empereur. Ces feuilles de travail portant, en tête, par exemple : Feuille de travail n° 13, et au-dessous la date : « A Auma, le 12 octobre 1806 », sont écrites à mi-marge et constituent un répertoire du travail de l'Empereur. L'archiviste inscrit sur la feuille le nom des officiers ou des courriers chargés des dépêches et l'heure de leur départ. Lorsque l'Empereur change de résidence et qu'il travaille deux fois dans la journée, la même feuille sert pour toute la journée avec l'indication de la nouvelle résidence et l'heure. »

Ce qui est véritablement surprenant, c'est qu'avec un cabinet si faiblement constitué, Napoléon ait pu suffire à toutes les affaires qu'il traitait en campagne. Peu d'hommes suffisaient, grâce à la méthode simple et laconique à laquelle était accoutumé son entourage (3).

---

(1) Tout ce passage est extrait presque textuellement du précieux ouvrage : *La Campagne de Prusse*, par Foucart (*Iéna*, p. 880), où nous avons puisé beaucoup d'éléments de notre étude.
(2) Format grand aigle 0,320 × 0,195; petit aigle 0,230 × 0,185.
(3) Odeleben, *Relation circonstanciée de la campagne de Saxe en 1813*.

De cette méthode, Las-Cases nous a laissé l'intéressant exposé (1).

« L'Empereur travaillait très rapidement, nous dit-il. Le courrier et les affaires étaient mis en ordre à l'avance et placés sur la table de l'Empereur avant son arrivée dans son cabinet. L'Empereur se mettait vite au courant. Il liquidait beaucoup de choses en ne répondant pas, en jetant tout ce qu'il jugeait inutile. Il lisait lui-même toutes les lettres, répondant par un mot à la marge de certaines et dictant la réponse à d'autres. Celles qui étaient d'une haute importance étaient toujours mises de côté, *relues deux fois* et *jamais répondues qu'après quelque intervalle*. Il avait pour principe qu'il fallait laisser passer une nuit sur les choses qui pouvaient donner de l'humeur.

« Il avait pour coutume, en sortant du cabinet, de rappeler les objets essentiels et de dire qu'ils devaient être prêts à heure fixe, et ils l'étaient toujours. Parfois il répondait « à demain, « la nuit porte conseil » c'était sa phrase habituelle. »

Suivant Meneval (2), Napoléon apportait dans le travail de cabinet une facilité et une pénétration incroyables. Ceux qui l'environnaient étaient étonnés de la marche systématique et de l'abondance de ses idées dans tout ce qu'il dictait à ses secrétaires ou à ses aides de camp.

Il traitait d'ordinaire ses secrétaires avec une familiarité affectueuse, parfois même il était avec eux d'humeur joviale et les plaisantait avec un rire bruyant et railleur. Dans l'habitude de la vie, l'expression de son visage était calme, méditative et doucement sérieuse. Il s'illuminait du plus gracieux sourire, toute sa physionomie était douce et caressante quand il était décidé par la bonne humeur ou le désir de plaire.

Quand il était excité par quelque passion violente, sa figure prenait une expression sévère et même terrible. Il s'exerçait comme un mouvement de rotation sensible sur son front et ses sourcils, ses yeux lançaient des éclairs, les ailes du nez se dilataient, mais ces mouvements passagers ne portaient pas le désordre dans son esprit. Il paraissait en régler les explosions

---

(1) Las-Cases, *Souvenirs*, p. 231.
(2) Meneval, t. I, p. 120.

qui, du reste, avec le temps, devinrent de plus en plus rares. Sa tête restait froide...

Ainsi, grâce à une bonne méthode et aussi à une grande puissance de travail, en réduisant au strict minimum le temps dérobé au travail, Napoléon, avec son organisation géniale, donnait à lui seul l'impulsion non seulement à son armée, mais à tous les services de l'Empire. Nous en tenant à son seul rôle militaire, nous pourrions presque dire que toute l'activité intellectuelle de son état-major était concentrée en Napoléon. Ce prodigieux effort d'un homme exceptionnel, nous ne pouvons que l'admirer, mais il n'est pas à prendre en exemple, car, l'homme faisant défaut tôt ou tard, l'édifice qu'il est seul à soutenir, ne peut que tomber aussitôt en ruines, comme il advint du trône impérial.

Pendant que l'Empereur travaillait ainsi, que faisaient ses nombreux aides de camp et officiers d'ordonnance? Ils étaient en missions, en courses, et pour ce service extérieur l'Empereur les utilisait largement; mais c'étaient là à peu près leurs seules fonctions utiles. Au quartier général, ils restaient tout à fait en dehors de tout travail d'état-major; ils n'avaient qu'à se tenir dans le salon de service, prêts à partir : « On lisait, on jouait, on causait, on dormait (au salon de service de l'Empereur), dit Castellane, comme dans tous les salons de service du monde (1). » Dans le salon de service de Berthier il était même défendu d'écrire.

Un décret du 29 avril 1809 réglait le service des aides de camp auprès de l'Empereur :

« L'aide de camp de service met tous les matins sur le bureau de l'Empereur la liste de service dont il est responsable.

« Le service se relève tous les matins à 7 heures et a la composition suivante :

« Deux aides de camp généraux de jour, un de nuit;

« Un écuyer;

« Moitié des officiers d'ordonnance;

« Moitié des aides de camp des aides de camp généraux;

« Moitié des pages.

« La nuit, tout ce personnel, à l'exception de l'aide de camp général et de l'écuyer de service qui ont une chambre à part,

---

(1) *Journal de Castellane*, p. 66.

couche dans le salon de service sur des matelas, sur les coussins de voiture ou même sur de la paille.

« Il y a toujours une brigade (1) de chevaux de l'Empereur sellés et bridés, tenus en main par des palefreniers, un piquet de chasseurs à cheval tenant également ses chevaux par la bride. Les chevaux des aides de camp, des officiers généraux de service sont de même sellés et bridés, tenus par des palefreniers. »

Dans quelle atmosphère vivait-on au quartier impérial? Dans une atmosphère très agitée; on y était toujours sur le qui-vive. Au cours des opérations, rapporte Odeleben, tout se faisait à l'improviste au quartier impérial (2), aucune idée de travail régulier, il n'y avait d'heure pour rien; tout se faisait à l'improviste et chacun devait être prêt sur-le-champ à remplir sa tâche. Des moments de repos inattendus, des départs inopinés, les changements des heures fixées et souvent aussi celui des routes et des séjours se succédaient continuellement. On se cassait la tête pour deviner ce qui arriverait. Les affaires, les rapports, les estafettes qui arrivaient, étaient la pendule d'après laquelle Napoléon distribuait son temps.

Souvent au milieu de la nuit, vers 1 heure ou 2 heures du matin, l'Empereur faisait appeler un ou plusieurs de ceux qui étaient attachés à son cabinet : « Appelez d'Albe, que tout le monde s'éveille, s'écriait-il... » Il dictait alors pendant une partie de la nuit, puis se recouchait sur le matin au moins pendant une heure.

Lorsque, travaillant dans son cabinet, le moment de partir était venu, à peine le dernier mot de la dictée tombait-il de ses lèvres que partait l'ordre sec : « La voiture, à cheval », et tous ceux qui devaient le suivre se précipitaient, comme actionnés par un courant électrique. Personne n'était prévenu à l'avance, alors seulement on apprenait où l'on allait (3).

---

(1) La brigade se composait de 9 chevaux, dont 2 pour l'Empereur et 7 pour la suite immédiate.

(2) A Paris comme en campagne l'Empereur « vivait de fantaisie », comme il disait, aucune habitude régulière, aucune marche suivie. L'excès de travail le retenait dans son cabinet et chez lui; il ne dînait jamais chez personne, allait rarement au théâtre et ne paraissait guère que quand et où il n'était pas attendu... Il attribuait à cette manière de vivre d'avoir échappé à de nombreux attentats (LAS-CASES, *Souvenirs de l'Empereur Napoléon*, t. I, p, 192).

(3) Le général polonais Roman Soltyk attaché à l'état-major de Napoléon en 1812.

Ce genre d'existence saccadée rentrait dans le système favori de l'Empereur qui était de tenir les esprits ce qu'il appelait « en halcine », c'est-à-dire en inquiétude.

Admirablement servi, toujours obéi à la minute, dit Mme de Rémusat, il se plaignait encore et laissait planer une petite terreur de détail dans l'intérieur le plus intime de son palais. Si l'entraînement de sa conversation établissait momentanément une aisance modérée, on s'apercevait tout à coup qu'il en craignait l'abus et par un mot dur, impérieux, il remettait à sa place, c'est-à-dire dans sa crainte, celui qu'il avait accueilli et encouragé. Il avait l'air de haïr sans cesse le repos et pour lui et pour les autres... Son service était la chose la plus pénible du monde. « L'homme vraiment heureux, disait-il un jour lui-même dans un « moment d'abandon, est celui qui se cache de moi au fond d'une « province, et quand je mourrai l'univers fera un grand ouf ! (1). »

Femme à moitié méconnue, Mme de Rémusat, comme on sait, est dans ses *Mémoires* parfois sévère pour Napoléon; son témoignage ne doit pas être accepté sans contrôle, mais ici les confirmations abondent. Meneval, dont l'admiration ne se dément jamais, tout en citant la familiarité affectueuse avec laquelle l'Empereur traitait la plupart du temps ses secrétaires, nous rapporte qu'il veillait à « mettre parfois en quarantaine » sa confiance envers ses meilleurs serviteurs. Berthier lui-même, malgré son zèle et son dévouement, a des accès de désespoir. Dépêché un jour par Napoléon près du major général, Meneval le trouva seul dans la chambre où il couchait, la tête appuyée sur ses mains et les coudes sur la table. Il leva sur lui des yeux où brillaient des larmes. Quand il lui demanda la cause de sa peine, Berthier fit une violente sortie sur le malheur de sa condition : « A quoi bon, disait-il, m'avoir donné 1.500.000 livres de rente, un bel hôtel à Paris, une terre magnifique pour m'infliger le supplice de Tantale. Je mourrai ici à la peine. Le simple soldat est plus heureux que moi ! » Puis passant la main sur ses yeux : « Voyons, de quoi s'agit-il? il faut appeler Salamon, Le Duc. » C'étaient ses secrétaires (2).

---

(1) *Mémoires de Mme de Rémusat*, t. I, p. 125, 266; t. III, p. 237.
(2) Meneval, *Mémoires*, t. III, p. 48.

Pourtant, en dehors des périodes d'opérations actives, on avait des périodes d'accalmie comme à Schœnbrunn, après Wagram. Écoutons Castellane, alors aide de camp du général Mouton, lui-même aide de camp de l'Empereur :

« Le service se relevait à 7 heures... à 10 heures on déjeunait. Notre table se composait des officiers d'ordonnance, des aides de camp des aides de camp généraux, des officiers de la garde de service, des fourriers du palais, des pages, des médecins, des chirurgiens ordinaires de quartier.

« Parade à 11 heures (devant l'Empereur).

« On dînait à 5 heures.

« L'Empereur déjeunait après la parade, dînait à 6 ou 7 heures du soir avec le prince de Neufchâtel et le prince Eugène; quand ils s'en trouvaient à son quartier impérial, il invitait aussi les maréchaux. Sa Majesté se promenait souvent après son dîner dans les jardins de Schœnbrunn, nous le suivions. Elle se couchait à 9 ou 10 heures du soir et se relevait dans la nuit pour travailler. »

Plus ou moins agitée suivant les temps, mais toujours pleine de contrastes et d'imprévu, cette existence surchauffée s'écoulait dans les décors les plus variés, palais magnifiques, maisons bourgeoises, simples cabanes ou bivouacs en pleins champs.

Lorsque Napoléon devait passer la nuit dans une ville, le préfet du palais (1) ou un fourrier de la cour allait en avant pour faire les dispositions nécessaires. Avant l'arrivée de l'Empereur on affichait, dans le salon de service, l'état indiquant le logement de toutes les personnes attachées à la cour. « Quand on pouvait donner trois pièces à l'Empereur c'était assez. L'appartement se composait alors d'un salon de service, d'un cabinet de travail et d'une chambre à coucher. Le logement de l'Empereur fait, s'il en restait d'autres dans la maison, c'était pour le prince de Neufchâtel, ensuite pour le grand maréchal et le grand écuyer; on trouvait toujours bien quelques coins pour loger les secrétaires et avec eux le chirurgien ordinaire Ywan. Suivant la disposition du local on prenait quelques aises ou l'on s'entassait les uns sur les autres.

---

(1) On appelait toujours « le Palais » ce qui servait de logement à l'Empereur.

Quand il n'y avait pas de cabinet, le secrétaire s'établissait dans la chambre à coucher.

La pièce qui précédait le cabinet ou la chambre à coucher formait le salon de service.

Quand cette pièce manquait, lorsqu'on était logé « à la pologne », comme disait l'Empereur, les officiers de service s'établissaient sur l'escalier ou dans le vestibule, la livrée reculait d'autant et allait se blottir dans les hangars de la cour.

Indépendamment de la chambre ou de l'appartement que le prince de Neufchâtel occupait dans la maison de l'Empereur, il lui fallait une maison voisine pour loger son état-major, qui était un *monde à part* (1).

A défaut d'habitation, les soldats de la Garde construisaient, comme la veille d'Austerlitz ou d'Iéna, une baraque ou un abri de paille pour l'Empereur, ou bien l'on dressait au milieu du campement de la Garde les tentes impériales, les cinq tentes de toile rayée bleu et blanc. Deux étaient attachées l'une à l'autre et servaient l'une de chambre, l'autre de cabinet de travail à Napoléon. Les grands officiers mangeaient et dormaient dans la troisième, la quatrième était destinée aux officiers de grade inférieur, ceux qui n'avaient pas de place restaient auprès du feu de bivouac. Enfin la cinquième était réservée à Berthier qui, après l'Empereur, jouissait des plus grandes prérogatives (2).

Quelle que fût son installation, la première sollicitude de l'Empereur était pour son cabinet. Quand il n'avait qu'une pièce, à côté de ses instruments de travail : portefeuille contenant les papiers, bibliothèque de voyage, grande carte de Bacler d'Albe, on dressait son petit lit de fer aux rideaux de soie verte à franges d'or et son nécessaire de voyage. C'est dans ce cadre étroit que nous pouvons maintenant nous le représenter vivant ses journées presque entières à concevoir ses plans et ses manœuvres.

En campagne, le service de la table de la maison de l'Empereur comprenait quatre services : la table de l'Empereur où Berthier seul mangeait avec Napoléon, à moins que quelque grand

---

(1) Fain, *Mémoires*, p. 238.
(2) Odeleben, *Relation circonstanciée de la campagne de Saxe en 1813.*

personnage ne fût au quartier impérial. En l'absence de Berthier, le grand maréchal et le grand écuyer prenaient sa place.

Le service était fait dans la vaisselle d'argent aux armes impériales, aigle d'or sur champ d'azur, et comportait douze à seize plats, mais Napoléon mangeait d'un appétit moyen; il buvait peu. Sa seule gourmandise était son vin de Chambertin dont il ne fut pour ainsi dire jamais privé dans ses campagnes, même dans le désert d'Égypte. Berthier, qui faisait peu de frais de conversation, versait à boire à l'Empereur. Roustan ou un autre valet de chambre servait. Le repas ne durait en général pas plus de vingt minutes. Après dîner, Napoléon aimait à jouer au whist et quelquefois au vingt et un, jeu qu'il préférait parce que toutes les personnes présentes pouvaient y prendre part. Il y trichait souvent et riait de ses supercheries.

Des trois autres tables l'une était réservée au cabinet de l'Empereur et aux officiers du bureau topographique (colonel d'Albe et ses adjoints), l'autre aux grands officiers, maréchaux, généraux et colonels, y compris les écuyers qui, comme barons, avaient le grade de colonel. La troisième était celle des « petits officiers », officiers d'ordonnance, pages, chirurgiens et médecins, payeur (1).

Au cours des opérations, cette existence de labeur n'était interrompue que par les courses obligatoires : reconnaissances, visites aux troupes, changements de cantonnements : sur vingt-quatre heures, neuf au plus étaient consacrées au sommeil et au repos, quinze étaient productives d'activité, d'une activité tendue uniquement vers le but à atteindre. Cette vie qui, chez le commun des hommes, créerait rapidement du surmenage, était supportée sans fatigue apparente par Napoléon dans ses belles années. C'est ainsi qu'après les journées si remplies du début de la campagne d'Iéna, il écrivait, le 13 octobre, de Gera à l'Impératrice :

Gera, 13 octobre 1806, 2 heures du matin.

Je suis aujourd'hui à Gera, ma bonne amie, mes affaires vont fort bien, et tout comme je pouvais l'espérer..... Je me porte à merveille;

---

(1) D'après MENEVAL, *Mémoires*, et ODELEBEN, *Relation circonstanciée de la campagne de Saxe en 1813*.

j'ai déjà engraissé depuis mon départ ; cependant je fais de ma personne 20 et 25 lieues par jour, à cheval, en voiture, de toutes les manières. Je me couche à 8 heures et suis levé à minuit ; je songe quelquefois que tu n'es pas encore couchée. Tout à toi.

Activité, activité du commandement, tu es un des secrets de la victoire !

Une telle activité ne peut être fournie que par des hommes qui ont encore le feu sacré et la vigueur de la jeunesse.

Nous avons suivi en détail la vie de l'Empereur dans son quartier général, qui se réduisait pour lui à la chambre intime lui servant de cabinet de travail.

Quand il n'était pas là, il courait sur les routes ou en pleins champs « à cheval, en voiture, de toutes les manières », comme il l'écrivait le 13 octobre 1806 à l'impératrice. Dans cette nouvelle forme d'activité, Napoléon cherchait encore à tirer du temps le rendement maximum.

Les modes de transport employés par Napoléon à l'armée étaient, suivant les circonstances, soit le cheval, soit la voiture. A proximité de l'ennemi, lorsque les marches devenaient des manœuvres ou des reconnaissances, l'Empereur était à cheval au milieu de ses troupes.

Loin de l'ennemi, il restait à son quartier général, attendant que ses corps en marche fussent à proximité des positions qu'il avait indiquées. Économe de son temps, il calculait l'heure de son départ de manière à se trouver à la tête de ses corps au moment où sa présence y devenait nécessaire ; il s'y transportait alors rapidement en voiture (1). A l'armée l'Empereur avait deux genres de voitures, la chaise de poste et la calèche de service léger (2), la première servait pour les traites de longue haleine, la seconde pour se transporter d'un corps à un autre ou pour faire en quelques heures ce que les troupes mettaient la journée à parcourir (3).

---

(1) GOURGAUD, *Examen critique de l'ouvrage du comte de Ségur.*
(2) FAIN, *Mémoires*, p. 230.
(3) Habillé en uniforme et la tête enveloppée dans un mouchoir bigarré, l'Empereur pouvait dormir en voiture comme s'il eût été dans son lit. L'intérieur de sa voiture avait une quantité de tiroirs fermés à clef et contenant les nouvelles de Paris, des rapports, des livres. Vis-à-vis de Napoléon était placée la liste des relais. Une

L'intérieur de la chaise de poste était disposé de façon que l'Empereur pût s'y étendre sur des matelas et y dormir comme dans un lit, il pouvait ainsi voyager la nuit sans fatigue. Une grande lanterne accrochée sur le derrière de la voiture permettait d'y travailler la nuit comme dans un cabinet. Comme on le voit, tout était combiné pour que le temps passé sur les routes ne fût pas perdu.

Lorsqu'il voulait se montrer aux troupes et suivre de plus près les mouvements de l'armée, l'Empereur montait à cheval. Mal placé à cheval, montant sans action des jambes, les rênes flottantes, Napoléon était un médiocre cavalier; mais, jusqu'en 1809, année où on lui vit couvrir à cheval en cinq heures, au train de 25 kilomètres à l'heure, la route de Valladolid à Burgos, on peut dire qu'il fut un cavalier infatigable. En 1812, il avait pris de l'embonpoint, sa vigueur avait diminué, il ne quittait plus, qu'au dernier moment, sa voiture. Il était non seulement infatigable, mais très hardi cavalier (1), il montait en casse-cou. Quand il

---

grande lanterne accrochée sur le derrière de la voiture en éclairait l'intérieur, tandis que quatre autres lanternes éclairaient la route. Les matelas que Roustan arrangeait étaient emballés avec adresse dans la voiture, et au-dessous du magasin étaient casés quelques flambeaux de réserve. Roustan tout seul était assis sur le siège et six gros chevaux limousins, conduits par deux cochers, tiraient le carosse, qui était simple, vert, à deux places et bien suspendu. Entre le siège de l'Empereur et celui de Berthier, il y avait quelque différence, en sorte que celui qui l'accompagnait ne pouvait pas se coucher (ODELEBEN, *Campagne de 1813 en Saxe*, p. 185).

Quand l'Empereur quittait sa chaise de poste pour marcher avec ses troupes, on la laissait à l'arrière-garde avec les fourgons de la maison. C'était ce qu'on appelait « les gros équipages ». Ce service commandé par un écuyer, suivait à deux ou trois journées de distance, sous l'escorte d'un détachement de la gendarmerie d'élite de la Garde (Baron FAIN, *Mémoires*, p. 230).

(1) Napoléon montait comme un boucher. Il tenait la bride de la main droite, le bras gauche pendait. Il avait l'air d'être suspendu sur sa selle. Dans le galop le buste, ballottait en avant et de côté, au gré du pas de la monture. Dès qu'elle faisait un écart, son cavalier perdait l'assiette. On sait que plus d'une fois Napoléon vida les étriers (ODELEBEN, *Relation circonstanciée de la Campagne de Saxe en 1813*.)

Il (Napoléon) montait à cheval avec habitude, mais sans grâce. On lui dressait des chevaux arabes qu'il préférait, parce qu'ils s'arrêtent à l'instant et que partant tout à coup, sans tenir sa bride, il fût tombé souvent si on n'avait pris les précautions nécessaires. Il aimait à descendre au galop des côtes rapides, au risque de faire rompre le col à ceux qui le suivaient. Il a fait quelques chutes dont on ne parlait jamais, parce que cela lui aurait déplu (*Mémoires de Mme de Rémusat*, t. III, p. 230).

L'Empereur n'employait jamais l'éperon, ni la pression du mollet pour mettre son cheval au galop, il le faisait partir d'un coup de cravache (CHLAPOWSKI, *Mémoires*, p. 128).

Les chevaux que l'Empereur montait d'habitude étaient de l'espèce arabe, petits

s'agissait de parcourir de grandes distances à cheval, tous les chevaux de selle étaient répartis en brigades de neuf chevaux (1). Ces brigades étaient ensuite échelonnées par avance sur la route à parcourir de façon que l'Empereur trouvât toujours des chevaux frais tous les 10 ou 15 kilomètres.

Lorsque l'Empereur quittait à cheval son quartier général, il était suivi d'un nombreux état-major. Dans cette foule qui se pressait sur ses pas, la simplicité de Napoléon, le calme, la douce gravité de son visage formaient un étrange contraste avec le mouvement, l'animation, la richesse des uniformes, l'élégance des chevaux de ses généraux (2). Derrière l'Empereur étaient le major général et le grand écuyer qui portait la carte du pays attachée à un bouton de son vêtement et convenablement pliée pour pouvoir être consultée à la première demande de Napoléon. Tout à proximité suivaient le page de service portant la lunette dans un étui suspendu en bandoulière et un chasseur de l'escorte ayant sur le dos en bandoulière un sac de cuir contenant la carte, l'écritoire et le compas (3). A cinquante pas environ en avant de l'Empereur marchaient deux officiers d'ordonnance précédés eux-mêmes d'une douzaine de cavaliers de l'escadron de service commandés par un lieutenant. En arrière du groupe de l'Empereur, à une certaine distance, quatre escadrons pris dans chacun des régiments de la Garde, chasseurs, chevau-légers polonais, dragons et grenadiers. Cette escorte était commandée par le général aide de camp de service.

Tous ces officiers qui se pressaient sur les pas de Napoléon, s'agitant et se bousculant pour rester à portée immédiate du Maître, créaient un réel encombrement. En 1813, un ordre régla

---

de taille, poil gris blanc, dociles, doux au galop et trottant l'amble (FAIN, *Mémoires*, p. 248).

« Les chevaux, très assouplis, étaient dressés avec le plus grand soin par le piqueur Jardin, qui les habituait à tous les bruits et à la vue de tous les objets; on allait jusqu'à leur jeter des chiens ou des cochons dans les jambes (*Mémoires de Constant*).

(1) Il y avait dans chaque brigade un cheval pour l'Empereur, un pour le grand écuyer, un pour l'écuyer de service, un pour le secrétaire, un pour le chirurgien ordinaire, un pour le page, un pour Roustan, un pour le piqueur, un pour le palefrenier. Des chevaux de rechange se groupaient autour de la brigade pour le service particulier du prince de Neufchâtel, des aides de camp et des officiers d'ordonnance (Baron FAIN, *Mémoires*, p. 238).

(2) *Souvenirs du général baron Paulin*, p. 21.

(3) FAIN, *Mémoires*, p. 236.

la marche de la suite qui devait accompagner l'Empereur sur le champ de bataille.

D'après cet ordre (1), le personnel admis à suivre immédiatement l'Empereur comprenait : le major général, le maréchal de service, le grand écuyer, les deux aides de camp et les deux officiers d'ordonnance de service, un page, Roustan, un seul officier des écuries et un officier interprète.

Tous les autres aides de camp, officiers d'ordonnance, généraux, etc., devaient marcher derrière le premier escadron d'escorte qui se tenait à 1.500 mètres de l'Empereur...

Un conscrit de Genève, Pierre-Louis Mayer, enrôlé au 35e de ligne, a donné, dans ses mémoires publiés à Genève en 1907 (2), un tableau saisissant du passage de l'Empereur le long des colonnes de l'armée. Voici cette description évocatrice :

« Depuis trois jours, rapporte Mayer, l'on voyait des jeunes hommes qui conduisaient de superbes baudets du Piémont; ces animaux portaient chacun deux barils de vin, c'était pour la maison de l'Empereur. Le lieutenant Soyez, qui avait beaucoup d'amitié pour moi, me dit : « L'Empereur doit bientôt passer : « aimerais-tu le voir? — Quelle demande, c'est bien sûr, cela « me ferait plaisir. » Il me mena sur le bord de la route et, après une demi-heure d'attente, nous entendîmes un brouhaha, un bruit confus de « Vive l'Empereur ! » et nous aperçûmes, dans le lointain, un nuage de poussière comme jamais je n'avais vu. Le bruit se rapprochait rapidement, tous les soldats mettaient leurs shakos au bout de leurs baïonnettes avec des cris de « Vive « l'Empereur! » Nous vîmes arriver tout le quartier impérial au nombre d'au moins quatre-vingts, tous à cheval, tous plus beaux les uns que les autres et tous couverts d'or. Le lieutenant n'eut que le temps de me dire « le voilà ». Son cheval blanc ne galopait jamais, il était dressé à n'aller qu'au grand trot; pourtant les maréchaux et les généraux couraient au grand galop. Il avait son habit vert de chasseur de la Garde, un petit crachat et sa croix d'honneur. Voilà comment cet homme extraordinaire se distinguait par sa simplicité. »

---

(1) Cité par PIERRON, *Méthodes de guerre*, t. I, p. 461.
(2) **Soldats suisses au service de l'étranger** (Extrait du journal *Le Temps*, 1er janv. 1908).

Dans toutes ses courses à travers l'Europe, quelle importance Napoléon donnait-il à l'amour? C'était pour lui une distraction dont il ne se privait pas, mais qui était toujours subordonnée aux affaires sérieuses. « L'Empereur aimait beaucoup les femmes, mais sans leur laisser prendre jamais aucun empire sur son esprit. Il regardait l'amour comme un délassement et, sur ce chapitre, il était on ne saurait plus matériel; l'objet de son culte de la veille n'était plus rien pour lui le lendemain (1). » En campagne, Duroc, Murat, Berthier, Talleyrand « qui avait toujours, disait l'Empereur, des maîtresses plein ses poches », se chargeaient de pourvoir à ces fantaisies passagères.

Ce furent Mme Fourès en Égypte, Grassini à Milan avant Marengo; Mme Walewska, à Varsovie et à Finkenstein, en 1807, à Schœnbrunn en 1809 — elle non maîtresse de passage, mais épouse à côté, sa femme polonaise. — Dans ses courses à travers l'Europe on trouverait encore bien d'autres aventures, fantaisies d'un moment qu'il payait 200 louis et qu'un capitaine de son armée aurait payé 20 francs (2).

De cela ce qu'il importe de retenir, c'est qu'à un âge où bien des hommes de valeur compromettent leur œuvre pour l'éternel féminin, Napoléon eut la volonté de résister à cette séduction. Lui-même citait l'exemple de Murat qui avait commis bien des fautes en campagne par le fait qu'il aimait à avoir chaque soir son quartier général dans un château où trouver une jolie femme.

« Je n'ai jamais couru après les femmes, disait l'Empereur à Sainte-Hélène; lors de ma seconde campagne d'Italie, je dis à Berthier de me faire venir Grassini, qui ne put jamais comprendre pourquoi je l'avais dédaignée pendant ma première campagne où elle n'avait que seize ans; mais j'avais alors d'autres chats à fouetter. Que serait devenu un général en chef de vingt-cinq ans, s'il avait couru après le sexe? Toutes les dames d'Italie étaient à la disposition du libérateur de leur patrie. »

---

(1) *Mémoires de Mlle Avrillon*, t. II, p. 282.
(2) Voir *Napoléon et les femmes*, par Frédéric MASSON.

CHAPITRE V

LE QUARTIER GÉNÉRAL IMPÉRIAL

II — L'État-major

L'état-major de Berthier. Cabinet du major général : sa composition, ses attributions. L'état-major particulier et les aides de camp du major général. — L'État-major général : sa composition. Les officiers chargés des ordres de l'armée à l'État-major général; les bureaux de l'État-major général, leurs attributions. — Le grand quartier impérial; le petit quartier général de l'Empereur. — Différence essentielle entre le rôle de l'État-major général dans les armées du premier Empire et dans l'armée allemande de 1870. — Rôle restreint de l'état-major impérial correspondant au mode de commandement essentiellement personnel de Napoléon. — Missions. — Transmission des ordres. — Conclusions.

A côté de la maison de l'Empereur et formant, comme nous le dit Fain, un *monde à part*, était ce que l'on peut appeler l'état-major de Berthier. C'est encore une organisation manquant d'unité, à compartiments plus ou moins étanches, bien différente du grand État-major général d'une armée moderne. Ce que nous venons d'appeler l'état-major de Berthier, comprenait l'état-major particulier du major général, les bureaux ou le cabinet du major général et enfin l'État-major général proprement dit. Celui-ci se partageait lui-même en deux catégories d'officiers, les officiers de l'État-major général, chargés des ordres de l'armée, et les officiers des *bureaux de l'État-major général*, bureaux tout à fait distincts de ceux désignés plus haut sous l'appellation : *bureaux du major général*.

Comme nous l'avons dit précédemment, le rôle du major général et de son état-major était simplement de transmettre les ordres de l'Empereur et d'assurer les *détails* de l'armée. « L'Empereur seul imprimait le mouvement, seul il donnait la direction à tous les services (1). » Nous allons examiner comment le travail était réparti entre les divers organes de l'état-major de Berthier.

Nous devons d'abord rappeler que, jusqu'au 9 août 1807, Berthier fut à la fois major général et ministre de la Guerre.

Pendant les campagnes, il était suppléé au ministère à Paris par un secrétaire général. Ce fut pendant longtemps M. Denniée père, qui avait la confiance de Napoléon et l'amitié de Berthier depuis 1795.

Tant qu'il fut ministre, Berthier se réserva en campagne le travail du personnel, la répartition des fonds de son département, l'expédition des ordres donnés par l'Empereur pour les mouvements, les opérations, les bureaux de l'artillerie et du génie et les prisonniers de guerre.

Toute cette partie du travail est réservée aux « bureaux du major général » qu'on appelle aussi le « cabinet du major général ». Ce cabinet se compose d'une douzaine d'employés civils ou non combattants, travailleurs modestes, infatigables, d'un zèle et d'une conscience éprouvés. Nous citerons le commissaire des guerres Le Duc, secrétaire intime de Berthier, chargé de sa correspondance personnelle, de la conservation des archives et de la caisse de l'État-major général.

Le sous-inspecteur aux revues Dufresne est chef de la comptabilité et administration intérieure du major général.

Comme ministre de la Guerre et comme major général, Berthier dispose de fonds dont il a l'ordonnancement, il délègue d'après les ordres de l'Empereur soit aux maréchaux, soit aux chefs de service.

Il renvoie toutes les demandes de fonds à l'examen de M. Dufresne, chef de la comptabilité, qui le met à même de prononcer. M. Dufresne est chargé de toute la correspondance concernant les fonds (crédits, solde, etc.), avec le ministre directeur de l'administration de l'armée, l'intendant général, les chefs de service, le payeur général, le receveur général des contributions. M. Dufresne, avec un employé sous ses ordres, est également chargé

---

(1) *Itinéraire général de l'empereur Napoléon pendant la Campagne de 1812*, par M. Denniée fils, inspecteur aux revues, qui faisait partie du cabinet du major général.

du personnel de l'armée (promotions, décorations, retraites, etc., décrets, lettres de service, lettres d'avis).

Un capitaine en retraite, « que des blessures graves et une balle dans la cuisse n'empêchaient pas d'être nuit et jour à son pénible travail (1) », M. Salamon, est chargé du mouvement des troupes, service qu'il a exécuté au cabinet du major général pendant toutes les campagnes de 1805 à 1814.

Par « mouvement des troupes » il faut entendre tous les ordres de l'Empereur concernant les mouvements, l'expédition des ordres aux maréchaux, aux chefs de service, etc. (minutes, expédition des ordres, avis à toutes les autorités qui doivent connaître les mouvements ordonnés, enregistrement), la rédaction des ordres concernant les organisations nouvelles (corps d'armée, divisions, etc.), les rapports à l'Empereur pour lui faire connaître en détail l'expédition de ses ordres, pour lui demander ses ordres sur les questions soumises au major général, les récapitulations demandées par l'Empereur et présentant l'état de telle ou telle partie d'un service avec l'exécution de ses ordres, état des troupes rejoignant l'armée, envoi au ministère, à Paris, de tout le travail qui lui est destiné.

Les maréchaux et les généraux commandant les corps d'armée, les gouverneurs, les commandants de place, les chefs de service, adressaient leurs rapports et leurs demandes au major général qui les présentait à l'Empereur; ils écrivaient, en outre, directement à l'Empereur lorsqu'il leur avait écrit ou qu'ils le jugeaient nécessaire, mais cette correspondance directe ne les dispensait pas des comptes rendus détaillés au major général.

La correspondance par le canal du major général est de l'essence de l'organisation de la Grande Armée (2). Avec quelques employés, l'infatigable Salamon suffit à tout ce travail.

En dehors du cabinet, le major général a auprès de lui un certain nombre d'officiers généraux et supérieurs qui lui sont personnellement attachés et qui, avec ses aides de camp, constituent ce qu'on appelle l'état-major particulier du major général. Ces généraux, colonels et adjudants commandants,

---

(1) *Mémoires de Lejeune.*

(2) Tout ce qui est dit sur le cabinet du major général est extrait textuellement de l'ouvrage *Campagne de 1806 (Prentzlow et Lübeck)*, par FOUCART.

sont en réalité, quoique n'en portant pas le titre, les premiers aides de camp de Berthier. Il les charge de missions qu'on ne peut confier qu'à des officiers d'un grade élevé.

L'état-major particulier est sous la direction d'un des aides-majors généraux. Le 2 octobre 1806, c'est le colonel du génie Blein qui remplit les fonctions d'aide-major général chef de l'état-major particulier, il est en même temps chargé au cabinet de la partie secrète, du classement des reconnaissances et de la correspondance des maréchaux (1).

Le nombre des aides de camp du major général varie suivant les époques, six en 1805, jusqu'à treize en 1807, neuf en 1812, ils sont du grade de colonel à sous-lieutenant. « Ils se distinguaient encore plus, dit le baron Fain (2), par leur courage personnel et l'élégance de leurs manières que par le pantalon rouge qui formait la couleur saillante de leur uniforme. » Le 8 décembre 1808, l'Empereur fit son entrée solennelle à Madrid, une revue fut passée sur le Prado. Les aides de camp de Berthier se firent remarquer par leur élégance et l'éclat de leur tenue. « Presque tous étaient d'une belle taille et d'une heureuse figure. Ils portaient en sautoir une pelisse hongroise en drap noir, un dolman blanc avec tresses d'or et fourrure, un large pantalon et le shako de drap écarlate surmonté d'une aigrette blanche en plume de héron. Ces vêtements étaient enrichis de galons et de nombreuses torsades et boutons en or. Une riche ceinture en soie noire et or, une petite giberne, une sabretache, un sabre en damas complétaient le costume.

« Les chevaux de parade étaient de race arabe, gris blanc, aux crins longs, soyeux et flottants, et portaient la bride à la hussarde, à galons et glands d'or, une peau de panthère festonnée d'or et d'écarlate couvrait la selle (3). »

En 1812, au milieu des aides de camp de Berthier, on aurait pu se croire, écrit Fezensac, dans un salon du faubourg Saint-Germain. Les camarades de Fezensac qui était alors aide de camp du major général, sont MM. de Girardin, de Flahaut,

---

(1) Extrait textuel de la *Campagne de 1806 (Prentzlow et Lübeck)*, par Foucart.
(2) Baron Fain, *Mémoires*, p. 239 et 240.
(3) *Mémoires du baron Lejeune* qui fut aide de camp de Berthier et dessina l'uniforme ci-dessus décrit.

de Noailles, de Montesquiou, Le Couteulx, d'Astorg. Sur le livret de février 1807, treize officiers sont portés comme aides de camp du major général, parmi eux on remarque le fils de Mme Visconti, le capitaine Sopransy, dont ce pauvre Berthier aurait voulu faire un héros (1), « le beau Canouville », l'amant préféré de la princesse Pauline Borghèse.

En 1813, on trouve parmi cette jeunesse dorée deux frères, les ducs de Bauffremont, Berthier, frère du prince de Neufchâtel, Laczinski, frère de Mme Waleska. Comme on le voit, Berthier était sensible aux recommandations. Avec le caractère que nous lui connaissons, pouvait-il en être autrement?

D'ailleurs, ces aides de camp ne sont employés, comme ceux de l'Empereur, qu'à des missions extérieures, ou à quelques travaux de copie qui n'ont aucun rapport avec ce qu'on peut appeler un travail d'état-major. Leur service n'avait rien de pénible, c'est Fezensac qui le dit. Rarement ils étaient en course, car on envoyait habituellement les officiers d'état-major. Au cantonnement, tous les jours deux d'entre eux étaient de service, l'un pour porter les ordres, l'autre pour recevoir les dépêches et les officiers en mission. Le tour de chacun ne revenait que tous les quatre ou cinq jours.

Ce petit clan aristocratique n'avait naturellement pas pour l'Empereur un dévouement sans bornes. En 1812, à Moscou, les critiques et même les propos injurieux contre l'Empereur partaient toujours de chez le prince de Neufchâtel, l'Empereur ne l'ignorait pas et n'aimait point l'état-major de Berthier (2).

L'État-major général est complètement distinct du cabinet et de l'état-major particulier de Berthier; il vit beaucoup plus loin du major général, il s'installe dans une maison à part, tandis que Berthier a son cabinet près de lui, dans la maison même de l'Empereur. « L'Empereur faisait des apparitions assez fréquentes dans le cabinet du prince, écrit M. Denniée fils, inspec-

---

(1) Après la bataille de Marengo, Berthier fit un rapport où Sopransy était cité cinq fois. C'était le fils de Mme Visconti, un morveux de seize ans et il lui attribuait le gain de la bataille ! Sopransy a fait ceci, a fait cela, écrivait-il, le tout pour faire plaisir à Mme Visconti (Napoléon à Gourgaud. GOURGAUD, *Journal de Sainte-Hélène*, t. I, p. 307).

(2) PLANAT DE LA FAYE, aide de camp du général de Lariboisière en 1812, *Vie de Planat*, p. 93.

teur aux revues, qui faisait partie du cabinet du major général en 1812, et n'en sortait jamais sans donner un signe de bienveillance à l'un de nous ; le silence le plus absolu y était observé et l'entrée en était interdite même aux aides de camp de service (1) » qui, eux, se tenaient dans le salon de service.

A l'inverse du cabinet, l'état-major n'est constitué qu'avec des officiers, on n'y trouve aucun civil.

Trois aides-majors généraux se partagent le travail de l'État-major général.

Le premier aide-major général porte le titre de chef de l'État-major général, il dirige l'ensemble du service. Berthier lui donne ses ordres par écrit, de même que le chef de l'État-major général soumet les questions à Berthier sous forme de lettres ou de rapports.

Comme travail spécial, le premier aide-major général dirige tous les détails du service et, pour ces détails, il a la correspondance directe avec les chefs d'état-major des corps d'armée. Il organise les communications et derrières de l'armée (service des troupes, détachements de recrues, convois, évacuations). Il règle le service extérieur des officiers et le service des bureaux de l'État-major général. Le général Andréossy (1805), l'adjudant commandant Hastrel (1806), le général Lecamus (1809), le général comte Monthyon (1812-1813), ont occupé successivement les fonctions de chef de l'État-major général.

Le second aide-major général est chargé des camps, marches et cantonnements. Ses fonctions sont nettement définies dans la lettre suivante, adressée de Boulogne par Berthier, le 14 fructidor an XIII, au général de division Mathieu Dumas.

Au général de division Dumas

Boulogne, le 14 fructidor an XIII.

Je vous préviens, Général, que l'Empereur vous a désigné, pour être employé à l'État-major général de la Grande Armée, immédiatement sous mes ordres comme major général, avec le titre d'aide-major général, maréchal des logis de l'armée. Vous serez chargé des camps, des marches et des cantonnements. Vous aurez sous vos ordres un adjudant commandant et quatre adjoints.

J'ai ordonné que chaque général en chef (commandant de corps

---

(1) *Itinéraire de Napoléon pendant la Campagne de 1812*, par M. Denniée fils.

d'armée) désignât dans son armée un adjudant commandant, chargé exclusivement des mêmes fonctions dont vous êtes chargé à l'État-major général. Ces officiers correspondront directement avec vous, recevront vos instructions et vous rendront compte.

Je vous salue avec une considération distinguée,

Maréchal BERTHIER.

Une autre lettre écrite par Berthier au commencement de la campagne de 1805, va nous donner une idée du travail demandé au deuxième aide-major général.

Le maréchal Berthier au général Mathieu Dumas

(Sans lieu ni date).

Je vous prie, Général, de me trouver sur-le-champ un itinéraire pour M. le maréchal Murat, partant de Stuttgard pour se rendre à Gœttingen.

Voir si cela peut se faire en un jour de marche.

Me tracer une route pour M. le maréchal Ney de Stuttgard à Heidenheim passant par Esslingen, Gœppingen, Weissenstein et Heidenheim, partant le 12 pour arriver le 15.

Tracer une autre route pour M. le maréchal Lannes de Ludwigsbourg à Aalen, passant par Schorndorf et Gmünd et le maréchal Lannes partant le 12 pour arriver le 16.

Régler sur la carte, d'après les connaissances qu'on peut avoir du pays, les marches et les jours de route.

Je désire que M. le général Dumas me remette ce travail dans une demi-heure.

Maréchal BERTHIER.

Les itinéraires ne sont, du reste, déterminés que dans leurs grandes lignes. Une grande latitude est laissée aux commandants de corps d'armée, pour le choix des chemins, des cantonnements ou bivouacs. Cette latitude n'est pas parfois sans être gênante. Pour établir l'ordre dans les mouvements des colonnes, Mathieu Dumas est constamment en route courant d'une colonne à l'autre, pour reconnaître et fixer les itinéraires de concert avec les maréchaux.

Le troisième aide-major général est spécialement chargé du service topographique. Le général Sanson est à la tête de ce bureau pendant la plus grande partie des campagnes de l'Empire. Il a sous ses ordres une dizaine d'officiers et d'ingénieurs géographes. Sa mission est d'établir chaque jour le plan des emplacements de l'armée, il dirige les reconnaissances, recueille les renseignements topographiques, fait le levé des positions, des terrains de combat et, s'il y a lieu, dresse la carte des pays conquis ou occupés. Toutes les cartes, rapports de reconnaissances, nécessaires aux opérations et qui existent au cabinet topographique de l'Empereur, sont conservés aussi en double au bureau topographique de l'État-major général.

Sous les ordres des aides-majors généraux, des officiers de différents grades, adjudants commandants, chefs de bataillon, capitaines-adjoints d'état-major (1), sont employés à l'État-major général, soit au service extérieur, soit au service de bureau, suivant la catégorie à laquelle ils appartiennent. Les premiers quand ils sont du grade d'adjudant commandant sont employés aux reconnaissances, aux visites, aux commandements provisoires de place; chefs de bataillon, ils sont employés aussi aux commandements provisoires de places et concourent avec les capitaines, à porter les ordres; capitaines-adjoints, et « chargés des ordres de l'armée, à l'État-major général », leur principale fonction est d'assurer, concurremment, avec les aides de camp de grade inférieur et les officiers d'ordonnance la transmission des ordres.

Les officiers des « bureaux de l'État-major général » forment une catégorie tout à fait distincte de la précédente et cette spécialisation des officiers est une caractéristique de l'état-major impérial. Ces officiers vont aussi à l'occasion en mission et en tournée, mais ils ne sont pas employés à porter des ordres.

En 1806, les bureaux de l'État-major général comptaient trois adjudants commandants, un chef de bataillon, sept capitaines et, en plus, pour le bureau topographique du général Sanson, trois commandants et six ingénieurs géographes. L'organisation du 2 octobre 1806 fait connaître quelles étaient les questions traitées dans les bureaux de l'État-major général, c'était presque exclusivement des questions d'ordre administratif ou d'adjudantur.

L'organisation du 2 octobre 1806 répartissait le travail entre

---

(1) La tenue des adjoints d'état-major était la suivante : habit bleu à collet rouge avec épaulettes d'or, culotte blanche, chapeau orné de plumes blanches.
Les employés civils des bureaux du grand État-major général, c'est-à-dire des cabinets de Berthier et de l'Empereur, portent l'habit bleu à la française avec le bouton de l'État-major général.

trois divisions, abstraction faite du bureau topographique. Quoique cette séparation en divisions n'ait pas été maintenue, nous trouvons dans l'exposé de cette organisation l'énumération des affaires traitées dans les bureaux de l'État-major général.

1re division : Surveillance générale du travail, ordres du jour, mots d'ordre, expédition des ordres, lettres et paquets, ordres de service des officiers, mouvements, états et situations, renseignements, commandants de place et correspondance générale.

2e division : Logement du grand quartier général, police, gendarmerie, subsistance, distributions, hôpitaux.

3e division : Prisonniers de guerre et déserteurs, réquisitionnaires et conscrits, justice militaire.

La maison de l'Empereur et l'état-major de Berthier ne constituaient qu'une petite partie du quartier impérial. « Pour avoir une idée, écrit le baron Fain, de la population d'un quartier impérial, il faut ajouter à la maison de l'Empereur et à celle du prince de Neufchâtel :

« Celle du ministre, secrétaire d'État ;

« Celle de l'intendant général de l'armée ;

« Celle du trésorier ;

« Celle du commandant en chef de l'artillerie ;

« Celle du commandant en chef du génie ;

« Celles des colonels généraux de la Garde ;

« Quelquefois même, celle du ministre des Relations extérieures ; enfin toute la garde impériale au milieu de laquelle l'Empereur vivait habituellement (1). »

« Quand le prince de Neufchâtel, nous dit Fezensac, passa en 1812 la revue du grand quartier général impérial à Vilna, on eût cru voir de loin des troupes rangées en bataille. Qu'on se représente la réunion sur le même point de tout ce qui composait cet état-major, qu'on imagine le nombre prodigieux de domestiques, de chevaux de main, de bagages de toute espèce qu'il traînait à sa suite et l'on aura quelque idée du spectacle qu'offrait le grand quartier général (2). »

Dans les mouvements ce nombreux personnel se fractionne

---

(1) *Mémoires du baron Fain,* p. 241.
(2) Fezensac, *Souvenirs,* p. 226.

suivant les besoins. Le petit service d'avant-garde, qu'on appelle encore le petit quartier général, suit l'Empereur. C'est l'état-major de bataille. Le reste du grand quartier général reste en arrière, souvent à plusieurs journées, parfois partagé lui-même en plusieurs fractions.

Par exemple en 1812, au début de la campagne, le quartier général de l'État-major général, qui comprend avec l'État-major général les états-majors de l'artillerie et du génie et une partie de l'administration, rejoint à Schippenheil le petit quartier général de l'Empereur, tandis que le quartier général de l'intendant général est à Kœnigsberg, centre des approvisionnements.

Pour faire stationner et mouvoir un organe aussi lourd que le grand quartier général impérial, les dispositions suivantes étaient prises.

Un aide-major général était commandant supérieur du grand quartier général. Ses fonctions consistaient à voir tout ce qui se passait, à veiller à la police et à la sûreté du quartier général, à inspecter les détachements se rendant soit à l'armée soit aux hôpitaux. Il était le centre commun de ce qui va et vient. Il n'avait toutefois aucune autorité sur la garde et la maison de l'Empereur qui avaient une organisation particulière.

Un vaguemestre général de l'armée était responsable de la marche de toutes les voitures.

En somme, le commandement du grand quartier général était fortement constitué, c'était indispensable pour maintenir un peu d'ordre dans une masse pareille, composée de tant d'éléments hétérogènes.

Après avoir pris cette vue d'ensemble du grand quartier général, revenons à l'état-major. Dans les armées modernes, l'état-major est le service qui a la mission de formuler et de transmettre la volonté du commandement, ce n'est encore là qu'une partie de son rôle; une autre partie et non la moins importante est de réunir, de grouper et de soumettre au commandement, sous une forme concrète, les renseignements de toutes sortes qui servent de base à sa décision. L'état-major travaille ainsi en collaboration intime avec le commandement, celui-ci restant toutefois seul responsable des décisions prises. Cette conception du rôle de l'état-major nous a été léguée par l'armée allemande, où elle fut appliquée avec le succès qu'on sait, pendant la guerre franco-allemande de 1870. Sous le commandement nominal du roi Guillaume, les armées allemandes étaient commandées en réalité par le général de Moltke, chef d'état-major, qui était avant tout chargé de la haute direction stratégique. A côté du général de Moltke, le grand État-major comprenait en tout quinze officiers, dont trois aides de camp : c'était d'abord le général de Podbielski, quartier-maître général, c'est-à-dire sous-chef d'État-major général et à ce titre chargé des détails, puis trois lieutenants-colonels chefs de section, Bronsart von Schellendorf, opérations; von Brandenstein, transport et étapes; Verdy du Vernois, renseignements sur l'armée française. Enfin le major Blume, chef du bureau des opérations, s'occupait spécialement de la rédaction et de la transmission des ordres. Les autres officiers remplissaient les fonctions d'adjoints. Ces cinq officiers, Podbielski, Bronsart, Brandenstein, Verdy et Blume furent pour le général de Moltke, non pas seulement des auxiliaires précieux, mais de véritables collaborateurs.

Le travail était ainsi réglé, nous dit Verdy (1) :

« Chaque matin on se réunissait chez le général de Moltke pour étudier la situation et les suites qu'elle comportait. A cette conférence assistaient le quartier-maître général, les chefs de section, l'intendant général de l'armée (lieutenant-général von Stock), le chef du bureau des opérations, le premier aide de camp et souvent aussi le directeur de la télégraphie.

« A la suite de cette réunion, le général de Moltke soumettait au roi Guillaume ses propositions ainsi que les moyens d'exécution... Cet état-major ne comprenait que des amis remplissant chacun leur devoir avec zèle, sans envie et sans jalousie... Il y avait une telle unité de vue, en particulier, entre les trois chefs de section que si l'un d'eux avait à interrompre la rédaction d'un ordre destiné à une armée quelconque, il était immédiatement remplacé par un des deux autres, sans qu'on put supposer que le rédacteur avait été changé. »

Une dépêche importante arrivait-elle au milieu de la nuit, le

---

(1) Au grand quartier général 1870-1871. *Souvenirs personnels* de VERDY DU VERNOIS, p. 37.

conseil se réunissait aussitôt chez le général de Moltke et les décisions sortaient de l'examen en commun de la situation.

Combien différents sont, comme nous venons de le voir, les procédés de travail et de commandement de Napoléon. Lui seul, pour ainsi dire, pense, veut, décide, il va plus loin dans l'accaparement du travail, il dicte les ordres d'opérations. L'état-major est une machine à copier ou à assurer les détails. Quelle diversité de rouages dans cette machine compliquée! Cabinet de l'Empereur, cabinet du major général, bureaux de l'État-major général, autant de compartiments séparés où des hommes d'origines diverses, la plupart ignorants de toute science de la guerre, se partagent la besogne, et par une singulière anomalie les bureaux de l'État-major général, les seuls qui soient constitués avec des officiers d'état-major, n'ont pour ainsi dire aucune part à l'élaboration des ordres d'opérations. « Le rôle des officiers d'état-major est presque réduit, écrit Thiébaut, à la rédaction des états de situation constamment demandés par Napoléon ». L'Empereur disait lui-même que l'État-major général était la partie la moins nécessaire du grand quartier général. La partie administrative du quartier général est nécessaire pour l'entretien de l'armée, mais il semble qu'au besoin l'Empereur se chargerait seul de la faire marcher, cantonner et combattre.

L'organisation défectueuse du travail matériel d'état-major, l'incompétence tactique de ceux qui s'y livraient, furent des causes de multiples erreurs dans les ordres, erreurs dont quelques-unes sont restées dans l'histoire.

En voici quelques exemples :

En 1806, l'ordre du 19 septembre pour le rassemblement de la Grande Armée est insuffisamment collationné, on y écrit Bamberg au lieu de Nuremberg, il en résulte un croisement pour les 1er et 3e corps et un retard de vingt-quatre heures dans le mouvement du 3e corps.

La lettre du 24 septembre 1806 relative aux mouvements à exécuter par les différents corps fourmille d'erreurs matérielles, elle est sur certains points en contradiction avec les ordres expédiés le 30 septembre (1).

---

(1) BONNAL, *Manœuvre d'Iéna*, p. 197.

En 1805, l'état-major de Berthier ne réussit pas, pour le départ des camps de l'Océan, à tracer pour les corps de Davout, de Soult et de Ney, un itinéraire indépendant. Les ordres donnés allaient occasionner un croisement entre les troupes des 3e et 4e corps, sans la vigilance de Davout, qui signala à temps l'erreur.

« En 1809, rapporte Jomini, les différents corps se trouvaient réunis dans l'île Lobau, l'Empereur régla par un ordre *très détaillé* en trente et un paragraphes, le passage par ces corps du bras gauche du Danube et leur formation dans la plaine d'Enzersdorf. Cependant, le major général ne s'aperçut pas, en expédiant les dix ampliations du fameux décret, que, par méprise, le pont du centre avait été assigné à Davout, bien qu'il dût former l'aile droite, tandis que le pont de droite avait été assigné à Oudinot qui devait former le centre. Ces deux corps se croisèrent dans la nuit et, sans l'intelligence des régiments et de leurs chefs, le plus horrible désordre aurait pu se produire. Sans doute, l'erreur avait échappé à Napoléon, mais Berthier n'avait rien rectifié. »

Dans une lettre datée de Strasbourg, 30 septembre 1805, le major général adresse à Murat des instructions pleines de contradictions et de lacunes sur des points essentiels. Murat écrit à Berthier pour signaler les erreurs et il ajoute :

« Avec la meilleure volonté du monde, il est impossible dans cette circonstance de bien exécuter les ordres de Sa Majesté... De grâce, Monsieur le Maréchal, expliquez-vous plus clairement. Vous ne parlez pas de la division d'Hautpoul, continue-t-elle à rester sous mes ordres? » .

Ces exemples suffisent pour justifier ce reproche adressé en 1812 à Berthier par l'Empereur : « L'état-major est organisé de manière qu'on n'y prévoit rien. »

Ces erreurs dans les ordres provenaient en grande partie, croyons-nous, de ce que le travail matériel n'était pas vivifié par l'activité de l'esprit. Aucune vie intellectuelle n'anime ces bureaux hétérogènes qui travaillent isolés les uns des autres, sans unité de doctrine ni de direction. Les officiers ou fonctionnaires qui composent l'état-major ne fournissent au commandement, dans le travail de bureau, qu'une aide précaire parce qu'ils n'ont pas été préparés à leur rôle et que le tourbillon qui les emporte ne leur permet pas d'acquérir l'instruction qui leur manque. Un état-major susceptible de penser à l'unisson du haut commandement est une institution qui ne peut être créée qu'en temps de paix, sous une direction méthodique et prolongée.

Si les aides de camp et officiers de l'État-major général ne participaient aux travaux de cabinet, en ce qui concerne la marche des opérations, que dans une limite très restreinte, en revanche, ils étaient employés, dans la plus large mesure, au service extérieur d'état-major. Ils étaient véritablement les *missi dominici* de l'Empereur. Il les envoyait en missions et en courses dans tous les sens pour se procurer des renseignements, pour contrôler l'exécution de ses ordres et se rendre compte, par leurs rapports, de ce qu'il ne pouvait voir lui-même. Les jeunes officiers de l'état-major impérial se trouvaient souvent bien novices pour juger, par eux-mêmes, des situations qu'ils avaient à apprécier (1) : là encore, leur manque de préparation antérieure se faisait sentir, mais ils apportaient en général dans l'accomplissement de leurs missions un zèle, une vigueur, une célérité, un art de se débrouiller qui méritent toute notre admiration.

D'ailleurs Napoléon avait, comme nous le verrons bientôt, le talent d'éveiller le zèle et de surexciter les énergies chez tous ces jeunes officiers qui l'entouraient. Que n'aurait tenté un colonel de trente-cinq ans, quand il recevait de l'Empereur une mission de confiance comme celle donnée à Lejeune, aide de camp de Berthier, le 15 février 1810 :

« Partez pour l'Espagne. Voyez tout en détail, personnel, matériel, prenez note de tout; revenez sans perdre de temps et faites que je croie avoir vu lorsque je vous aurai parlé », puis en le congédiant, l'Empereur ajouta gracieusement : « Allez-y chercher vos étoiles. »

Les officiers d'état-major de grades inférieurs étaient aussi employés à porter les ordres; « ils étaient, dit le général Édouard Colbert, de vrais courriers à épaulettes, porteurs d'ordres et dont, en raison de leur intelligence et de leur zèle, on exigeait beaucoup plus de célérité que d'un courrier de profession. » Pendant les

---

(1) Ségur, *Histoire et Mémoires*, t. II, p. 218.

guerres de la Révolution, les généraux avaient des courriers payés par l'État pour porter leurs dépêches, mais l'Empereur, trouvant que ces hommes étaient incapables de donner aucune explication sur ce qu'ils avaient vu, les réforma en ordonnant qu'à l'avenir les dépêches seraient portées par les aides de camp et officiers d'état-major. Le manque de cartes, dont les maréchaux eux-mêmes étaient parfois insuffisamment pourvus, l'ignorance presque générale des langues étrangères (1), le peu de développement de la vicinalité et le mauvais état des chemins, rendaient difficile la transmission des ordres et dépêches. Ce service était d'autant plus pénible que les chefs ne prenaient aucun soin d'orienter leurs officiers.

Les récits de Fezensac, ancien aide de camp de Ney et de Berthier, ne laissent à cet égard aucun doute. « Le 11 octobre 1806, écrit Fezensac (2), j'étais de service à Schleiz; à peine étais-je arrivé, que le maréchal (Ney) me donna un ordre de mouvement à porter au général Colbert (3). Je voulus demander où je devais aller. — « Point d'observations, me répondit-il, je ne les aime pas. » On ne nous parlait jamais de la situation des troupes. Aucun ordre de mouvement, aucun rapport ne nous était communiqué. Il fallait s'informer comme on pouvait ou plutôt deviner. Pour moi en particulier, aide de camp d'un général qui ne s'était pas informé un instant si j'avais un cheval en état de supporter de pareilles fatigues, si je comprenais un service si nouveau pour moi (4), l'on me confiait un ordre de mouvement à porter au milieu de la nuit, dans un moment où tout avait une grande importance et l'on ne me permettait pas même de demander où je devais aller. » Parlant d'une façon plus générale, Fezensac ajoute : « On ne s'informait pas si nous avions un cheval seulement en état de marcher, quand il s'agissait d'aller au galop, si nous connaissions le pays, si nous avions une carte et nous en manquions toujours. L'ordre devait être exécuté et l'on ne s'embarrassait pas des moyens... Cette habi-

---

(1) En Allemagne, par exemple, il n'y avait guère que les officiers polonais qui connussent la langue du pays (GRABOWSKI, *Mémoires*, p. 69).
(2) FEZENSAC, *Souvenirs militaires*, p. 110.
(3) Le général Colbert commandait la brigade de cavalerie du corps de Ney.
(4) Fezensac avait pris son service d'aide de camp le jour même.

tude de tout tenter avec les plus faibles ressources, cette volonté de ne rien voir d'impossible, cette confiance illimitée dans le succès qui avait été d'abord une cause de nos avantages, ont fini par nous devenir fatales (1). » Sous ce rapport, le fonctionnement de l'état-major laissait donc aussi à désirer.

En résumé, il est certain que les états-majors furent un point faible des armées du premier Empire; cette lacune contribua aux désastres des dernières campagnes de Napoléon.

Comme le dit Jomini, un bon état-major peut prévenir bien des erreurs à la guerre, et bien des erreurs furent commises à cette époque par suite de reconnaissances incomplètes et d'ordres mal établis ou mal transmis. Aujourd'hui le rôle de l'état-major a grandi, les officiers d'état-major doivent être les aides éclairés du haut commandement et, par conséquent, être constamment au courant de ses intentions, ils ont pour mission de préparer ses décisions, et de le débarrasser de tous les détails dont le souci pourrait obscurcir les vues d'ensemble qui sont la base des décisions du chef suprême. « Qu'un seul commande, car plusieurs volontés affaiblissent l'armée. » Cette parole de Machiavel est plus vraie aujourd'hui que jamais, « chacun doit rester dans les limites de ses fonctions, car autrement tout n'est plus que confusion (2). » A l'armée, l'unité de commandement, je dirai même l'unité d'inspiration, doit dominer toutes les décisions. Mais cette condition primordiale étant remplie, nous devons désirer qu'aux différents échelons de la hiérarchie, chacun soit admis à voir clair dans sa sphère d'action, à mettre en œuvre ses forces intellectuelles, à combattre en sous-ordre non seulement avec son bras et son cœur, mais aussi avec sa science et sa raison.

---

(1) Fezensac, *Souvenirs militaires*, p. 129.
(2) Bonaparte à Pille, Nice, 16 juin 1796.

CHAPITRE VI

SURVEILLANCE DE L'EXÉCUTION

Les inspections de l'Empereur. — Les revues de l'Empereur. — Une revue en Pologne en 1807. Contrôle des effectifs. — Les tournées aux avant-postes. — Les états de situation, éléments de contrôle et d'information. Missions de surveillance confiées aux aides de camp et officiers d'état-major.

Une fois la décision prise et les ordres donnés, le commandement n'a rempli que la moitié de son rôle. Tout ordre ne vaut que par l'acte qui en découle. Le chef, tout en laissant à chacun une juste initiative, doit intervenir dans l'exécution pour imprimer à l'armée l'impulsion qui la porte aux grands efforts. Comment donner cette impulsion qui pousse les hommes aux sacrifices héroïques? C'est en ayant l'œil sur eux, en éveillant et en soutenant leur ardeur par les récompenses de tout genre, en réprimant aussi par les sanctions de répression la paresse et l'inertie des traînards.

Cette influence excitante de « l'œil du Maître » n'a peut-être jamais été plus grande que dans les armées de Napoléon. « Les ordres donnés ne sont rien, écrit-il à Berthier en 1812, si l'on n'est sûr qu'ils soient exécutés. » L'acte, toujours l'acte, voilà ce qu'il vise; constamment par la voie la plus courte, il court à son but qui est un acte précis et déterminé, « l'idéologie est proprement sa bête noire, il y répugne non seulement par calcul intéressé, mais encore et davantage par besoin et instinct du vrai (1) ».

« Le jour, la nuit aussi, écrit Ségur, loin de croire avoir tout fait, comme tant d'autres chefs, quand il avait ordonné, l'Empereur lui-même veillait à l'exact et entier accomplissement de tous ses ordres (2). » En campagne, tous les jours, il sortait par

---

(1) TAINE, *Le Régime moderne*, p. 28 et 29.
(2) SÉGUR, *Histoire et Mémoires*, t. I, p. 180.

n'importe quel temps. Parfois, il faisait de courtes excursions pour visiter les corps de son armée ou bien des positions stratégiques. A l'arrivée au cantonnement, son premier soin était de visiter l'emplacement des bivouacs autour de son habitation pour voir si les soldats avaient à manger, si les communications entre eux étaient faciles. Pour lui la guerre n'était pas une partie d'échecs qui se jouait seulement dans l'ombre du cabinet; son activité extérieure n'était pas moins grande que son activité intellectuelle.

Quand l'armée était dans les camps de l'Océan, on le vit déployer une activité extraordinaire tant pour inspecter les troupes que pour surveiller les travaux entrepris en vue de la descente en Angleterre. « Il avait loué, près de Boulogne, le petit château appelé le Pont-de-Briques, sur la route de Paris; il y arrivait d'ordinaire au moment où les corps s'en doutaient le moins, montait aussitôt à cheval et était déjà rentré à Saint-Cloud qu'on le croyait encore au milieu des troupes. « J'ai fait, dit le duc de « Rovigo, plusieurs de ces voyages dans ses voitures. Il partait « ordinairement le soir, déjeûnait à la maison de poste de Chan- « tilly, soupait à Abbeville et arrivait de très bonne heure au « Pont-de-Briques. Un instant après il était à cheval et n'en des- « cendait le plus souvent qu'à la nuit. Il ne rentrait qu'il n'eût « vu le dernier soldat, le dernier atelier. Il descendait dans les « bassins et s'assurait lui-même de la profondeur à laquelle on « était parvenu depuis son dernier voyage. Il ramenait ordinai- « rement pour dîner avec lui à 7 ou 8 heures du soir l'amiral « Bruix, le général Soult (commandant le camp de Boulogne), « l'ingénieur Saganzin, qui dirigeait les travaux des ponts et « chaussées, le général Faultrier, qui commandait le matériel « d'artillerie, enfin l'ordonnateur chargé des vivres, de sorte « qu'avant de se coucher, il savait l'état de ses affaires mieux que « s'il avait lu des volumes de rapport (1). »

Nous retrouvons là chez Napoléon cet ardent désir qu'il apporte dans toutes ses entreprises de voir par lui-même, de saisir les questions sur le vif, de les serrer de très près, d'en poursuivre l'examen jusqu'à ce qu'elles soient résolues.

---

(1) *Mémoires du duc de Rovigo*, t. I, p. 345 et suiv.

« Ne se jugeant pas encore assez près à Pont-de-Briques du théâtre de ses opérations, il fit choix d'un emplacement sur une hauteur appelée Tour d'Ordre, dominant la mer; de ce point il pouvait apercevoir l'escadre anglaise et il embrassait du regard les différentes divisions de la flottille. Là, Napoléon fit construire une baraque composée de plusieurs pièces et dans laquelle il passait souvent plusieurs jours. Il y avait dans une de ces pièces un grand télescope braqué sur la mer à l'aide duquel on pouvait voir distinctement ce qui s'y passait et même les côtes d'Angleterre (1). »

Au cours des opérations, l'Empereur passait presque journellement une partie de ses troupes en revue. Il voyait tout aussi bien un corps d'armée entier qu'un régiment ou un simple détachement.

En octobre et novembre 1806, il vit successivement à Berlin les 3e, 7e, 4e corps de la Grande Armée, la réserve de cavalerie, la Garde, les grands parcs d'artillerie et du génie.

Il y avait en 1809, tous les jours, dans la cour du château de Schœnbrunn, une grande parade à laquelle Napoléon faisait venir successivement les hommes qui sortaient des hôpitaux, ainsi que tous les régiments qui avaient le plus souffert, afin de s'assurer par lui-même si on les soignait et s'il leur rentrait du monde.

En 1812, l'Empereur passait quinze jours à Vitepsk; tous les matins il assistait à la parade de la Garde devant son palais; il exigeait que tout le monde s'y trouvât... Là, en présence de l'État-major général et de la Garde assemblée, il entrait dans les plus grands détails sur tous les objets de l'administration; les commissaires des guerres, les officiers étaient appelés et sommés de déclarer dans quel état étaient les subsistances, comment les malades étaient soignés dans les hôpitaux, combien de pansements on avait réunis pour les blessés. Souvent ils recevaient des réprimandes ou des reproches très durs, parfois immérités (2).

En principe, l'Empereur passait la revue de tous les détachements qui arrivaient à l'armée et qui recevaient toujours une

---

(1) MENEVAL, *Mémoires*, t. I, p. 344.
(2) FEZENSAC, *Mémoires militaires*, p. 240 et 241.

route les faisant passer par le grand quartier général impérial, à moins que la position de leur corps ne les obligeât à une contremarche. L'aide-major général commandant supérieur du quartier général prenait les ordres du major général ou de l'aide de camp de service pour l'heure où l'Empereur devait voir les troupes. Le major général prenait sur son calepin vert les ordres et les observations de l'Empereur, qui étaient mis au net sur une feuille simple de papier de petit format par un de ses secrétaires. Le major général présentait à l'Empereur, sous forme de rapport, le résultat de la revue et faisait expédier les différents ordres dans son cabinet. A la suite des revues paraissaient des ordres du jour où les observations n'étaient pas ménagées.

Le travail de la revue était soumis à l'Empereur le lendemain même; on y passait la nuit et les corps devaient établir de suite leurs mémoires de propositions. D'ailleurs, lorsqu'un corps d'armée devait passer la revue de l'Empereur, le maréchal ordonnait toujours aux colonels d'établir à l'avance et d'emporter avec eux les mémoires de propositions pour l'avancement et la Légion d'honneur.

La revue de l'Empereur était, comme on le voit, non une simple cérémonie d'apparat où le chef se contentait de galoper plus ou moins brillamment sur le front des troupes, c'était une opération sérieuse, une véritable opération de contrôle, immédiatement suivie de sanctions. Elles exerçaient, sans aucun doute, sur le moral du soldat une tout autre influence que les revues de nos jours.

Nous voudrions nous faire une idée du spectacle offert par une revue de l'Empereur en reproduisant le récit d'un témoin oculaire. Dans ses *Souvenirs* (1), le colonel de Gonneville, alors sous-lieutenant au 6ᵉ cuirassiers, nous a laissé le tableau d'une revue passée au printemps de 1807 par l'Empereur à la division de cuirassiers du général Espagne (4ᵉ, 6ᵉ, 7ᵉ et 8ᵉ cuirassiers) alors cantonnée sur la Passarge. Nous lui cédons la parole :

« ... La division dont nous faisions partie fut réunie pour passer la revue de l'Empereur. Je n'avais jamais vu l'Empereur et

---

(1) *Souvenirs du colonel de Gonneville*, p. 60.

j'arrivai sur le terrain avec une vive émotion. J'allais enfin, pour la première fois, contempler de près l'auteur des immortelles campagnes d'Italie et d'Égypte, le vainqueur d'Austerlitz !

« Les régiments placés sur une seule ligne attendirent une heure, puis un groupe de cavaliers apparut à l'horizon et fut bientôt près de nous. En tête, à cinquante pas en avant d'un brillant état-major se dessinait un homme de la figure et de la tournure la plus martiale, il portait une tunique à la chevalière couverte de broderies, un pantalon blanc et des bottes à l'écuyère demi-fortes; une toque en martre à calotte rouge surchargée de plumes d'autruche noires ombrageait sa tête; sur sa poitrine, du côté gauche, un glaive antique mis en sautoir faisait étinceler au soleil sa poignée enrichie de pierreries. Je crus que c'était l'Empereur, mais ce n'était que Murat, grand-duc de Berg qui, en sa qualité de commandant de toute la cavalerie, venait faire à l'Empereur les honneurs de sa division. Il passa au galop de la gauche à la droite et revint ensuite au pas devant toute la longueur du front, s'arrêta à la gauche et attendit.

« L'attente ne fut pas longue : de l'extrémité de la plaine par laquelle il était arrivée, déboucha bientôt un groupe bien autrement nombreux. C'étaient d'abord les Mamelucks, couverts d'or, dont les chevaux superbes bondissaient, tout en étant maîtrisés, comme s'ils eussent été furieux, les aides de camp venaient ensuite et à cent pas en arrière l'Empereur, suivi de son immense état-major. La marche était fermée par l'escadron de service des chasseurs de la Garde. L'Empereur était loin d'avoir la tournure martiale et terrible du personnage que, dans mon ignorance, j'avais d'abord pris pour lui. Il portait une redingote grise de la plus simple apparence, un petit chapeau à ganse noire, sans autre ornement que la cocarde, la redingote déboutonnée laissait entrevoir les épaulettes de colonel sur l'uniforme de petite tenue des chasseurs de sa Garde, seul uniforme que, depuis l'Empire, il ait jamais porté en campagne. Il avait une culotte et une veste blanches et des bottes à l'écuyère molles. Il montait un admirable cheval arabe gris clair; la housse et les chaperons de sa selle étaient bordés d'une riche frange de graines d'épinards en or, les étriers étaient plaqués d'or, ainsi que le mors et les boucles de la bride. »

Qu'on se représente donc en imagination, dans la monotonie d'une plaine de Pologne, cette longue ligne de cuirassiers qui « portent le court habit bleu impérial à collet retroussis et garnitures d'entournures rouges ou jaunes, selon les régiments, la culotte blanche, la haute botte, la cuirasse et le casque d'acier à cimier de cuivre et à crinière flottante (1) », à la gauche Murat, dans son appareil étincelant, et l'Empereur, dans son uniforme légendaire, arrivant au milieu de son brillant cortège, et l'on aura dans la pensée un tableau de cette revue digne de tenter le pinceau d'un peintre. Mais ce n'est là que le décor ; voici maintenant l'action effective, le travail de contrôle.

« Il passa (l'Empereur), continue le colonel de Gonneville, devant notre front se portant vers la droite ; arrivé à l'extrémité, il ordonne qu'on commandât : « Divisions à droite », qu'on formât les compagnies et qu'on mît pied à terre. A cette époque et jusqu'à la chute de l'Empire, les régiments étaient de huit compagnies formant quatre escadrons ; les officiers, à pied aussi, furent dans l'ordre de leur grade placés à la droite de leur compagnie. L'Empereur en arrivant à chaque régiment recevait l'état de situation qu'il remettait au major général et posait ensuite au colonel les questions suivantes : « Quel est votre effectif ? » « Combien d'hommes aux hôpitaux, aux petits dépôts, malades « aux cantonnements ou enfin absents pour toute autre cause ? » Il répétait les mêmes questions aux capitaines et gare à ceux que leur mémoire ou leur ignorance mettait en défaut : des paroles sévères, accompagnées de regards qui ne promettaient pas des faveurs prochaines, venaient leur faire faire de tristes réflexions. C'est ce qui arriva au colonel Merlin, commandant le 8ᵉ cuirassiers ; il s'embrouilla tellement dans ses réponses qu'il en résulta une immense différence entre le chiffre de son effectif et celui que représentaient les différentes catégories. Quand l'Empereur arriva à ma compagnie, après avoir questionné mon capitaine, à la gauche duquel je me trouvais, il s'arrêta devant moi et demanda au colonel pourquoi le harnachement de mon cheval n'était pas à l'uniforme. Le colonel lui répondit que rentrant des prisons de l'ennemi, je n'avais pu encore me procurer le harna-

---

(1) Description de l'uniforme donnée par Henry Houssaye 1815. *Waterloo*, p. 115.

chement. L'Empereur n'aimait pas qu'on se laissât prendre, surtout dans la cavalerie, et il s'écria, en me regardant d'un air de colère : « Mais votre division n'a pas encore vu l'ennemi. » Je n'osais pas prendre la parole et les yeux irrités fixés imperturbablement sur moi me mettaient fort mal à l'aise. Le colonel commençait à expliquer comment cela s'était passé, quand le lieutenant-général Espagne qui, à mon retour de captivité, m'avait si mal reçu, s'avança et fit le plus grand éloge de ma conduite dans cette circonstance. Pendant ce récit, la figure de l'Empereur subit une métamorphose complète et lorsqu'il l'eut tout entendu, il me fit un gracieux et profond salut.

« Nous défilâmes au trot par escadrons; en arrivant devant l'Empereur, on élevait les sabres en l'air en criant : « Vive l'Em-
« pereur! » Les cris étaient formidables, et la revue parut avoir satisfait celui en l'honneur duquel elle avait eu lieu.

« En quittant notre régiment il dit au colonel d'Avenay :
« Colonel, à la première affaire, un boulet ou les étoiles de gé-
« néral. »

Une des plus grandes préoccupations de l'Empereur était de maintenir sous les armes, en campagne, le plus grand nombre possible de combattants. Il sait mieux que personne avec quelle rapidité fondent les effectifs. Par tous les moyens il cherche à réduire le nombre des non-valeurs. La première question, lorsqu'il aborde un chef, est toujours : « Combien de présents sous les armes? » et on ne lui en conte guère, car on sait qu'il est méfiant et qu'il vérifie les comptes rendus.

En 1805, à Brünn, dans une des courses incessantes qu'il faisait pour visiter les positions et les corps, il aperçoit les chasseurs à cheval de sa garde. Avec son coup d'œil exercé, il apprécie le nombre des cavaliers et le trouve fort réduit. Il sort de sa poche un petit carnet sur lequel il inscrivait les effectifs des corps et, après l'avoir parcouru, il fait appeler le général Morland et lui dit d'un ton sévère : « Votre régiment est porté sur mes notes comme ayant 1.200 combattants, et bien que vous n'ayez pas encore été engagé avec l'ennemi, vous n'avez pas là plus de 800 cavaliers, que sont devenus les autres? »

Pour en avoir le cœur net et craignant les complaisances de son état-major pour Morland, il chargea Marbot, aide de camp d'Augereau, et qui était de passage au quartier général, de compter les chasseurs et de venir lui rendre compte de leur nombre. Il manquait quatre cents chasseurs. Marbot raconte dans ses *Mémoires* les subterfuges qu'il employa pour dissimuler la vérité à l'Empereur et ses transes de le voir découvrir l'inexactitude de son compte rendu (1).

Dans ses sorties quotidiennes, si Napoléon rencontre un détachement, il en questionne le chef, l'interroge sur son effectif, sa destination, se fait montrer les ordres de mouvement et redresse les erreurs.

Le jour et aussi la nuit, il fait des rondes aux avant-postes. L'image a popularisé le geste de Napoléon prenant le fusil d'une sentinelle endormie et montant sa garde jusqu'à son réveil, saisissante leçon de choses qui peint l'attitude du Petit Caporal vis-à-vis de ses soldats. Il eut à réprimer ainsi plus d'une négligence dans le service des avant-postes. « Sa Majesté, est-il écrit dans un ordre du jour daté de Schœnbrunn, 14 novembre 1805, a remarqué dans la tournée qu'elle a faite à 2 heures du matin aux avant-postes beaucoup de négligence dans le service. Elle s'est assurée qu'il ne se faisait pas avec cette exactitude rigoureuse qu'exigent les ordonnances et les règlements militaires. Avant la pointe du jour, les généraux et les colonels doivent se trouver à leurs avant-postes et la ligne doit se trouver sous les armes jusqu'à la rentrée des reconnaissances. On doit toujours supposer que l'ennemi a manœuvré pendant la nuit pour attaquer à la pointe du jour. »

On comprend combien une telle vigilance devait tenir l'armée en éveil, quel effet moral elle produisait sur les troupes. Chaque soldat était convaincu que l'Empereur avait l'œil sur lui ! Aussi, en 1812, quand les troupiers périssaient de misère sur les routes de Russie, ne songeaient-ils point à en rejeter la faute sur Napoléon : « C'est bien malheureux, disaient-ils, en n'accusant que le zèle et quelquefois la probité des administrateurs, l'Empereur s'occupe pourtant bien de nous (2). »

Un autre moyen de contrôle de Napoléon est l'étude atten-

---

(1) MARBOT, *Mémoires*, t. I, p. 246.
(2) FEZENSAC, *Mémoires*, p. 241.

tive, très attentive des états de situation. « La bonne situation de mes armées, écrit-il à son frère Joseph (6 août 1806), vient de ce que je m'en occupe une heure ou deux tous les jours et lorsqu'on m'envoie chaque mois les états de situation de mes troupes et de mes flottes, ce qui forme une vingtaine de gros livrets, je quitte toute autre occupation pour les lire en détail, pour voir la différence qu'il y a entre un mois et l'autre. Je prends plus de plaisir à cette lecture qu'une jeune fille n'en prend à lire un roman. »

Aux Tuileries, ces gros livrets couverts en maroquin rouge étaient toujours en pile à un angle du bureau de l'Empereur. Pour l'armée, il y en avait de plusieurs modèles contenant des renseignements différents : livrets par ordre numérique où chaque régiment avait son feuillet et se présentait au rang de son numéro, livrets par divisions militaires, donnant tous les éléments des forces militaires dispersées dans la division, livrets de corps d'armée, où les combattants se voyaient, se comptaient, se subdivisaient comme dans leurs camps; feuille de mouvements, remise chaque semaine et où le ministre inscrivait tous les ordres de marche qu'il avait donnés, livret du personnel des généraux, livret de l'artillerie, livret du génie, enfin livret des opérations de la levée des troupes établi par département, livre noir des préfets, écrit Fain (1).

En campagne les grands états de situation étaient renouvelés tous les quinze jours, en outre, l'Empereur recevait un état de situation sommaire tous les cinq jours.

Malgré le soin avec lequel les états de situation étaient établis, Napoléon y relevait des erreurs et ne manquait pas de les signaler au ministre de la Guerre :

« J'avais trouvé, lui écrit-il (2 février 1812), sur les états de situation dix-sept compagnies du train d'artillerie revenues d'Espagne, vous n'en trouvez que neuf. Cela met en évidence la faute que commet le bureau qui rédige les états de situation, lorsqu'ils portent comme *exécutés* les mouvements qui ne sont qu'*ordonnés*. J'ai déjà plusieurs fois relevé de semblables erreurs et cela altère ma confiance dans le travail de ce bureau. J'ap-

---

(1) Baron FAIN, *Mémoires*, p. 80.

prouve et je désire qu'il mette en encre rouge ses observations et l'indication des *ordres donnés*, mais il ne doit rien hasarder et ne doit mettre en encre noire que ce qui existe (1). »

Un ordre donné n'est pas un ordre exécuté, entre les deux il y a toute la distance qui sépare la parole de l'acte, en véritable homme d'action l'Empereur veillait à ce que, dans son armée, il n'y eut pas de confusion à cet égard. Vérifier l'exécution des ordres donnés est une des plus grandes obligations du commandement. Un général en chef ne peut assister à l'exécution de tous les ordres donnés en son nom, mais l'examen des états qui lui sont remis lui permet de relever certaines omissions et de faire sentir sa vigilance à ses subordonnés. Citons encore sur ce sujet la lettre de l'Empereur au prince Eugène du 27 février 1806 : « L'architrésorier se plaint que le 67e n'est pas arrivé à Gênes. Ces plaintes n'auraient pas lieu si votre chef d'état-major faisait son métier et si, après avoir envoyé un ordre à un corps, il envoyait sa feuille de route au ministre de la Guerre. Le ministre ne manque jamais de me remettre ces états et je suis à même de vérifier l'exécution de mes ordres, mais votre chef d'état-major ne fait rien. »

En campagne, le renseignement primordial que Napoléon demandait aux états de situation était le nombre des combattants de l'armée, base de ses conceptions stratégiques et tactiques. Le 22 septembre 1806, de Saint-Cloud il écrit au major général :

« Vous portez 28.000 chevaux pour la Grande Armée; vous n'y comprenez ni le 4e dragons, ni le 20e chasseurs. Vous n'y portez pas non plus un millier d'hommes partis de Paris, qui vont rejoindre et qui fera 30.000 hommes. Mais vous avez tort si vous pensez que ce sont là tous chevaux de troupe. Les chevaux d'officiers y sont compris; vous savez qu'un lieutenant a deux chevaux, qu'un capitaine en a trois, un chef d'escadrons et un colonel davantage, ce qui augmente de beaucoup le nombre des non-combattants. Il faut donc distinguer cela avec plus de clarté, mettre dans une colonne les chevaux d'officier et dans une autre les chevaux de troupe... »

Par les états de situation et l'état détaillé de l'emplace-

---

(1) Napoléon au général Clarke, ministre de la Guerre, 2 février 1812.

ment (1) des corps de l'armée que Berthier lui présentait chaque jour, l'Empereur était exactement renseigné sur la force et la position de ses troupes.

Ce que Napoléon ne pouvait voir par lui-même, ce qu'il ne pouvait extraire des états de situation, il le demandait aux officiers d'état-major.

Constamment il chargeait les aides de camp et les officiers d'état-major de missions ayant pour objet « de surveiller dans les différentes branches du service l'ordre établi et l'observation des lois et règlements militaires. On appelait visites, écrit Thiébaut dans le *Manuel général du service des États-majors*, les missions s'appliquant à un objet unique et bien déterminé. » C'est ainsi que, le 27 septembre 1805, l'adjudant commandant Lomet, de l'État-major général, était chargé d'aller visiter à Strasbourg les magasins de souliers de l'armée, de demander à l'intendant général l'état des approvisionnements et d'en faire la vérification.

En d'autres circonstances, les missions étaient des inspections d'une amplitude plus grande et prenaient le nom de tournées. Le 16 décembre 1805, à Schœnbrunn, l'Empereur faisait appeler son aide de camp général Rapp qui venait d'être légèrement blessé à Austerlitz : « Êtes-vous en état de voyager? lui dit-il. — Oui, Sire. — En ce cas, allez raconter à Marmont les détails de la bataille d'Austerlitz, afin de le faire enrager de n'y être pas venu, et voyez l'effet qu'elle a produit sur les Italiens. Voici vos instructions :

Vous vous rendrez à Gratz. Vous y resterez le temps nécessaire pour faire connaître au général Marmont les détails de la bataille d'Austerlitz, que les négociations sont ouvertes, mais que rien n'est fini,

---

(1) Pour l'établissement de cet état détaillé de l'emplacement des corps de l'armée, les chefs d'état-major des corps d'armée avaient à faire parvenir « sans délai » à l'État-major général l'état de leurs cantonnements sous la forme d'un tableau du modèle ci-après :

« CORPS D'ARMÉE   *État des cantonnements*   « DIVISION

Date	Emplacement du quartier général	Désignation des régiments	Marches et cantonnements	Notes topographiques et militaires Ressources du pays

qu'il doit donc se tenir prêt à tout événement et en mesure, et pour prendre connaissance de la situation dans laquelle se trouve le général Marmont; vous lui direz que je désire qu'il envoie des espions en Hongrie et qu'il m'instruise de tout ce qu'il apprendra. Vous poursuivrez votre route jusqu'à Laybach où vous verrez le corps du maréchal Masséna qui forme le 8ᵉ corps de l'armée, vous m'en enverrez l'état exact..... Vous vous rendrez à Palmanova, après avoir beaucoup pressé le maréchal Masséna de bien armer et approvisionner cette place et vous me ferez connaître dans quel état elle se trouve. De là vous vous rendrez devant Venise, vous y verrez les postes que nous occupons et la situation de nos troupes. Vous irez de là à l'armée du général Saint-Cyr, qui marche sur Naples, vous verrez sa composition et sa force. Vous reviendrez par Klagenfurth où vous verrez le maréchal Ney et vous me rejoindrez.

Ayez soin de m'écrire de chaque lieu où vous vous arrêterez; expédiez-moi des estafettes de Gratz, Laybach, Palmanova, Venise et du lieu où se trouvera l'armée de Naples. Sur ce, je prie Dieu qu'il vous ait en sa sainte garde.

NAPOLÉON.

De simples capitaines, comme Castellane, aide de camp du général Mouton, lui-même aide de camp général de l'Empereur, étaient chargés de missions analogues. Le 21 juillet 1809, à Schœnbrunn, Castellane est appelé chez l'Empereur et reçoit l'ordre suivant où son nom défiguré avait été écrit de la main même de Napoléon.

Ordre

L'aide de camp « Castelan » se rendra à Linz où il remettra la lettre ci-jointe au duc de Dantzig; de là, il ira à Bayreuth pour porter la lettre au duc d'Abrantès. Il prendra à Bayreuth le nom des troupes qui composent les corps du général autrichien Kienmayer et des positions qu'elles occupent. Il me rapportera également l'état de situation du corps du duc d'Abrantès, infanterie, cavalerie et artillerie. A son retour, il verra les fortifications de Passau, de Linz et de Mölk et se mettra en état de me rendre compte des travaux. Il prendra en passant les dépêches du général Bourcier.

Signé : NAPOLÉON.

Schœnbrunn, 21 juillet 1809.

En outre, en le congédiant, l'Empereur recommandait à Castellane de lui faire un rapport sur les troupes et les hôpitaux.

Castellane nous a laissé le récit de sa tournée. Il voyagea

jour et nuit dans un « chariot de poste », s'arrêtant dans chaque lieu pendant le temps strictement indispensable. Le 22 juillet il était à Linz, le 25 à Bayreuth, où Junot, par faveur spéciale, l'accueillait à sa table avec une politesse parfaite, dominant son habituelle rudesse pour ses inférieurs. A Ratisbonne il visitait les hôpitaux et faisait, pour ne pas perdre de temps, le sacrifice d'une bonne fortune. Il visitait ensuite, le 28 juillet, les fortifications de Passau, le 29, la tête de pont de Linz, dans la nuit du 29 au 30, au clair de lune, les fortifications de Mölk. De retour à Schœnbrunn, le 30 juillet, il remettait, le 31, son rapport que l'Empereur trouvait le meilleur qui eût été fait pendant cette campagne (1).

Pour avoir des compliments de Napoléon, il fallait, dans ces tournées, « voir tout en détail, prendre note de tout, revenir sans perdre de temps et faire que l'Empereur eût l'impression, après la lecture du rapport, d'avoir vu par lui-même (2) ».

Pour donner une idée plus nette encore du soin qu'apportait Napoléon à écarter, par une surveillance active, toute inertie dans l'exécution de ses ordres, nous donnerons encore le récit d'une mission confiée à l'aide de camp Philippe de Ségur.

A la fin de juin 1803, le premier Consul avait fait un voyage de dix-neuf jours de l'embouchure de la Somme jusqu'à Flessingue ; l'objet de ce voyage avait été de reconnaître l'à-propos des ordres donnés pour l'organisation des camps de l'Océan, de compléter ces ordres, d'en surveiller et d'en hâter l'accomplissement.

Le 23 août suivant, quelques semaines après son retour à Saint-Cloud, il crut nécessaire d'expédier Ségur pour refaire pas à pas ce même voyage, avec mission de s'assurer de l'exécution de tous les travaux ordonnés et de lui envoyer de chaque lieu, dans le plus minutieux détail, le degré d'avancement de ces travaux. L'instruction *écrite* donnée à Ségur se terminait par l'énoncé de cette règle élémentaire à observer dans tout rapport de reconnaissance :

« Cet officier ne doit rien dire par ouï-dire. Il doit tout voir

---

(1) *Mémoires de Castellane,* p. 68 et 69.
(2) *Mémoires de Lejeune,* aide de camp de Berthier.

par ses yeux, ne dire que ce qu'il a vu et lorsqu'il sera obligé de dire quelque chose qu'il n'a point vu, dire qu'il n'a pas vu. »

Au retour, le premier Consul reçut Ségur à Saint-Cloud, dans son cabinet, pendant son déjeuner. Il accueillit l'aide de camp avec une humeur enjouée. « Après cent questions, raconte Ségur, comme, en écoutant mes réponses, il avait répandu son café sur le revers blanc de son habit (ce jour-là, il portait l'uniforme des grenadiers à pied de la Garde), il se plaignit d'avoir gâté son bel uniforme; puis, il me demanda si j'avais déjeuné et je crois, en vérité, que, satisfait de mes rapports et de mes réponses, il fut près de me verser une tasse de ce café qu'il ne prenait que deux fois par jour et jamais plus, quoi qu'on ait pu dire. « J'ai « vu tous vos états d'armement, me dit-il; ils sont exacts. — « Cependant vous avez oublié à Ostende deux canons de quatre ! » Il avait donné l'ordre de placer ces deux canons en arrière de la ville sur une chaussée, pour le cas d'une descente. L'ordre n'avait pas été exécuté. » Ségur sortit confondu d'étonnement par la mémoire de Napoléon. Le général Duroc lui dit ensuite que, des rapports ministériels, comparés avec ses comptes rendus, ayant été trouvés inexacts, deux ministres avaient été rabroués rudement pour ces différences (1).

Tels furent les moyens employés par Napoléon pour veiller au bon état de ses armées et à l'exécution de ses ordres. Malgré la profonde différence qui existe dans leur constitution entre une armée impériale et une grande armée moderne, la manière d'opérer de Napoléon, dans ses formes générales, peut servir de modèle. Le chef d'une armée moderne devra laisser à ses subordonnés une initiative autrement grande que celle dont jouissaient les maréchaux d'Empire, mais il faut se garder de croire que cette initiative doive entraîner, au cours de l'exécution, l'abdication du haut commandement.

L'initiative, pour être fructueuse, doit être canalisée et contrôlée, l'initiative n'est fructueuse que dans l'unité d'action et cette unité d'action ne peut être maintenue que par des redressements incessants du chef qui a indiqué le but à atteindre et la direction générale à suivre. De même que l'Empereur, le chef d'une armée,

---

(1) SÉGUR, *Histoire et Mémoires* t. II, p. 232.

malgré les modes de transport rapide, ne pourra tout voir de ses propres yeux, il devra user des autres moyens de contrôle et, en particulier, faire un large emploi des officiers d'état-major. Ces missions de contrôle sont une des parties les plus délicates mais aussi les plus importantes de leur rôle. Nous dirons avec Thiébault que, quoique n'ayant aucune autorité par eux-mêmes, ces officiers auront cependant, d'après la nature de leur mission et les qualités qu'elle présuppose, le droit de se faire entendre; ils devront en user au besoin pour soumettre au général, près duquel ils sont en mission, les réflexions qu'ils jugeront utiles, sans doute ils devront le faire avec retenue et discrétion, avec les égards respectueux que les différences de grade et d'âge imposent, mais avec la franchise et le courage que la sauvegarde de l'intérêt général commande. Ils devront se montrer dignes de la confiance dont ils sont dépositaires, par leur zèle, leur intelligence, la droiture et la fermeté de leur caractère. « Une telle mission offre à un officier d'état-major l'occasion de donner la mesure de sa capacité et de sa moralité ou de son insuffisance ou de sa bassesse, de s'honorer ou de s'avilir. »

Comme, malgré tout, le grade et l'âge confèrent naturellement un supplément d'autorité, il est à désirer que, comme sous le premier Empire, le général en chef ait à sa disposition immédiate quelques généraux, en communauté d'idées avec lui et qui, de par leur situation personnelle, seront mieux qualifiés pour parler et agir en son nom dans les circonstances les plus importantes.

CHAPITRE VII

LES SANCTIONS

Napoléon et ses généraux

Égoïsme de Napoléon dans son commandement. — Son mépris des hommes. — Son attitude vis-à-vis de ses généraux. — Hostilité de certains généraux contre Bonaparte au début de sa carrière; comment il établit son autorité. — Sanctions de répression : ses colères calculées, les algarades impériales. — Récompenses matérielles : les grades, les dotations, les titres de noblesse, les gratifications. — Récompenses morales : la Légion d'honneur, les citations, les éloges, les ordres du jour, les marques de satisfaction de diverses sortes. — Partialité systématique de l'Empereur. Les bulletins. Jalousie et servilité des généraux. Vice du système. — Jugement de Napoléon sur ses maréchaux. — Qualités du général en chef. — Lannes, Suchet, Masséna, Soult, Davout, Gouvion Saint-Cyr.

L'art de manier les hommes constitue, à n'en pas douter, une des parties les plus importantes et les plus délicates de l'exercice du haut commandement. L'idéal est d'avoir une armée où, du général en chef au simple troupier, chacun soit prêt aux plus grands efforts et au sacrifice de sa vie par devoir et par patriotisme, c'est ce noble idéal qui doit être proposé à tous les citoyens d'une nation libre, ce sont ces sentiments élevés que les éducateurs d'une nation doivent chercher à faire pénétrer dans les cœurs de la jeunesse du pays. Ce furent ces sentiments qui animèrent les armées de la Révolution française.

Les mobiles dont Napoléon se servit pour donner l'impulsion à son armée furent, on doit le reconnaître, d'un ordre différent.

« L'être de Napoléon s'est certainement formé, comme l'a dit Nietzsche (1), par la foi en lui-même et en son étoile et par le mépris des hommes qui en découlait. » Dans l'esprit de Napoléon il y a deux leviers pour remuer les hommes, la crainte et l'intérêt (2). Son grand principe général, auquel il donnait toute

---

(1) Nietzsche, *Humain, trop humain. Aphorisme*, p. 164.
(2) Gourgaud, *Journal de Sainte-Hélène*, t. II, p. 414.

espèce d'application dans les grandes choses comme dans les petites, était qu'on n'avait de zèle que lorsqu'on était inquiet (1). Aussi il n'accorde à personne toute sa confiance, il excite les rivalités, il tient son monde sur le qui-vive. Derrière toute bonne action ou tout bon sentiment, il cherche à découvrir l'intérêt personnel. « Au moment de l'expédition d'Égypte, Talleyrand lui avait prêté spontanément une somme de dix mille francs qui lui était nécessaire pour lever les obstacles qu'opposaient à ses projets ses ennemis secrets. Revenant plus tard dans une conversation avec Talleyrand sur ce service rendu, il lui disait : « Quel intérêt pouviez-vous donc avoir à « me prêter cet argent? Je l'ai cent fois cherché dans ma tête « alors et je ne me suis jamais bien expliqué quel avait pu être « votre but. » Et comme le prince de Bénévent — en diplomate qu'il était — lui répondait qu'il n'en avait point, qu'il lui avait rendu ce service sans arrière-pensée. « Dans ce cas, reprit Bona-« parte, et si c'était réellement sans prévision, vous faisiez une « action de dupe (2). » Talleyrand ne pouvait avouer qu'il avait joué dix mille francs sur l'avenir du jeune vainqueur de l'Italie, mais, malgré son apparente ignorance, Napoléon ne s'y trompait pas. Que lui importe, du reste, les arrière-pensées et les calculs de Talleyrand, pourvu qu'il lui soit utile : car « il n'aime que les gens qui lui sont utiles et tant qu'ils le sont (3) ». La valeur des hommes au point de vue du caractère et de l'intelligence lui importait peu, on peut même dire qu'elle lui portait ombrage. « Homme étrange en tout, il s'estimait très supérieur au reste du monde, et pourtant il craignait toutes les supériorités. Qui, parmi ceux qui l'ont approché, ne lui a entendu dire qu'il préférait les gens médiocres? Qui n'a pas vu que, lorsqu'il employait un homme doué d'une distinction quelconque, il fallait, pour qu'il lui accordât sa confiance, qu'il eût d'abord cherché son côté faible dont il se hâtait, assez ordinairement, de divulguer le secret (4)? »

La qualité qu'il estimait avant toutes les autres était, avec le zèle pour son service, un dévouement absolu, aveugle, à sa

---

(1) Mme de Rémusat, t. I, p. 224.
(2) Mémoires de Mme de Rémusat.
(3) GOURGAUD, Journal de Sainte-Hélène, t. I p. 44.
(4) Mémoires de Mme de Rémusat, t. III, p. 46.

personne. « Les officiers de ma garde, disait-il à Sainte-Hélène, n'étaient pas ce qu'il y avait de mieux comme éducation, mais ils convenaient à mon système, ils étaient tous d'anciens soldats, issus de parents laboureurs ou artisans. La société de Paris n'avait aucune influence sur eux. Ils dépendaient entièrement de moi, je les tenais mieux et en était plus sûr que je ne l'eusse été de gens bien élevés (1). »

En tout, il songe à Lui d'abord, à la France ensuite. « N'oubliez pas, écrivait-il à Joseph son frère, que vos premiers devoirs sont envers moi, vos seconds envers la France, vos troisièmes envers l'Espagne. » En 1815, après son abdication, il disait amèrement de Davout : « Je croyais que Davout m'aimait, il n'aimait que la France. »

Il ne faut voir aucune étroitesse et aucune mesquinerie dans cet absorbant égoïsme; personne mieux que Napoléon ne sut récompenser ceux qui contribuèrent à établir sa puissance et sa gloire, à consolider son trône. Il liait la fortune de la France à sa propre fortune qu'il voulait toujours plus haute. « Monter haut, toujours plus haut, c'est la loi et la fatalité de sa nature (2). » Cette ambition sans mesure, servie par des facultés extraordinaires, lui ouvrit une prodigieuse carrière de conquérant, mais elle fut poussée si loin qu'elle finit par être la cause de sa ruine.

Pour revenir à la question qui nous occupe, l'attitude que Napoléon se donna vis-à-vis de ses généraux fut naturellement en concordance avec le système général de gouvernement qu'il avait adopté. Depuis le jour où il fut nommé général en chef de l'armée de l'intérieur (20 octobre 1795), il commença à maintenir à respectueuse distance tous ses anciens camarades, « l'officier obséquieux de la veille, le tutoyeur du Midi, avait fait place au chef qui n'admet aucune camaraderie (3) ». Plus tard, étant empereur, lorsqu'il était de bonne humeur, il lui arrivait de parler à ses généraux avec familiarité, mais cette familiarité était telle qu'elle excluait toute idée de réciprocité. « A-t-il eu, écrit Mme de Rémusat (4), pour un instant avec

---

(1) GOURGAUD, *Journal de Sainte-Hélène*, t. I, p. 44.
(2) VANDAT, *L'Avènement de Bonaparte*.
(3) YUNG, *Bonaparte et son temps*, p. 101.
(4) *Mémoires de Mme de Rémusat*, t. I, p. 393.

un de ses familiers un moment d'épanchement qu'il se croit obligé de le replacer sans plus tarder en présence du Maître, de lui signifier la fin de son rôle de bonhomme. Tout à coup sa physionomie se transforme, de souriante elle devient grave, il relève son regard sévère qui semble toujours rehausser sa petite personne et donne n'importe quel ordre insignifiant avec toute la sécheresse d'un maître absolu qui ne veut pas perdre une occasion de commander quand il demande. » Jusqu'aux derniers jours de sa vie, il veut être l'Empereur. « Vous avez cru, disait-il à Gourgaud, à Sainte-Hélène, en venant ici être mon camarade, je ne le suis de personne. Personne ne peut prendre d'empire sur moi. »

Le général « Vendémiaire » ne parvint pas du premier coup à conquérir l'autorité indiscutée qu'eut plus tard l'Empereur Napoléon. Pour établir sa domination, il lui fallut le temps et la manière. Même après la première campagne d'Italie et la campagne d'Égypte, certains généraux, tels Masséna, Mac-Donald, Augereau, Bernadotte, Lecourbe, Delmas, conservaient un fonds de républicanisme sincère et blâmaient l'ambition de Bonaparte, ses allures de dictateur, ils regrettaient de ne pas trouver chez lui l'autorité tempérée, le patriotisme sans arrière-pensée, l'abord calme et doux, l'esprit simple et causeur qu'ils appréciaient chez Moreau, son ancien rival. Aussi, dès après Marengo, Bonaparte s'appliqua à étouffer chez ses anciens camarades tout germe d'esprit d'indépendance. Il y parvint en asservissant les uns par la crainte et l'espoir des faveurs, en écartant ceux qui résistaient aux tentations offertes. A partir de ce jour, il ne voulut plus avoir que des sujets.

Lui-même explique comme il suit les raisons de sa conduite altière :

« Je suis arrivé jeune à la tête des armées. Ma première campagne a étonné l'Europe; l'ineptie du Directoire ne pouvait plus me soutenir au degré où j'étais parvenu. J'entrepris une expédition gigantesque pour occuper les esprits et augmenter ma gloire. Mes anciens se sont perdus dans le repos ou déshonorés dans les revers. Lorsque j'ai vu la France aux abois, je suis revenu et j'ai trouvé le chemin du trône ouvert de toute part. J'y suis monté comme le dernier espoir de la nation.

« A peine assis, j'ai vu les prétentions se ranimer. Moreau, Bernadotte, Masséna, ne me pardonnaient plus mes succès. J'ai dû non les craindre, mais les soumettre, et mon plan de conduite vis-à-vis d'eux a été bientôt arrêté.

« Ils ont essayé plusieurs fois ou de me culbuter ou de partager avec moi. Comme le partage était moins aventureux, douze généraux ourdirent un plan pour diviser la France en douze provinces. On me laissait généreusement pour mon lot Paris et la banlieue. Le traité fut signé à Ruel. Masséna fut nommé pour me l'apporter. Il s'y refusa en disant qu'il ne sortirait des Tuileries que pour être fusillé par ma garde. Celui-là me connaissait bien. Pichegru et Moreau vinrent conspirer dans Paris. On connaît le résultat de leurs intrigues. Ma position n'était pas ordinaire, il ne fallait pas que ma conduite le fût.

« La crainte et l'espoir de la fortune et des faveurs devaient seuls exister entre eux et moi. J'ai été prodigue de l'un et de l'autre. J'ai fait des courtisans, je n'ai jamais prétendu me faire des amis. »

Le général Édouard Colbert a raconté qu'au début de l'expédition d'Égypte, des murmures s'élevaient dans les hauts rangs de l'armée contre Bonaparte et l'expédition, dans laquelle il avait entraîné l'armée. Informé du mécontentement de certains officiers généraux, dont était Murat, Bonaparte fit inviter à dîner les principaux d'entre eux par le général Dugua et leur adressa sur le ton qui convenait, ces paroles :

« Je sais que plusieurs généraux font les mécontents et prêchent la révolte. Qu'ils y prennent garde, la distance d'un général et d'un tambour à moi est la même en certains cas, et, si un de ces cas se présentait, je ferais fusiller l'un comme l'autre. »

Rien ne résiste à un pareil langage, quand on sent que celui qui le tient est prêt à passer des paroles aux actes.

Ayant ainsi établi à l'origine sa prédominance souveraine, Napoléon se préoccupa, durant toute sa carrière, de la maintenir intacte. A ceux qui sont à ses pieds, il prodigua les faveurs et distribua la gloire, mais à bon escient. C'est ainsi qu'après Auerstædt, il dit à l'Impératrice, qui s'étonnait des grands honneurs donnés à Davout : « Davout est un homme à qui je puis donner impunément de la gloire, il ne saura jamais la porter (1). »

« Les contrariétés que Napoléon éprouvait se traduisaient le plus fréquemment par des mouvements de colère dont ses relations privées étaient cependant sauves, parce qu'il avait besoin de témoins; on eût dit qu'il ne pouvait rien faire d'inutile. C'était donc toujours en public que son mécontentement éclatait par des réprimandes, quelquefois dures, mais qui se bornaient aux paroles. Il jugeait que ces scènes étaient nécessaires pour tenir la vigilance éveillée et pour stimuler le zèle qui devait aller croissant avec les difficultés des circonstances (2). »

Un général cherchait-il à échapper à son autorité, à l'observation des règlements, il était rappelé à l'ordre d'une façon qui n'admettait aucune réplique. Gouvion Saint-Cyr se présente un matin au lever des Tuileries, revenant de Naples où il avait été remplacé dans son commandement. « Vous avez sans doute reçu la permission du ministre de la guerre? lui dit Napoléon. — Non, Sire, répond Saint-Cyr, mais je n'avais plus rien à faire à Naples. — Si, dans deux heures, vous n'êtes pas sur le chemin de Naples, avant midi vous êtes fusillé en plaine de Grenelle. »

Il traitait de la même manière le général Loison, qui avait quitté Liége où il commandait, pour venir passer deux jours à Paris, où des affaires pressantes l'appelaient. C'est pour lui un crime de lèse-majesté que d'oublier un instant qu'il est le maître.

Aussi peut-on facilement croire Chaptal lorsqu'il nous dit que, à l'exception de deux ou trois généraux qui l'avaient connu dans sa jeunesse et qui avaient conservé avec lui une certaine liberté, tous les autres l'approchaient en tremblant.

Il ne faudrait pas en conclure pourtant que cette rudesse brutale fut dans la manière habituelle de Napoléon. Quoique, avec son tempérament méridional, il fût naturellement irritable, les sorties violentes, comme nous venons de le voir, étaient plutôt des manifestations calculées que des explosions d'une colère aveugle, il était italien et par nature essentiellement diplomate

---

(1) *Mémoires de Mme de Rémusat*, t. II, p. 370.
(2) MENEVAL, *Mémoires*, t. I, p. 265.

et pratique. Aussi, dans bien des cas, il ferma les yeux sur les incartades de ses généraux, par système et aussi, à la fin, par lassitude. C'est ainsi qu'au cimetière d'Eylau, en 1807, il ne répondit que par un geste de dédain aux invectives d'Augereau qui se présentait à lui la tête perdue de colère et de désespoir après la déroute de son corps d'armée.

« Le nom du vainqueur de Castiglione, dit-il ensuite à son entourage, est une propriété nationale qu'il faut respecter (1) ».

En 1812, Napoléon avait chargé Montbrun de se porter rapidement avec son corps d'armée sur Vilna pour empêcher les Russes de détruire les approvisionnements considérables qu'ils y avaient rassemblés. Murat, voulant s'approprier le mérite de l'opération, arrêta Montbrun dans sa marche et fit ainsi qu'il arriva tardivement. Cette intervention donna lieu à une scène qui donne une idée saisissante du caractère des hommes qui y figurent :

« L'Empereur furieux, apercevant Montbrun à la tête de son corps d'armée, court à lui, l'apostrophe avec cette violence dont il n'a donné que trop d'exemples, et le menace de le renvoyer sur les derrières de l'armée comme bon à rien. Le commandant du 2ᵉ corps de cavalerie veut s'excuser, — Taisez-vous ! s'écrie Napoléon. — Mais, Sire... — Taisez-vous ? — Mais Sire !... et Montbrun provoquait du regard l'intervention de Murat. Celui-ci se tait, tandis que Napoléon s'échauffant davantage continue ses menaces. Alors Montbrun exaspéré, bouillant de fureur, tire son épée, la prend par la pointe et la lance en arrière par-dessus sa tête... puis, tandis que, en sifflant cette épée va tomber à plus de quarante pas de là, il met son cheval au galop s'écriant : « Allez vous faire f... tous ! » et court à fond de train sous sa tente où il rentra en attendant qu'on vienne l'arrêter. Napoléon était resté là; cependant, blême de colère et surpris, il se remit en marche sans rien dire... Tous les témoins de cette pénible scène croyaient voir Montbrun traduit devant un conseil de guerre, ou emprisonné par ordre ou au moins renvoyé de l'armée! Il n'en fut rien, l'affaire fut étouffée. Peut-être Murat avoua-t-il en tête à tête la vérité à

---

(1) Ségur, *Histoire et Mémoires*, t. III, p. 163.

son puissant beau-frère... Montbrun conserva le commandement de son corps d'armée, mais cette scène explique le peu de regrets exprimés trois mois plus tard, dans le bulletin de la bataille de la Moskowa, à propos de sa mort (1). »

Dans le même ordre d'idées, Bernadotte, qui complote à Rennes contre le premier Consul, qui compromet à Auerstaedt et à Wagram les opérations de l'armée, profite d'une indulgence toute particulière, parce qu'il est le beau-frère de Joseph.

Il ne faut donc chercher aucune justice distributive dans la manière dont Napoléon traite ses généraux ; sa conduite à leur égard dépend essentiellement de considérations personnelles, des circonstances du moment. Très dur, après Baylen, pour Dupont, qu'il songe à faire fusiller, qu'il fait emprisonner, sans jugement, après l'avoir destitué, rayé des cadres de la Légion d'honneur, privé de toutes ses dotations, de son titre de comte, il se montre beaucoup plus indulgent pour Mac-Donald après la Katzbach, pour Vandamme après la capitulation de Kulm, pour Gouvion-Saint-Cyr après celle de Dresde. En 1813, il n'était plus le même homme.

La sanction habituelle des fautes était une verte algarade exprimée dans le ton véhément particulier à Napoléon ; aux maladroits ou aux insouciants « il lave la tête d'importance ». A cela se bornaient d'ordinaire ses rigueurs.

En 1805, Murat s'est avancé trop rapidement sur Vienne, il lui écrit de Mölk, le 11 novembre :

« Mon cousin, je ne puis approuver votre manière de marcher. Vous allez comme un étourdi et vous ne pesez pas les ordres que je vous fais donner... Vous n'avez consulté que la gloriole d'entrer à Vienne... Il n'y a de gloire que là où il y a du danger, il n'y en a pas à entrer dans une capitale sans défense. »

Le 16 novembre suivant, il adresse encore à Murat une nouvelle réprimande en ces termes :

« Il m'est impossible de trouver des termes pour vous exprimer mon mécontentement. Vous ne commandez que mon avant-garde et vous n'avez pas le droit de faire d'armistice

---

(1) Récit d'un témoin rapporté par le général THOUMAS, *Les Grands Cavaliers du premier Empire.*

sans mon ordre, vous me faites perdre le fruit d'une campagne. Rompez l'armistice sur-le-champ et marchez à l'ennemi... Ce n'est qu'une ruse... L'aide de camp de l'empereur de Russie est un polisson; les officiers ne sont rien quand ils n'ont point de pouvoirs; celui-ci n'en avait point... Vous vous êtes laissé jouer par un aide de camp de l'Empereur, je ne conçois pas comment vous avez pu vous laisser jouer à ce point. »

En 1808, à une mercuriale du même genre, Murat avait répondu en exprimant le chagrin qu'elle lui avait causé.

« M. le grand-duc de Berg voudra bien me permettre de lui dire ma pensée, lui écrit Napoléon; quand il fera bien, je ne lui dirai rien. Quand il fera quelque chose qui me déplaira, je lui dirai, c'est mon habitude (1). »

Voilà un ton et des déclarations qui caractérisent l'allure d'un chef vis-à-vis de ses subordonnés. A ce point de vue, la lettre suivante adressée à Berthier le 10 février 1806, au sujet d'un voyage à Paris de son frère Léopold Berthier, est non moins suggestive :

« Je suis fâché que vous ayez envoyé votre frère à Paris. Je n'ai point voulu le voir et je ne le recevrai point. Écrivez-lui de repartir sur-le-champ. Votre frère a gagné deux millions en Hanovre et il ne faut pas qu'il fasse l'important. Si aujourd'hui qu'il est riche, il veut s'affranchir de ses devoirs, il s'en trouverait mal.

« Je tiens à déshonneur qu'un général quitte ses troupes. Quant à des couches de femme, je n'entre pas dans ces détails-là; ma femme aurait pu mourir à Munich ou à Strasbourg, cela n'aurait pas dérangé d'un quart d'heure l'exécution de mes projets ou de mes vues... Le militaire tombe en quenouille et je veux être inflexible. Si le général Berthier était venu sans ordre, il aurait été sur-le-champ arrêté ! »

Au point de vue des fautes contre la probité, Napoléon était d'une excessive indulgence. Plusieurs de ses généraux, comme Soult et Masséna, furent des concussionnaires et des pillards. Quand les choses allaient trop loin, il leur faisait rendre gorge, mais sans leur tenir autrement rigueur. En 1806, il fit saisir,

---

(1) Cité par le général Thoumas, *Les Grands Cavaliers du premier Empire*, p. 465.

chez un banquier de Livourne, trois millions, produit de gains illicites de Masséna, mais peu après il lui donna, comme consolation, le titre de duc de Rivoli avec une dotation de 300.000 francs de rente (1). Tout cela était, il faut le reconnaître, d'une moralité douteuse et nous confirme dans cette opinion que Napoléon n'avait nul souci de maintenir ses généraux dans le culte du pur patriotisme et du devoir militaire accompli avec désintéressement.

Après les sanctions de répression, il faut prendre une idée des moyens de récompense de l'Empereur. Nul ne distribua plus largement ce que, dans son pittoresque langage, le maréchal Bugeaud appelait « le picotin d'avoine », mais comme les répressions, les récompenses étaient octroyées dans un esprit de système. « Napoléon a cherché à gouverner les hommes par l'imagination, la vanité et l'intérêt... Comme ses facultés extraordinaires le rendaient capable de belles et grandes choses, il les employait pour captiver l'imagination de la France, du monde, de la postérité... De là, la part vraiment admirable de sa puissance et de sa vie, et qui ne considère que cela ne saurait le placer trop haut. Cependant, un observateur sévère démêlera que c'est l'intelligence de l'imagination et l'imagination même, plus que le sentiment purement moral du juste et du bien qui ont tout fait. Prenez par exemple la religion : ce n'est point sa vérité, c'est son influence et son prestige qui ont dicté ce qu'il a fait pour elle et ainsi du reste (2). »

Le premier mode de récompense fut l'avancement dans les différents grades. Dès la constitution de l'Empire, Napoléon créa pour ses compagnons dix-huit places de maréchaux, dont quatre furent données à d'anciens serviteurs, Kellermann, Lefebvre, Pérignon et Sérurier. Les quatorze autres maréchaux furent Berthier, Murat, Moncey, Jourdan, Masséna, Augereau, Bernadotte, Soult, Brune, Lannes, Mortier, Ney, Davout, Bessières. La plupart d'entre eux étaient des hommes associés depuis un certain temps à la fortune de Napoléon, des compagnons d'Italie, d'Égypte, des hommes de Brumaire. D'autres

---

(1) *Mémoires de Marbot*, t. III, p. 19.
(2) *Mémoires de Mme de Rémusat*, préface, t. III, p. xi.

généraux de valeur, Saint-Cyr, Lecourbe, Grenier, Vandamme, furent laissés de côté parce que leur dévouement au nouvel état de choses était incertain.

A tous les maréchaux, il fit des situations magnifiques. A ceux qui, comme Murat, Bernadotte, Berthier, se rapprochaient le plus de lui par les alliances de famille ou par la nature des services, il donna des principautés souveraines, aux autres il distribua, avec des titres de princes et de ducs, des dotations considérables, prises dans les immenses domaines qu'il taillait à sa guise dans les pays conquis.

Berthier est vice-connétable, grand veneur, prince de Wagram, duc de Valengin et prince souverain de Neufchâtel; il a 1.354.000 livres de rentes, sans compter les revenus de sa principauté de Neufchâtel.

Murat est grand amiral, grand-duc de Clèves et de Berg, puis « passe roi de Naples », comme disent les grognards de la Garde.

Masséna, duc de Rivoli, prince d'Essling, a 800.000 livres de rentes en dotation, sans compter 200.000 francs de traitement comme maréchal et chef d'armée; Davout, duc d'Auerstædt, prince d'Eckmuhl, a 900.000 livres de rentes et ainsi des autres.

Il leur donne encore de beaux hôtels à Paris, de magnifiques terres dans les environs de la capitale, Grosbois à Berthier, à Davout Savigny-sur-Orge, Grignon à Bessières, La Houssaye à Augereau, Polangis à Oudinot, Rueil à Masséna, Les Coudreaux à Ney.

Outre les titres de prince et de duc qui commémorent les exploits décisifs de batailles, Castiglione, Rivoli, Montebello, Elchingen, Auerstædt, Essling, Wagram, la Moskowa, d'autres duchés, ne concédant aucune autorité sur les terres, mais pourvus d'une dotation annuelle de 60.000 francs, sont attribués à des maréchaux ou à des généraux, ce sont ceux : de Dalmatie (1),

---

(1) « Soult fut fort vexé de recevoir le titre de duc de Dalmatie et d'être ainsi mis sur la ligne des ducs de Vicence, de Bassano, de Bénévent, d'Istrie et de tant d'autres, dont les nouveaux noms n'avaient rien de plus significatif que les anciens. Il désirait et espérait être nommé duc d'Austerlitz; c'était effectivement son plus beau fait d'armes, et l'époque la plus glorieuse de sa carrière militaire. Mais Bonaparte ne voulait partager avec personne l'honneur de cette belle victoire. » (SAINT-CHAMANS, *Mémoires*, p. 104).

Istrie, Bellune, Trévise, Feltre, Padoue, Rovigo, Tarente, Reggio, Raguse, Vicence, Frioul, etc. Brune et Jourdan étaient les seuls maréchaux qui n'avaient pas de titres nobiliaires. Pour lier plus étroitement encore ses compagnons de guerre au maintien de son trône et de sa dynastie, il va plus loin encore : il les marie, il leur désigne des femmes de son choix, prises parmi les plus riches héritières de France, fondant ainsi des familles qui, suivant son expression, seront des « centres d'appui » au grand Empire.

Ce ne sont pas seulement les maréchaux qui sont ainsi richement récompensés, les généraux, les colonels et autres officiers reçoivent aussi des « dotations qui, affectées à un titre de comte, de baron, ou de chevalier, sont pour rappeler à travers les âges le souvenir du glorieux ancêtre, compagnon du nouveau César. Ces dotations étaient rarement au-dessous de 4.000 francs de revenu annuel et atteignaient souvent 40.000 et 50.000 francs. Arrighi, cousin de l'Empereur, favorisé sans doute à ce titre, reçoit de 1808 à 1812, 288.000 francs de dotation annuelle sur le Domaine extraordinaire de l'Empereur, il a reçu de plus — comme beaucoup d'autres — une dotation sur le Mont-de-Milan et le Domaine du royaume d'Italie; Baraguey d'Hilliers a 20.000 francs de dotation annuelle, Beaumont 30.000 francs, Belliard 53.012 francs, Lasalle 50.000 francs, Colbert 10.000 francs, Corbineau 10.000 francs, Junot 80.000 francs, Milhaud 30.000 francs, Montbrun 24.000 francs, Rapp 110.882 francs, Savary 162.055 francs, etc. (1). »

On voit l'inégalité des situations et on se rend compte des sentiments de jalousie qui devaient en résulter.

Outre ces rentes magnifiques, l'Empereur distribuait de nombreuses gratifications intermittentes. Le 23 septembre 1807, il donnait onze millions en gratification aux maréchaux et généraux de division. « Tout général qui revient de l'armée reçoit mille, deux mille et trois mille louis pour s'amuser pendant quelques jours à Paris, c'est sous ce titre que le vice-connétable (Berthier) leur distribue cette gratification (2). »

---

(1) Frédéric Masson, *Cavaliers de Napoléon*, p. 51 et suivantes.
(2) *Mémoires de Metternich.*

Ainsi donc, des grades, des titres de noblesse, beaucoup d'argent, voilà l'appât donné en espérance à tous les hommes de l'armée, tous, généraux, officiers et soldats sont en situation d'y aspirer, car, aussi bien que Masséna, fils d'un marchand de vin, soldat et sous-officier pendant quatorze ans, Ney, fils d'un tonnelier, Lefebvre, fils d'un meunier auquel Napoléon donna, à lui premier, un titre de noblesse parce qu'il avait été simple soldat et que tout le monde dans Paris (1) l'avait connu sergent aux gardes-françaises, Murat, fils d'un aubergiste, Lannes, fils d'un garçon d'écurie, Augereau, fils d'un maçon et d'une fruitière, tous, aussi bien que ceux-là, peuvent, en principe, atteindre le sommet de la hiérarchie. Chacun d'eux aperçoit, au-dessus de lui et sur le gradin supérieur, d'anciens camarades et se dit qu'il les vaut, il souffre de ne pas être à leur niveau, il s'efforce et risque pour y monter. Mais, si haut qu'il monte, il voit encore plus haut des occupants, jadis ses égaux; par suite aucun rang obtenu par lui ne suffit à ses prétentions. « Voyez Masséna, disait Napoléon quelques jours avant Wagram, il a acquis assez de gloire et d'honneurs, il n'est pas content, il veut être prince, comme Murat et Bernadotte, il se fera tuer demain pour être prince (2). »

« Aux valeurs positives d'autorité et d'argent Napoléon joint, comme moyen de récompense à son armée, toutes les valeurs d'imagination et d'opinion (3). » En premier lieu, c'est la Légion d'honneur, dans laquelle se confondent, en une fraternité nationale, les mérites civils et guerriers.

Les différents grades dans la Légion comportent une dotation, mais la dotation n'est qu'un accessoire; dans l'esprit de Napoléon, « la Légion d'honneur est une institution morale qui ajoute de la force et de l'activité à ce ressort de l'honneur qui meut si puissamment la nation française..., c'est la création d'une nouvelle monnaie, d'une bien autre valeur que celle qui sort du trésor public, d'une monnaie dont le titre est inaltérable et dont la mine ne peut être épuisée, puisqu'elle réside dans

---

(1) *Commentaires de Napoléon Ier*, t. V, p. 335.
(2) Taine, *Le Régime moderne*, p. 344.
(3) Taine, *Ibid.*, p. 338.

l'honneur français, d'une monnaie enfin, qui peut, seule, être la récompense des actions regardées supérieures à toutes les récompenses (1). » La Légion d'honneur n'est pas seulement une récompense, elle est une institution politique en ce sens qu'elle doit, suivant la pensée de son créateur, constituer, « dans la société nouvelle dont les éléments sont épars, sans système, sans réunion, sans contact (2) », une « masse de granit », une élite qui tiendra la place des anciens privilégiés.

Cette nouvelle aristocratie sera recrutée pour la plus grande part dans l'armée.

A ceux qui lui objectent que les croix et les rubans sont des hochets bons pour la Monarchie, le premier Consul réplique avec vivacité :

« ...Je défie qu'on me montre une république ancienne ou moderne dans laquelle il n'y a pas eu de distinction. On appelle cela des hochets, eh bien! c'est avec des hochets qu'on mène les hommes (3). »

Les grades dans la Légion d'honneur étaient de hautes récompenses qui, pour conserver leur valeur d'opinion, ne devaient pas être prodiguées; les bulletins, les ordres du jour, les paroles élogieuses, des manières plus affectueuses, un sourire, un de ces sourires charmeurs qui ravissaient les cœurs des généraux aussi bien que des simples grenadiers, sont encore autant de moyens dont Napoléon use pour donner à son armée un dernier surcroît d'énergie, d'impulsion et d'élan. Tout cela est distribué en doses habilement calculées par un maître en l'art de conduire les hommes, au moment voulu, avec le ton qui convient.

Le bulletin du 15 octobre 1806 reconnaît à Davout « une bravoure distinguée et une grande fermeté de caractère, première qualité d'un homme de guerre ». L'Empereur était sobre de louanges, nous dit Meneval; cependant la victoire d'Auerstædt valait mieux que cette citation au bulletin. Aussi accorde-t-il au 3e corps l'honneur d'entrer le premier à Berlin, il en passe

---

(1) Rapport du conseiller d'État Rœderer chargé de présenter au Conseil d'État le projet de loi de création de l'ordre de la Légion d'honneur.
(2) Discours de Bonaparte au Conseil d'État (4 mai 1902).
(3) *La Légion d'honneur*, par DELAITRE.

la revue, le comble de récompenses et lui adresse l'ordre du jour suivant :

Généraux, officiers, sous-officiers et soldats de mon 3ᵉ corps d'armée,
J'ai voulu vous réunir pour vous témoigner moi-même ma satisfaction de votre belle conduite dans la bataille du 14.
J'ai perdu des braves, je les regrette comme mes propres enfants, mais enfin ils sont morts au champ d'honneur et en vrais soldats.
Vous m'avez rendu dans cette circonstance un service signalé. C'est à la brillante conduite du 3ᵉ corps que l'on doit les résultats que vous voyez.
Soldats, j'ai été satisfait de votre courage et vous, généraux, officiers et sous-officiers, vous avez acquis pour jamais des droits à ma reconnaissance et à mes bienfaits.

Cette éloquence simple, ces paroles mesurées, jointes, il est vrai, à de nombreuses promotions et décorations, électrisèrent le 3ᵉ corps. Pour juger de l'effet produit, il suffit de lire les lettres de Davout à la maréchale :
« Hier l'Empereur a passé la revue du 3ᵉ corps, écrit-il le 29 novembre 1806, tous les individus s'en rappelleront éternellement; il a fait de nombreuses promotions, a accordé des décorations à cinq cents militaires et a mis le comble à ses bienfaits par les éloges et les marques de satisfaction qu'il a donnés. »
Dans les lettres qui suivent celle-ci, il s'exprime ainsi :
« Je suis très flatté, ma petite aimée, de l'impression qu'ont faite sur toi les éloges que l'Empereur a bien voulu donner à ma conduite; je serai toujours électrisé et supérieur à moi-même, toutes les fois qu'il sera question de mériter les faveurs dont il m'a comblé et enfin de le servir. »
Pourtant l'égoïsme impérial, les restrictions du système apparaissent encore dans cette circonstance. Davout avait remporté à Auerstædt une victoire tout à fait distincte de la victoire de l'Empereur à Iéna, il avait livré bataille à l'armée principale prussienne, l'Empereur n'avait culbuté que l'arrière-garde de Hohenlohe, Auerstædt avait été la bataille décisive, mais l'Empereur ne voulut pas tout d'abord distinguer les deux affaires, pour lui, la journée du 14 octobre 1806 ne devait porter qu'un seul nom, bataille d'Iéna. Ce ne fut que le 1ᵉʳ mars 1808, qu'il

se décida à reconnaître publiquement la victoire rivale, en donnant à Davout, le titre de duc d'Auerstædt.

Les paroles élogieuses, les cadeaux personnels étaient aussi, avons-nous dit, au nombre des moyens d'action du général Bonaparte ou de l'empereur Napoléon sur ses subordonnés.

Voici la lettre qu'il écrivait au chef d'escadrons Auguste Colbert, blessé dans l'expédition de Syrie :

Au quartier général, au Caire, 12 juillet 1799.

Je vous envoie, citoyen, une paire de pistolets pour vous tenir lieu de celle que vous avez perdue. Je ne puis les donner à personne qui en fasse un meilleur usage.

Le 21 mai 1800, il écrivait encore à Colbert le billet qui suit :

J'ai reçu, citoyen, votre lettre du 15 (floréal) par laquelle vous m'annoncez votre retour d'Égypte. Jamais je n'oublierai la bravoure que vous avez montrée en Syrie. Soyez le bienvenu.

De telles attentions transportaient Colbert d'enthousiasme comme le montre cette lettre à sa mère :

« J'ai reçu hier une lettre du général Bonaparte en réponse à celle que je lui ai écrite à mon arrivée ici, elle est bien honorable pour moi, il me dit qu'il n'oubliera jamais la bravoure que j'ai déployée en Syrie, que je suis le bienvenu. Voilà mon grand homme, ma chère maman, voilà celui pour lequel je saurai me dévouer. Il y a longtemps que, pour la première fois, il a allumé dans mon âme le désir de la gloire. Mériter son estime, ce sera toujours mon plus beau trophée. Plus j'ai vu cet homme-là et plus je l'ai trouvé fort. »

En écrivant cette lettre, Colbert se rendait-il compte que, dès cette époque, une des grandes forces de Bonaparte était de savoir s'attacher des hommes de sa valeur? La connaissance du cœur humain, la faculté de gagner les cœurs par une lettre, un mot, une attention, qualité précieuse pour un général, surtout lorsqu'il commande à des hommes aussi sensibles que les Français, était, comme on le voit, une des forces de Napoléon.

On pourrait ainsi multiplier les exemples des récompenses

morales de diverses sortes imaginées par l'Empereur. Nous terminerons notre énumération par ce dernier récit :

En 1807, au mois de juin, le 6ᵉ corps de Ney, attaqué sur l'Alle par des forces ennemies très supérieures, s'était habilement dérobé à leur étreinte par un mouvement de retraite de deux jours. A Deppen, Napoléon le rejoint avec des forces imposantes, mais le 6ᵉ corps était déjà à l'abri de tout danger. L'Empereur se rendit au bivouac de Ney et le félicita devant toute l'armée de sa belle conduite, puis il fit défiler devant le 6ᵉ corps, toutes les troupes de renfort, la Garde, le corps de Lannes, les divisions de cavalerie Lasalle, Grouchy et Nansouty. Quel plus bel hommage peut-on rendre à la vaillance ! Quel sentiment de fierté et de noble émulation n'éveille-t-on pas ainsi dans les imaginations et les cœurs !

De même qu'à la répartition des grands commandements, beaucoup de considérations particulières présidaient à la distribution des récompenses. Certains services étaient volontairement méconnus, parce que celui qui les avait rendus ne plaisait pas.

Cette partialité systématique apparaît tout particulièrement dans les bulletins. « L'Empereur composait ses bulletins avec la plus grande liberté, écoutant, avant tout, son besoin de tout effacer et d'établir son infaillibilité, puis cherchant le genre d'effet qu'il voulait produire sur les étrangers et le public français, enfin obéissant à ses vues sur ses lieutenants et à sa bienveillance ou à sa malveillance pour eux. La vérité ne venait que bien loin après tout cela (1). » Aussi rien n'égalait la surprise des généraux quand ils lisaient les bulletins qui leur revenaient de Paris et cependant ils réclamaient peu, car l'Empereur avait réussi à discipliner les vanités. Mais, s'ils se taisaient en face du Maître, ils ne manquaient pas de récriminer par derrière, contre les injustices dont ils souffraient. Le soir de Marengo, Kellermann se présentant à Bonaparte, qui était entouré d'un grand nombre d'officiers, fut reçu avec cette parole froide : « Vous avez fait une assez bonne charge », et pour accentuer l'effet produit, le premier Consul s'adressait en même temps à Bessières,

---

(1) *Mémoires de Mᵐᵉ de Rémusat*, t. II, p. 207.

commandant de la garde consulaire et lui disait : « Bessières, la Garde s'est couverte de gloire ». Dans la troisième édition du bulletin de Marengo, publiée en 1806, le nom de Kellermann ne fut pas même cité. Malgré sa charge décisive, Kellermann ne reçut après Marengo aucun grade. « Croirais-tu, mon ami, écrivait-il à Lasalle, que Bonaparte ne m'a pas fait général de division, moi qui viens de lui mettre la couronne sur la tête (1). »

Vandamme, qui pendant tout l'Empire, malgré ses éclatants services, attendit en vain le bâton de maréchal, était moins mesuré dans l'expression de sa colère. « C'est un lâche, un faussaire, un menteur, disait-il un jour devant une trentaine de généraux et d'officiers supérieurs, la plupart wurtembergeois ou étrangers, et sans moi, Vandamme, il garderait encore les cochons dans l'île de Corse (2). »

Beaucoup d'autres, aussi mécontents, mais plus prudents, ne disaient rien pour ne pas retarder l'époque où le majorat en Westphalie les ferait entrer dans la caste privilégiée (3). Ce régime du bon plaisir créait autour de Napoléon une atmosphère d'inquiétude, de servilité et de jalousie. Ce n'était pas pour lui déplaire. « *Divide ut imperes* » aurait pu être sa maxime aussi bien qu'à Louis XI et à Catherine de Médicis.

Même ceux de ses lieutenants qui étaient le plus avant dans son amitié, comme Lannes, étaient jaloux d'une faveur accordée au voisin. Lannes n'est pas cité au bulletin qui suivit la capitulation de Prentzlow, il se plaint amèrement de cet oubli, Napoléon le console par ces paroles caressantes :

« Vous et vos soldats, vous êtes des enfants ! Est-ce que vous croyez que je ne sais pas tout ce que vous avez fait pour seconder la cavalerie ? Il y a de la gloire pour tous ! Un autre jour ce sera votre tour de remplir de votre nom les bulletins de la Grande Armée. »

Complètement retourné par cette gronderie paternelle, Lannes s'empressait de répondre :

« J'ai fait lire hier la proclamation de Votre Majesté à la tête

---

(1) *Mémoires de Bourrienne*, t. IV, p. 146.
(2) *Mémoires de Mac-Donald*, Introduction, p. 47.
(3) *Souvenirs d'un officier de la Grande Armée*, par Elzéar Blaze, p. 123.

des troupes. Les derniers mots qu'elle contient ont vivement touché le cœur des soldats. Ils se sont tous mis à crier : « Vive « l'Empereur d'Occident. » Il m'est impossible de dire à Votre Majesté combien ces braves gens l'aiment et vraiment on n'a jamais été aussi amoureux de sa maîtresse qu'ils le sont de votre personne. Je prie Votre Majesté de me faire savoir si Elle veut qu'à l'avenir, j'adresse mes dépêches à l'Empereur d'Occident et je le demande au nom de mon corps d'armée. » Ces flatteries grossières plaisaient à l'Empereur car « il aimait la louange dans quelque bouche qu'elle fût et même on l'a vu plus d'une fois s'en montrer dupe : une admiration soutenue avait toujours du succès, même si elle était exprimée un peu niaisement (1). » Le fait suivant montre jusqu'à quel point pouvaient aller la servilité des généraux et la complaisance de Napoléon à recevoir les plus vulgaires hommages :

En 1806, au départ de Berlin pour la campagne de Pologne, une proclamation fut adressée à l'armée, elle promettait de nouveaux triomphes, elle déclarait tout l'amour de l'Empereur pour ses soldats. A cette occasion, le maréchal Brune, commandant l'armée de réserve à Boulogne, fit paraître cet ordre du jour qui fut publié dans le *Moniteur*, où tout s'imprimait par ordre :

« Soldats, vous lirez quinze jours de suite dans vos chambrées la proclamation sublime de Sa Majesté l'Empereur et roi à la Grande Armée. Vous l'apprendrez par cœur! Chacun de vous, attendri, répandra les larmes du courage et sera pénétré de cet enthousiasme irrésistible qu'inspire l'héroïsme (2). »

Tout le monde ou à peu près tout le monde prenait cette attitude de servilité car il y avait du risque à rester homme en sa présence, c'est-à-dire à conserver son indépendance de caractère et de pensée.

En résumé, l'armée impériale n'était actionnée que par la passion de plaire à un seul homme qui l'éblouissait de son prestige et de sa toute-puissance, qui distribuait à son gré la richesse et la gloire. L'impulsion ainsi donnée fut pendant un temps

---

(1) *Mémoires de M*^{me} *de Rémusat*, t. III, p. 201.
(2) *Ibid.*, t. III, p. 93.

irrésistible. Mais, du jour où le prestige et la puissance du Maître déclinèrent, le feu sacré des généraux s'éteignit, le moteur se ralentit et l'énorme machine qu'était l'armée se détraqua. C'est ainsi que tout système d'exploitation des hommes qui ne vise que des intérêts particuliers est voué fatalement à une ruine prochaine. Mais quel art de manier les hommes, de les actionner, de faire d'une armée la première du monde et aussi quel dommage que cet art n'eût pas été mis au service d'un noble idéal de justice ! Mais alors Bonaparte ne serait pas devenu Napoléon et l'histoire de l'Europe serait toute différente.

Malgré le point de vue personnel où il se plaçait pour distribuer à sa fantaisie la gloire, les honneurs, les grades et même les grands commandements, Napoléon avait une opinion arrêtée sur la valeur intrinsèque de ses maréchaux, il établissait certainement entre eux des différences, une gradation sous le rapport de l'intelligence, du caractère, de l'aptitude au commandement en chef. Cette opinion intime, il ne l'a jamais exprimée nettement. Il ne voulait créer aucune importance autour de lui. Desaix est le seul homme dont il ait parlé avec une sorte d'enthousiasme pendant toute sa vie, mais Desaix était mort à Marengo, le 14 juin 1800 (1). Même à Sainte-Hélène, où il n'a plus rien à espérer des grandeurs humaines, il parle à la postérité, uniquement dans l'intérêt de sa gloire et de sa dynastie.

« Je crois pouvoir affirmer, écrit madame de Rémusat (2), que l'Empereur n'aimait aucun de ses maréchaux. Il disait assez volontiers du mal d'eux et quelquefois du mal assez grave. Il les accusait tous d'une grande avidité, qu'il entretenait à dessein par des largesses infinies. Un jour il les passa en revue devant moi, il prononça contre Davout cet espèce d'arrêt : « Davout est un homme à qui je puis donner de la gloire, il ne « saura jamais la porter. » En parlant du maréchal Ney : « Il y a, « disait-il, en lui une disposition ingrate et factieuse. Si je devais « mourir de la main d'un maréchal, il y a à parier que ce serait « de la sienne. » Il m'est resté de ce discours que Moncey, Brune, Bessières, Victor, Oudinot, ne lui apparaissaient que comme

---

(1) *Mémoires de Mme de Rémusat*, t. II, p. 207, renvoi 1.
(2) *Ibid.*, t. II, p. 370.

des hommes médiocres destinés pour toute leur vie à n'être que des soldats titrés; Masséna, un homme un peu usé, dont on voyait qu'il avait été jaloux. Soult l'inquiétait quelquefois : habile, rude, orgueilleux, il négociait avec le Maître et disputait ses conditions. L'Empereur imposait à Augereau, qui avait plus de rusticité que de vraie fermeté dans les manières. Il connaissait et blessait assez impunément les prétentions vaniteuses de Marmont, ainsi que la mauvaise humeur habituelle de Mac-Donald.

« Lannes avait été son camarade, quelquefois ce maréchal voulait s'en souvenir, on le rappelait à l'ordre avec ménagement. Bernadotte montrait plus d'esprit que les autres, il se plaignait sans cesse et, à la vérité, il était souvent maltraité (1). »

Ces appréciations intéressantes ne nous donnent qu'une notion incomplète de la valeur militaire que Napoléon attribuait dans sa pensée aux maréchaux. La plupart d'entre eux n'étaient, à proprement parler, que des hommes d'action immédiate, des hommes de main, des soldats de bataille; à la tête de cette phalange glorieuse marchaient Ney, le brave des braves, Murat dont Napoléon disait qu'il était une bête et en même temps un héros. Lannes était un excellent commandant de corps d'armée : « Il était sage, prudent, audacieux, devant l'ennemi d'un sang-froid imperturbable. Napoléon, qui avait vu les progrès de son entendement, en marquait souvent sa surprise. Il était supérieur à tous les généraux de l'armée française sur le champ de bataille pour manœuvrer 25.000 hommes d'infanterie. Il était encore jeune et se fût perfectionné; peut-être même fût-il devenu habile pour la grande tactique qu'il n'entendait pas encore (2). »

Lannes n'était donc pas encore le général en chef complet dont Napoléon nous a tracé le portrait suivant :

« La fermeté, qui est du reste un don du ciel, est la qualité essentielle d'un général (3). Mais, pour qu'un général soit complet,

---

(1) Parlant du courage et du courage physique, l'Empereur disait, au sujet du courage physique, qu'il était impossible à Murat et à Ney de n'être pas braves, mais qu'on n'avait pas moins de tête qu'eux et que le premier surtout (*Mémorial*).

(2) *Commentaires de Napoléon*, 10ᵉ note sur l'art de la guerre, t. IV, p. 112.

(3) GOURGAUD, *Journal de Sainte-Hélène*, t. II, p. 126.

il faut l'équilibre parfait entre la clairvoyance et le caractère ou courage moral. C'est ce que Napoléon appelle « être carré « autant de base que de hauteur (1) ». Si le courage est de beaucoup supérieur, le général entreprend vicieusement au delà de ses conceptions et, au contraire, il n'ose pas les accomplir, si son caractère ou son courage demeure au-dessous de son esprit. L'esprit, ajoutait-il, en prenant comme terme de comparaison un navire à voiles, l'esprit ce sont les voiles, le caractère est le tirant d'eau; si celui-ci est considérable et que la mâture soit faible, le vaisseau fait peu de chemin, mais il résiste aux coups de mer; si, au contraire, la voilure est forte et élevée et le tirant d'eau faible, le vaisseau peut naviguer dans le beau temps, mais à la première tempête, il est submergé. Il faut pour bien naviguer que le tirant d'eau et la voilure se trouvent dans une exacte proportion (2).

Le genre de courage moral qu'il appréciait le plus était celui qu'il appelait le courage de deux heures après minuit, c'est-à-dire le courage de l'improviste qui, en dépit des événements les plus soudains, laisse néanmoins la même liberté d'esprit, de jugement et de décision (3), et à ce sujet Napoléon disait qu'il avait constaté qu'il possédait plus que tout autre cette espèce de courage et qu'il avait rencontré peu d'hommes l'ayant approché sur ce point. Il proclamait que la faculté de conserver son sang-froid au milieu des événements les plus graves est indispensable à l'homme appelé au commandement des armées et il s'exprimait sur ce point en ces termes :

« La première qualité d'un général en chef est d'avoir une tête froide, qui reçoive des impressions justes des objets, qui ne s'échauffe jamais, ne se laisse pas éblouir, enivrer par les bonnes ou les mauvaises nouvelles, que les sensations successives ou simultanées qu'il reçoit dans le cours d'une journée s'y classent et n'occupent que la place juste qu'elles méritent d'occuper; car le bon sens, la raison sont le résultat de la comparaison de plusieurs sensations prises en égale considération. Il est des

---

(1) *Mémorial de Sainte-Hélène*, t. II, p. 13.
(2) Gouvion-Saint-Cyr, *Mémoires*, t. III, p. 49.
(3) *Mémoires de Sainte-Hélène*, t. II, p. 17.

hommes qui, par leur constitution physique et morale, se font de toute chose un tableau : quelque savoir, quelque esprit, quelque courage et quelques bonnes qualités qu'ils aient d'ailleurs, la nature ne les a point appelés au commandement des armées et à la direction des grandes opérations de la guerre (1). »

Pour nous, Français, ce sont ces qualités de courage moral et de sang-froid qui doivent avant tout être recherchées chez les généraux, car « en France on ne manquera jamais de gens d'esprit ni de faiseurs de plan, mais on n'aura jamais assez de gens de grand caractère et de vigueur, enfin d'hommes qui ont le feu sacré (2). »

« Les hommes qui ont peu de caractère et beaucoup d'esprit sont les moins propres à la guerre : c'est un navire qui a une mâture disproportionnée à son lest; il vaut mieux beaucoup de caractère et peu d'esprit. Les hommes qui ont médiocrement d'esprit et un caractère proportionné réussiront souvent dans ce métier (3). Napoléon citait le prince Eugène de Beauharnais chez lequel cet équilibre, entre le caractère et l'esprit, était le seul mérite et suffisait néanmoins pour en faire un homme très distingué (4). Il ajoutait qu'on se faisait une idée peu juste de la force d'âme nécessaire pour livrer, avec une pleine méditation de ses conséquences, une de ces grandes batailles d'où vont dépendre le sort d'une armée, d'un pays, la possession d'un trône. Aussi observait-il qu'on trouvait rarement des généraux empressés à donner bataille. « Ils prenaient bien leur position, s'établissaient, méditaient leurs combinaisons, mais là commençaient leurs indécisions, et rien de plus difficile et pourtant de plus précieux que de savoir se décider (4). »

Le général qui a beaucoup d'esprit et du caractère au même degré c'est, César, Annibal, Turenne, le prince Eugène (de Savoie) et Frédéric (3). A son avis, le maréchal de Saxe et Wellington avaient plus de caractère que d'esprit. De tous les généraux de la Révolution, il ne connaissait que Desaix et Hoche qui

---

(1) *Commentaires de Napoléon I*ᵉʳ, t. VI, p. 353.
(2) Gourgaud, *Journal de Sainte-Hélène*, t. I, p. 200.
(3) *Mémoires dictés au général Bertrand.*
(4) *Mémorial.*

eussent pu aller loin (1). Desaix possédait à un degré très supérieur cet équilibre précieux défini plus haut. Kléber était doué du plus grand talent, mais il n'était que l'homme du moment; il cherchait la gloire comme la seule route aux jouissances, d'ailleurs nullement national, il eût pu sans effort servir l'étranger, il avait commencé dans sa jeunesse sous les Prussiens, dont il demeurait fort engoué!

Moreau était peu de chose dans la première ligne des généraux... la nature en lui n'avait pas fini sa création, il avait plus d'instinct que de génie.

Chez Lannes, le courage l'emportait d'abord sur l'esprit, mais chez lui l'esprit montait chaque jour pour se mettre en équilibre. Il était devenu très supérieur quand il a péri : « Je l'avais pris pygmée, je l'ai perdu géant. »

Chez tel autre qu'il nommait dans la même conversation à Sainte-Hélène, l'esprit au contraire surpassait le caractère : on ne pouvait lui refuser de la bravoure assurément, mais enfin il calculait le boulet ainsi que beaucoup d'autres.

Parlant d'ardeur et de courage, l'Empereur disait :

« Il n'est aucun de mes généraux dont je ne connaisse ce que j'appelle son tirant d'eau. Les uns, disait-il en s'accompagnant du geste, en prennent jusqu'à la ceinture, d'autres jusqu'au menton, enfin d'autres jusque par-dessus la tête et le nombre de ceux-ci est bien petit, je vous assure. »

Suchet était « quelqu'un chez qui le caractère et l'esprit s'étaient accrus à surprendre ».

Masséna avait été un homme très supérieur qui, par un privilège très particulier, ne possédait l'équilibre tant désiré qu'au milieu du feu, il lui naissait au milieu du danger. Son caractère distinctif était l'opiniâtreté, il n'était jamais découragé (2), il faisait assez mal les dispositions d'une attaque, sa conversation était peu intéressante, mais au premier coup de canon, au milieu des boulets et des dangers, sa pensée *acquérait* de la force et de la clarté (3).

---

(1) GOURGAUD, *Journal de Sainte-Hélène*, p. 62.
(2) *Commentaires de Napoléon*, t. I, p. 178.
(3) *Mémorial.*

Dans Soult, les talents du général n'étaient pas précisément la partie la plus forte; il était bien plus encore un excellent ordonnateur, un bon ministre de la guerre... Cependant toute sa campagne du Midi de la France est très belle.

Ce qu'on aura de la peine à croire, c'est que cet homme dont la tenue et l'attitude indiquaient un grand caractère, était esclave dans son ménage (1)... C'était un grand ambitieux mené par sa femme.

Pour compléter cette galerie des maréchaux qui paraissent avoir été les plus aptes au commandement en chef, nous avons encore à donner l'opinion de l'Empereur sur deux chefs aux qualités froides et sévères et qui furent certainement au nombre des plus habiles lieutenants de Napoléon, les maréchaux Davout et Gouvion-Saint-Cyr.

Napoléon était un homme du Midi et, en cette qualité, il aimait surtout « ces Gascons le nez au vent qui ne doutent de rien (2) ». Nous nous étonnons quelquefois, écrit le général Bertrand, de voir l'Empereur préférer tel officier à tel autre, qui avait à plusieurs égards des qualités supérieures, mais l'Empereur avait de l'entraînement pour les hommes hasardeux (2). Davout était froid, méthodique, circonspect, méticuleux; tout en étant animé de l'esprit d'offensive à outrance, qui caractérise toutes ses actions de guerre, il ne laissait rien au hasard. Son caractère soupçonneux, dur, sans pitié, n'était pas fait pour lui concilier les sympathies; « homme de police et de vigueur », disait de lui Napoléon. A l'époque de la campagne d'Égypte, il lui avait dénié les qualités de l'esprit; l'état-major répétait le mot qu'on prêtait au général en chef : « Davout est une foutue bête », et, si on se rappelle cette autre parole de Napoléon : « Davout est un homme à qui je peux donner de la gloire, il n'est pas capable de la porter », on peut croire que cette impression première ne s'effaça jamais complètement. Pourtant les brillantes actions de guerre de Davout forcèrent l'estime de l'Empereur. Auerstædt fut une révélation, et le bulletin du 15 octobre 1806 dut reconnaître au maréchal « une bravoure distinguée et une grande

---

(1) *Mémorial.*
(2) Le général Bertrand, *Campagne d'Égypte et de Syrie*, Avant-propos, p. 38.

fermeté de caractère, première qualité d'un homme de guerre ».
La belle manœuvre de Ratisbonne, ses services à Eylau, à Wagram, ne purent que grandir Davout dans l'esprit de l'Empereur; aussi en 1812, en prévision de la guerre avec la Russie, parle-t-il de lui donner le commandement d'une armée d'avant-garde de 200.000 hommes; il lui demande un rapport sur l'organisation de cette armée, lui expose son projet d'opérations et ajoute en une marque de suprême confiance en ses talents militaires : « Raisonnez sur vos cartes dans toutes ces suppositions et faites-moi vos objections (1). » Pourtant, au cours de la campagne, le zèle de Davout qui « voulait, disait-on, avoir tout prévu, tout ordonné, tout exécuté (2) », indisposait encore l'Empereur; « cette impression fâcheuse s'approfondit, elle éloigna de sa confiance un guerrier hardi, tenace et sage et favorisa son penchant pour Murat dont la témérité flattait bien mieux ses espérances (3). Néanmoins, en fin de compte, Napoléon reconnaissait au prince d'Eckmuhl « une âme forte et bien trempée », et le proclamait à Sainte-Hélène « l'une des gloires les plus pures de la France ».

A la fermeté de caractère que dénote l'ensemble de sa carrière, le maréchal Gouvion-Saint-Cyr joignait une grande intelligence. Marbot, qui servit sous ses ordres en 1812, en parle dans ces termes : « Il était un des militaires les plus capables de l'Europe. Je n'ai jamais connu personne qui dirigeât mieux ses troupes sur un champ de bataille. Il était impossible de voir un homme plus calme. Il était de glace devant tous les événements. On conçoit quel avantage un tel caractère, secondé par le goût pour l'étude et la méditation, donnait à cet officier général (4). » Voilà bien, semble-t-il, l'homme qui réunit à un haut degré les qualités d'esprit et de caractère du général en chef, et pourtant il fut toujours mis au second plan par Napoléon. Il y eut surtout à cela des raisons politiques. Gouvion-Saint-Cyr apportait la même fermeté de caractère dans ses opinions politiques que dans ses actions de guerre. Il désap-

(1) *Correspondance de Napoléon*, lettre 17621.
(2) Ségur, *Histoire de Napoléon et de la Grande Armée*, p. 127.
(3) Ségur, *Histoire de Napoléon et de la Grande Armée*, p. 127.
(4) Marbot, *Mémoires*, t. III, p. 177.

prouva hautement le 18 brumaire; à la proclamation de l'Empire, il s'abstint d'envoyer son adhésion au nouvel état de choses; Napoléon ne lui pardonna jamais complètement cette indépendance d'esprit et ce courage moral. A cette raison essentielle, s'ajoutait l'antipathie de deux tempéraments opposés, d'un côté l'audace, la fougue, la rapidité de l'éclair, les actions brillantes, les paroles enflammées, de l'autre la prudence, la méthode, les combinaisons sagement réfléchies, l'horreur de toute mise en scène. Aussi, la guerre napoléonienne faite de violence et d'audace, les entrées en campagne foudroyantes, les grands coups de tonnerre qui abattaient en une fois la puissance militaire d'un pays, n'étaient-ils pas dans la manière de Gouvion-Saint-Cyr. « La modération, dit le baron Gay de Vernon, son historien, était tellement son guide en toutes choses, qu'il semblait éviter l'excès du bien, préférant les bonnes, les solides actions aux actions trop brillantes, qui frappent comme la foudre et s'éteignent comme elle et plaçant, peut-être, fort au-dessus de la gloire de vaincre à outrance le mérite plus sûr de n'être jamais vaincu (1). » Saint-Cyr lui-même a écrit « qu'il ne conseillait à personne d'adopter la manière dont Napoléon faisait la guerre. J'ai toujours pensé, ajoutait-il, que si elle lui donnait souvent bien de l'avantage, c'était l'effet de son caractère plus que cette manière elle-même, laquelle m'a paru, dans tous les temps, même dans celui de ses plus brillantes victoires, trop hasardeuse pour être suivie par des généraux d'une trempe moins extraordinaire (2) ». Une semblable doctrine ne pouvait attirer sur Saint-Cyr la confiance de l'Empereur. Cependant Daru a raconté qu'en 1813, après la capitulation de Saint-Cyr à Dresde, Napoléon aurait exprimé cette appréciation élogieuse :

« Ce n'est pas pour m'ôter 20.000 à 25.000 soldats que les alliés violent à notre égard le droit des gens, c'est pour retenir Saint-Cyr prisonnier. Il est le premier de nous tous pour la guerre défensive » et, après un moment de silence, il ajouta : « Mais, je lui suis supérieur pour l'attaque (3). »

---

(1) *Vie du maréchal Gouvion-Saint-Cyr*, par le baron GAY DE VERNON.
(2) GOUVION-SAINT-CYR, *Mémoires*, t. IV, p. 225.
(3) *Vie du maréchal Gouvion-Saint-Cyr*, par le baron GAY DE VERNON, p. 380.

Mais à cette époque où le malheur frappait à la porte, Napoléon était tout miel pour ses généraux. A Sainte-Hélène, c'est un autre son de cloche. Il reprochait à Saint-Cyr « de ne pas aller au feu, de ne rien visiter, de laisser battre ses camarades ». « Mon tort est d'avoir employé Saint-Cyr... C'est le comte Lobau qui est cause que je l'ai pris. Il m'en parlait toujours... Il était aimé de ceux qui servaient sous lui, parce qu'il se battait rarement et ménageait son monde. » Gouvion-Saint-Cyr nous apparaît comme un habile stratège auquel manquait au moins le feu sacré, l'étincelle divine pour être un grand homme de guerre approchant de Napoléon.

Un jour, à Sainte-Hélène, son médecin O'Méara demandait à l'Empereur quel était le plus habile général français, Napoléon lui fit cette réponse que nous donnons comme conclusion à notre trop bref examen :

« Cela est difficile à dire, mais il me semble que c'est Suchet ; auparavant c'était Masséna, mais on peut le considérer comme mort. Suchet, Clausel et Gérard, sont à mon avis les meilleurs généraux français. »

CHAPITRE VIII

LES SANCTIONS (*suite*)

―

Napoléon et le soldat

Napoléon excitateur d'énergies. — Ses moyens d'action sur le soldat : Avancement dans les grades, distinctions honorifiques, la hiérarchie des troupes. Retraites des anciens soldats. — Ses moyens moraux : Prestige, familiarité avec le soldat, les mots d'orgueil, les allocutions, les proclamations; la sollicitude de Napoléon pour le soldat. — Sanctions répressives : Indulgence de l'Empereur, appel à l'amour-propre pour la répression des fautes. — Conclusion.

Les grandes victoires napoléoniennes ne doivent pas être attribuées exclusivement aux combinaisons stratégiques et tactiques de l'Empereur, elles sont aussi dues pour une bonne part, pour la moitié (1), disait Napoléon, à la valeur des soldats. Qu'auraient donné les plus belles idées de manœuvre sans ce feu sacré et cette endurance qui faisaient courir le soldat au combat, malgré les fatigues des bivouacs et des marches forcées, qui lui faisaient affronter vingt fois la mort à l'assaut des positions. Mais le soldat, celui d'Italie et d'Égypte, aussi bien que le grognard légendaire de l'Empire, n'était-il pas encore — en partie au moins — une création du génie du chef? Il était formé il est vrai, de cette bonne et fine pâte humaine qu'est la race française, mais il fallait aussi le génie de l'artiste pour façonner avec cette matière de choix le fier soldat que l'on connaît.

En dépeignant Skobelev, le vicomte Melchior de **Vogüé** a dit en termes éloquents que « cet homme singulier était avant tout un magnétiseur de foules, un enjôleur d'espérances. Dans toutes les affaires où il commanda, on chercherait vainement

---

(1) Gourgaud, *Journal de Sainte-Hélène*, t. II, p. 485.

un de ces mouvements stratégiques qui restent classiques dans les écoles de guerre; mais il avait le don mystérieux, tout en lui communiquait la folie martiale au soldat. Sa présence, écrivait un des combattants de Géok-Tépé, provoquait en nous une excitation particulière de tout le système nerveux ». Avec le génie des combinaisons en plus, le petit Caporal possédait, comme Skobelev, le pouvoir d'animer et d'enlever le soldat, le fluide qui se communique du chef au troupier, ce pouvoir magnétique sans lequel tout grand général est incomplet; il était au plus haut point un excitateur d'énergies.

Le soldat impérial nous apparaît avec une physionomie caractéristique, libre d'allure et de propos, fougueux dans l'action, dédaigneux du danger, toutes qualités de race; mais il eut aussi cette vertu qu'on se plaît souvent à refuser aux Français, la persévérance dans l'effort. Que de souffrances, vaillamment supportées, représentent ces éclatantes victoires, dont nous ne voyons plus que la splendeur ! Comment l'Empereur parvint-il à tirer de son armée cet extraordinaire rendement ? C'est ce que nous allons tâcher de faire ressortir.

« En même temps que l'Empereur savait tenir d'une main ferme les prétentions de ses généraux, il n'épargnait rien pour encourager et satisfaire le soldat (1). » A cet effet, il usa de tous les moyens matériels et moraux dont disposait sa toute-puissance : avancement dans les grades, distinctions honorifiques, avantages matériels de diverses sortes, exploitation habile de tous les sentiments qui poussent les hommes à l'action, orgueil, vanité, émulation, sentiment de l'honneur militaire, emploi raisonné de cette influence personnelle qui confère à certains hommes le don de subjuguer les armées et les foules.

Un de ses principaux moyens d'action fut d'entretenir chez ses soldats l'espoir d'accéder, par leurs seuls services, aux échelons les plus élevés de la hiérarchie. Chaque soldat, disait-on, portait dans son sac son bâton de maréchal ! Pure illusion sans doute, mais cette illusion suffisait à exciter les énergies, à provoquer l'émulation, source des grands efforts. « L'exemple de Bernadotte tournait toutes les têtes, écrit Elzéar Blaze; tel

---

(1) *Mémoires de Mme de Rémusat*, t. II, p. 110.

maréchal va passer roi, tel grenadier va passer caporal, c'étaient des manières de s'exprimer fort naturelles, nous pensions tous avoir un sceptre dans le fourreau de notre épée. Un soldat était devenu roi, chacun pensait qu'il le deviendrait aussi ! » Napoléon avait soin de nourrir cette illusion, de donner une réalité à cet appât en nommant de temps à autre au grade d'officier de vieux sous-officiers dénués de toute instruction. Tout en disant que l'armée la mieux commandée serait celle où chaque officier saurait agir par lui-même suivant les circonstances, il voulait que « la multitude des ignorants et des incapables fût représentée dans les cadres (1). »

Il cherchait à apparaître comme un dieu tutélaire qui, par sa seule volonté, transformait en réalité les espoirs illimités.

Pour mieux frapper les imaginations naïves, il aimait à distribuer lui-même sur le front des troupes grades et récompenses. « Souvent, en passant la revue d'un corps d'armée ou même sur le champ de bataille, l'Empereur s'arrêtait devant le front d'un régiment et, appelant autour de lui les officiers, il les interpellait par leurs noms. Il les invitait à lui désigner ceux d'entre eux qu'ils reconnaissaient comme étant les plus dignes d'obtenir ou de l'avancement ou une décoration; il passait ensuite au soldat. Ces témoignages rendus par des pairs unissaient les corps par les liens de l'estime et de la confiance et ces promotions décernées par les troupes elles-mêmes en rehaussaient le prix à leurs yeux. A l'une de ces distributions de récompenses militaires qui ressemblaient à des scènes de famille, un sous-officier fut désigné à l'Empereur comme le plus brave et le meilleur. Le colonel, en convenant qu'il réunissait les qualités nécessaires pour faire un bon officier, ajoutait qu'en lui rendant cette justice, il regrettait de ne pouvoir le proposer à cause d'un grave empêchement. « Lequel », demanda Napoléon vivement. — Sire, il ne sait ni lire ni écrire. — Je le nomme officier. Colonel, vous le ferez reconnaître en cette qualité (2). »

Il se plaisait ainsi parfois pour se rendre populaire, à soutenir contre les colonels les droits à l'avancement des vieux soldats.

---

(1) *Études sur l'armée révolutionnaire*, par Pierre CANTAL, p. 44.
(2) MÉNEVAL, *Mémoires*, t. II, p. 206.

« Quelques jours avant Leipzig, raconte Saint-Chamans, l'Empereur nomma à tous les emplois vacants dans mon corps, et il y en avait beaucoup.

« Après lui avoir présenté les officiers que je lui proposais pour les grades de colonel, de chef d'escadrons, de capitaine, de lieutenant, je lui présentai quelques jeunes gens pour en faire des sous-lieutenants : « Ce n'est pas cela que je veux, me dit-il « avec quelque vivacité, c'est trop jeune; donnez-moi de bons « terroristes. » Je ne comprenais pas et ouvrais de grands yeux. « Oui, ajoute-t-il, de nos braves de 93. » Je fis alors avancer quelques vieux maréchaux des logis aussi bêtes et incapables qu'ils étaient anciens. Il en fut charmé et les agréa aussitôt, sans les questionner. »

Cette prédilection du moment pour les terroristes n'était qu'une apparence, qu'un geste à effet, qu'une attitude démocratique destinée à faire croire aux vieux soldats que, « si le Tondu faisait tuer les gens, il savait aussi les récompenser ». Dans son for intérieur, loin d'aimer les jacobins, Napoléon, empereur, était plutôt porté, par naturelle tendance, à favoriser les aristocrates. Il posait en principe que, « dans un gouvernement fortement établi, on doit donner tout au plus le quart ou le cinquième des places d'officiers à des hommes sortis du rang ». Aussi dans la période où sa puissance est la mieux assise, il prodigue les avancements de faveur aux fils des généraux, des hauts fonctionnaires, des nobles ralliés, à tous ceux qui par quelques attaches tiennent à la Cour : le jeune Grouchy, après quelques mois de sous-lieutenant, est promu lieutenant, le frère de madame Walewska, mauvais sujet, est nommé colonel, de lieutenant qu'il était; le beau-frère de l'Empereur, le prince Borghèse, malgré l'infériorité notoire de sa valeur militaire, gagne rapidement les étoiles de général; en 1806, les gendarmes d'ordonnance qui, dans toute la guerre, n'ont eu qu'un seul combat avec des pertes infimes, reçoivent l'épaulette pour les deux tiers.

On trouve le fond de sa pensée dans cette réponse à son aide de camp Mouton qui, chargé de la préparation d'un travail d'avancement, s'étonnait, avec son habituelle franchise, de la promotion de Raoul de Montmorency, presque constamment malade : « On ne gouverne pas un empire, Monsieur Mouton, comme on conduit un régiment (1). »

De ce qu'il y eut assez souvent des choix injustifiés, il ne faudrait pas conclure pourtant que tout le système d'avancement fut basé sur des considérations politiques, dynastiques ou personnelles; il ne faut voir là que la part de faveurs que comporte nécessairement l'établissement d'un régime nouveau. Mais, cette part du feu étant faite, l'Empereur, on doit le reconnaître, s'appliquait à doter son armée d'un solide cadre d'officiers. On devait rester un temps déterminé dans chaque grade, avant d'être proposé pour le grade supérieur. C'était, en 1805, capitaine cinq ans, lieutenant quatre ans, sous-lieutenant quatre ans. Aucun sergent ou maréchal des logis ne pouvait être présenté pour sous-lieutenant s'il n'avait six ans de service et quatre ans de grade, à moins de sortir de l'École militaire de Fontainebleau ou du prytanée de Saint-Cyr...

Quand un officier était proposé pour les grades de major ou de colonel, il ne recevait son brevet qu'après avoir été présenté à l'Empereur et avoir commandé les manœuvres à la parade. « Comme l'Empereur connaissait personnellement tous les officiers, ses choix étaient faits avec discernement. A l'armée et au passage des corps par Paris, il passait de fréquentes revues qui n'étaient pas de stériles parades.

« Il interrogeait les officiers qui étaient nouveaux pour lui et les invitait à commander les manœuvres sous ses yeux. Celles qui sortaient de la routine ordinaire embarrassaient quelquefois les officiers qui n'avaient pas fait de leur métier une étude suffisamment approfondie. Napoléon imposait aux officiers dont il n'était pas entièrement satisfait, l'obligation d'étudier ces manœuvres en les mettant sous la surveillance des colonels et des généraux commandants. Il ne négligeait pas les occasions de s'assurer par lui-même s'ils avaient profité de ce complément d'instruction militaire (2). »

C'est ainsi qu'en 1805, il écrivait à Berthier (3) : « Vous mettrez

---

(1) Castellane, *Mémoires*, p. 81.
(2) Méneval, *Mémoires*, t. II, p. 312.
(3) Correspondance 8023.

à l'ordre que l'Empereur ayant fait manœuvrer le 58ᵉ à Cologne, a été content de la tenue des officiers et des soldats, mais a vu avec peine que le major n'avait aucune connaissance de ses manœuvres, qu'en conséquence il a ordonné qu'il serait suspendu pendant trois mois et envoyé pendant ce temps à un camp pour s'instruire, et qu'il ne sera réintégré qu'en justifiant de connaître les manœuvres dans le plus grand détail. »

L'instruction militaire des officiers ne consistait que dans la pratique du métier, la plupart de ces vieux braves devenus officiers manquaient de toute culture. Elzéar Blaze nous en présente la caricature dans cet officier, instructeur à l'École de Fontainebleau, qui regardait l'école de peloton comme le meilleur livre pour former la jeunesse et confisquait les tables de logarithmes comme étant des romans imprimés en chiffres (1).

En campagne, l'avancement n'était donné, en principe, qu'à ceux qui se battaient, à ceux surtout qui se battaient sous les yeux de l'Empereur. Avec lui les absents avaient toujours tort. « L'Empereur, écrit Castellane, refusait toujours l'avancement des officiers absents, même blessés, il voulait encourager par cette méthode la présence sous les drapeaux. »

Dans les armées d'Espagne qui sont loin de lui, on n'obtient plus comme avancement que celui qu'il est impossible de refuser, il n'est pas rare d'y voir des capitaines qui ont quinze ans de grade; cela tient, dit-on, à ce que l'Empereur craint de donner aux yeux de la France et de l'Europe, trop d'importance à cette guerre! Heureux surtout sont ceux qui, dans la bataille, attirent sur eux les regards de l'Empereur! A cette époque, comme dans tous les temps, l'avancement était dû, en grande partie, à la chance.

Les distinctions honorifiques étaient distribuées comme l'avancement. Ce furent d'abord, sous le Consulat, les armes d'honneur qu'il institua le 25 décembre 1799; fusils, haches, baguettes, trompettes d'honneur, portent le nom des militaires auxquels ils sont accordés et le nom de l'action où ils les ont gagnés. Des sabres d'honneur aussi sont donnés, aux officiers et aux soldats qui se sont distingués par des actions d'une valeur

---

(1) Elzéar BLAZE, *Souvenirs d'un officier de la Grande Armée*, p. 14.

extraordinaire ou qui ont rendu des services extrêmement importants. Ces récompenses ne sont pas uniquement honorifiques, elles comportent une haute paie. Leur nombre est limité, il n'y a que deux cents sabres d'honneur pour toute l'armée.

A l'occasion de la distribution de ces armes d'honneur, le premier Consul se plaisait à donner aux plus humbles récipiendaires des marques particulières de son estime, il les traitait en camarades de combat, la manière de donner double le prix de la récompense. « Lorsque le premier Consul, écrit Constant, faisait quelque distribution d'armes d'honneur, il y avait aux Tuileries un banquet auquel étaient admis indistinctement, quels que fussent leurs grades, tous ceux qui avaient eu part à ces récompenses. A ces dîners, il y avait quelquefois deux cents convives. C'était le général Duroc qui était le maître des cérémonies et le premier Consul avait soin de lui recommander d'entremêler les simples soldats, les colonels, les généraux, etc. C'était surtout les premiers qu'il ordonnait aux domestiques de bien faire boire et manger. Ce sont les repas les plus longs que j'ai vu faire à l'Empereur, il y était d'une amabilité, d'un laisser aller parfaits... Il leur faisait raconter le haut fait qui leur valait la récompense nationale et riait quelquefois aux éclats de leurs singulières narrations. Il les engageait à bien manger, buvant quelquefois à leur santé. Mais pour quelques-uns, ses encouragements échouaient contre leur timidité et les valets de pied leur enlevaient successivement leurs assiettes sans qu'ils y eussent touché. Cette contrainte ne les empêchait pas d'être pleins de joie et d'enthousiasme en quittant la table. Au revoir, mes braves, leur disait le premier Consul, baptisez-moi bien vite ces nouveau-nés-là (1). »

Le 14 mai 1802, les armes d'honneur, distinctions exclusivement militaires, furent remplacées par l'institution de la Légion d'honneur, destinée à récompenser aussi bien les vertus civiques que les services militaires. Ce double caractère donné à l'ordre de la Légion d'honneur avait pour objet d'éveiller une noble émulation entre tous ceux qui honoraient, illustraient le pays, contribuaient à sa prospérité et à sa gloire. « Les soldats ne

---

(1) *Mémoires de Constant*, t. I, p. 160.

sachant ni lire ni écrire étaient fiers, pour prix d'avoir versé leur sang pour la patrie, de porter la même décoration que les grands talents de l'ordre civil et par contre ceux-ci attachaient d'autant plus de prix à cette récompense de leurs travaux qu'elle était la décoration des braves (1). » En fait, les croix de la Légion d'honneur, prodiguées aux militaires, ne furent données que parcimonieusement en dehors de l'armée. En 1814, sur 48.000 nominations dans la Légion, faites depuis sa création, 1.200 seulement le furent à titre civil. Les sous-officiers, les simples soldats, avaient leur part de ces croix, qui faisaient tant d'envieux, qui excitaient tant de jalousies. « A la suite de chaque combat, de chaque victoire, les régiments en reçoivent et de la main de l'Empereur, ce qui en augmente le prix. Après Wertingen, il se fait présenter un dragon par régiment et il le décore. Après Elchingen, il demande les deux braves du 10e chasseurs qui ont pris des drapeaux : « Qu'est-ce que tu es? dit-il au premier. — Brigadier, sire. — Voici la croix. — Et toi? demande-t-il au second. — Sire, cordonnier. — Qu'on lui donne dix louis. » Voilà le ton et la manière.

Pour exciter davantage encore le sentiment d'émulation dans l'armée, l'Empereur créa une sorte de hiérarchie dans les troupes. Il y avait, à l'intérieur des corps, les compagnies du centre et les compagnies d'élite. Dans le bataillon, les deux compagnies d'élite sont elles-mêmes différenciées, à côté des voltigeurs qui sont les pygmées, on voyait les géants, grenadiers. « S'il eût eu dans son armée, des hommes de diverses couleurs, il eût composé des compagnies de noirs et de blancs; dans un pays où il y aurait des cyclopes et des bossus, on tirerait un bon parti de compagnies composées de cyclopes et d'autres de bossus (2). » Dans ces paroles de l'Empereur à Sainte-Hélène, apparaît nettement tout l'esprit du système, si différent de la tendance des armées modernes à tout uniformiser.

Au-dessus des compagnies d'élite on distinguait les Gardes. La jeune Garde a une haute paie, elle jouit en partie du prestige magique de son aînée, la vieille Garde, dont les soldats,

---

(1) *Commentaires de Napoléon*, t. III, p. 153.
(2) *Le Soldat impérial*, par Jean MORVAN, t. II, p. 474.

qu'on surnomme « les Immortels » parce qu'ils sont rarement engagés, sont mieux payés, mieux nourris, mieux vêtus que la plèbe militaire. Tous les régiments jalousent cette phalange sacrée qui, outre ses avantages matériels et sa prestigieuse renommée, a l'honneur de veiller chaque jour à la sécurité du grand homme, et d'être son recours suprême dans les batailles.

Quoique plus particulièrement bienveillant aux hommes qui le servaient au moment même, Napoléon s'intéressait aussi au sort de ses anciens soldats. Suivant qu'ils étaient encore plus ou moins aptes au travail, ils pouvaient, avec des protections et de la chance, obtenir soit une place à l'hôtel des Invalides, soit un emploi modeste dans quelque administration, forêts, postes, tabacs ou contributions, soit une petite pension ou quelques arpents de terre dans les pays conquis, ils pouvaient aussi être admis dans une compagnie de vétérans tenant garnison dans une place forte. Mais rien n'était plus aléatoire que l'obtention de ces récompenses, dont le nombre limité ne pouvait suffire à toutes les candidatures. Les épaves de la Grande Armée étaient trop nombreuses pour être toutes recueillies, et plus d'un vieux brave, entraîné par l'Empereur vers un mirage d'avancement et de gloire, ne trouva que la misère dans ses vieux jours.

L'espoir de gagner un lot à cette loterie des récompenses matérielles peut expliquer, en partie, la puissance et la continuité de l'effort fourni par le soldat de l'Empire. Cependant, l'espoir d'un plus grand bien-être, d'une plus grande considération, ne peut être regardé comme l'unique mobile qui poussa à la suite de Napoléon ces foules électrisées. La plupart des conscrits, fils du peuple, étaient enrôlés de force, quittaient leur village sans enthousiasme pour les prouesses guerrières, et pourtant ces hommes contraints se transformaient bien vite, emportés par un souffle puissant, en les fiers soldats que nous connaissons. « Dupé, le soldat le fut par Napoléon, comme le sont les forts par les faibles, et cependant il ne cessa jamais de s'enthousiasmer de lui, de subir son charme, de suivre sa volonté ; même il l'aima, surtout quand il ne fut plus (1). » Quelles étaient

---

(1) *Mémoires de Méneval*, t. III, p. 8.

les causes de ce pouvoir mystérieux dont disposait Napoléon pour créer cet état d'âme? « L'étude du cœur humain, nous répond Méneval (1), lui avait enseigné l'art de s'attacher les hommes et de les subjuguer. Sa présence et ses paroles excitaient l'enthousiasme. Son éloquence était vive et rapide; ses mots énergiques, profonds et souvent sublimes. Son extérieur simple, mais relevé par un air de grandeur et par l'habitude du commandement, la fascination de son regard, dont l'expression douce et sévère pénétrait au fond des cœurs, inspiraient un respect mêlé de crainte et d'affection. Aucun chef ne fut plus populaire dans l'histoire, et cependant jamais il n'a voulu se rapetisser pour acquérir cette popularité. »

A ces causes purement extérieures s'ajoutèrent le prestige de la gloire, la familiarité bienveillante, une sympathie naturelle et réciproque que la vie commune de chaque jour établit, en campagne surtout, entre tout chef digne de ce nom et ses soldats, sympathie qui synthétise un ensemble d'actions et de réactions plus ou moins perceptibles et dont beaucoup échappent à l'analyse.

Il eut d'abord, dès le début, le prestige de l'homme qui sait ce qu'il veut et dont les succès affirment la supériorité. Dès le siège de Toulon, il établissait son autorité par son caractère, par ses talents, par sa bravoure. « Son attitude n'était pas celle de la fierté, mais on y reconnaissait l'aplomb d'un homme qui a la conscience de ce qu'il vaut et qui se sent à sa place (2). » Bientôt les victoires d'Italie auréolèrent de gloire ce jeune général de vingt-cinq ans, que les soldats voyaient marcher au milieu d'eux, partager leurs fatigues et leurs dangers, s'élancer dans la fournaise un drapeau à la main, comme au pont d'Arcole, en s'écriant : « Suivez votre général! » Il leur apparut alors à la fois comme un camarade qu'ils faisaient eux-mêmes avancer en grade à chaque bataille et comme un être supérieur qui commandait aux événements; leur confiance s'érigea rapidement en une sorte de culte pour ce dieu familier et tutélaire.

Plus tard ils purent à certains moments grogner contre lui,

---

(1) *Mémoires de Méneval*, t. III, p. 8.
(2) *Souvenirs d'un sexagénaire*, t. III, p. 10.

mais arrive la bataille, il est toujours la Providence, qui donne infailliblement la victoire.

Ce qui contribuait à conquérir le soldat, c'est que cet homme si grand ne s'isolait pas dans sa grandeur, c'était un génie familier qui leur parlait comme un père à ses enfants, si bien qu'ils se figuraient être de sa famille. S'il les éblouissait parfois par de grands spectacles militaires, comme cette splendide parade du camp de Boulogne qui le vit, assis sur le trône de Dagobert, distribuer au bruit de mille tambours et de trois mille pièces de canon, au retentissement de cent mille cris de « Vive l'Empereur », des décorations qu'il prenait dans les casques et dans les boucliers de Bayard et de Duguesclin, il savait aussi leur parler d'un ton simple, affectueux, avec l'éloquence du cœur.

Un sergent de grenadiers de la 32e demi-brigade, Léon Aune, écrit de Toulon au premier Consul pour se rappeler à son « dieu tutélaire »; ce brave énumère ses exploits, cinq actions d'éclat, cinq blessures. Bonaparte lui répond :

« *Au brave Léon.* — J'ai reçu votre lettre, mon brave camarade. Vous n'aviez pas besoin de me parler de vos actions. Vous êtes le plus brave grenadier de l'armée après la mort du brave Benezette. Vous avez un des cent sabres sur ceux que je distribue à l'armée. Tous les soldats étaient d'accord que vous étiez le modèle du régiment. Je désire beaucoup de vous voir, le ministre de la guerre vous en envoie l'ordre. Je vous aime comme mon fils. — Bonaparte (1). »

Un brevet de sous-lieutenant dans la garde des consuls accompagnait cette lettre, dans son genre tout à fait typique.

Au cours de ses revues quotidiennes, il interrogeait les soldats, leur demandait leur nom, l'énumération de leurs campagnes, de leurs blessures, marquait une attention particulière aux vieilles moustaches par une tape sur la joue, un pincement d'oreille, il leur parlait comme à de vieux camarades, en les tutoyant avec une bonhomie qui les charmait. « C'est ainsi, disait-il, qu'on mène les hommes (2). »

---

(1) *Correspondance de Napoléon*, t. VI, 4529.
(2) Gourgaud, *Journal de Sainte-Hélène*, p. 580.

A la veille des batailles, malgré ses grandes préoccupations, il redoublait d'attentions pour le soldat.

« En 1805, sur le Danube, il visite les régiments à la hâte, il leur débite des phrases ardentes, il leur fait former le cercle sous la neige qui tombe à gros flocons, dans la boue jusqu'aux genoux, il leur parle de la situation de l'ennemi, il leur dit qu'il compte sur eux. Durant les trois journées qui précèdent Austerlitz, il ne cesse de se promener dans tous les camps, de parler tantôt aux soldats, tantôt aux chefs (1). »

Le 29 novembre 1805, après son entrevue avec Dolgorouki, Napoléon, à pied, revenait par la route de Brünn à Olmütz; jusqu'au premier poste d'infanterie de son armée, c'étaient des carabiniers du 17e léger. Irrité de la jactance de l'aide de camp d'Alexandre, il témoignait de sa mauvaise humeur en frappant de sa cravache la terre de la route. La sentinelle, vieux soldat, l'observait, puis, se mettant à l'aise, son fusil entre les jambes, bourrait sa pipe. En passant devant lui, Napoléon se mit à dire en le regardant :

« Ces bougres-là croient qu'il n'y a plus qu'à nous avaler ».

« Oh! oh! réplique aussitôt le vieux brave, ça n'ira pas comme ça, nous nous mettrons en travers. »

Ce bon mot, ajoute Savary, fit rire l'Empereur, qui reprenant un air serein, monta à cheval et rejoignit le quartier général.

Cette petite scène de campagne nous dépeint les relations familières et cordiales du chef et de ses plus humbles compagnons de gloire. Lui-même a dit : « Mes soldats étaient fort libres avec moi. J'en ai vu souvent me tutoyer. C'est qu'ils avaient l'instinct de la sympathie, ils me savaient leur protecteur et leur vengeur (2). »

« Bonaparte, a écrit le général Desaix, dans son journal de voyage, n'a jamais vu une demi-brigade qu'il ne lui ait persuadé qu'il la regardait comme la première de l'armée; il leur parle souvent et leur dit toujours quelque chose de vigoureux. Il a donné à chaque demi-brigade des drapeaux magnifiques où sont inscrits en très grandes lettres d'or les noms des batailles

---

(1) *Le Soldat impérial*, par Jean MORVAN, t. II, p. 311.
(2) *Mémorial de Sainte-Hélène*.

où elles se sont distinguées; elles y ont ajouté les mots d'orgueil que leur avait dit le général : La 57e a « la terrible 57e », la 18e « Vous, 18e, je vous connais, l'ennemi sera battu ». La 32e « J'étais tranquille, la 32e était là ».

Devenu Empereur, il a continué à employer avec succès le même procédé.

Le 30 novembre 1805, il adressait au 17e d'infanterie, qu'il chargeait de la défense du Santon, une harangue pleine de feu et d'énergie. Après lui avoir fait connaître toute l'importance de cette position dans la bataille qu'il prévoyait, il rappelait au 17e les nombreuses actions où il s'était distingué dans la campagne d'Italie et le soin qu'il devait apporter à la conservation de sa vieille réputation. Le régiment, après avoir juré de mourir à son poste plutôt que de l'abandonner, s'y rendit et travailla avec ardeur à s'y fortifier (1).

Pendant la bataille de Lutzen, l'Empereur se portant à l'aile droite, rencontra la division Compans qui entrait en ligne; elle était composée de troupes de la marine. L'Empereur, en galopant sur leur front, leur cria avec ce geste qui enlevait la troupe : « Allons, les marins ! montrez que vous êtes aussi les soldats de ma Grande Armée. »

Mille cris d'enthousiasme répondirent à cet appel et ces soldats combattirent aussi vaillamment que notre meilleure infanterie (2).

Enfin, par ses proclamations célèbres qui sont dans le souvenir de tous, il s'adressait à toute l'armée, il excitait son émulation en avivant son orgueil, sa colère contre l'ennemi, en lui promettant la gloire, le repos, les jouissances matérielles. Ces harangues guerrières constituent, comme le proclamait alors l'Institut, un nouveau genre d'éloquence qui manquait aux lettres françaises. « Napoléon trouva d'instinct l'éloquence militaire dont il est le modèle, il inventa la harangue à l'usage de la valeur française et faite pour l'électriser. Henri IV avait eu des traits d'esprit, des saillies heureuses que répétaient Crillon et les gentilshommes, mais, ici, il fallait une éloquence à la hauteur

---

(1) *Journal d'opérations du 5e corps.*
(2) *Vie de Planat de la Faye*, p. 131.

nouvelle des grandes opérations, à la mesure de ces armées sorties du peuple, la harangue brève, grave, familière, monumentale. Du premier jour, au nombre de ses moyens de grande guerre Napoléon trouva celui-là (1). »

Ce n'est pas seulement par la parole qu'il s'emparaît du cœur du soldat, mais aussi par ses attitudes, sa manière d'être en partageant parfois ses fatigues, en veillant à la satisfaction de ses besoins. On le vit la veille d'Iéna dans la nuit prendre une lanterne pour éclairer le travail des canonniers, à Eylau aider à la manœuvre du canon et pointer une pièce. Le surlendemain de Friedland, au passage de la Pregel, pour encourager les pontonniers, il mit lui-même la main à l'œuvre. Dans ses incessantes et interminables parades qui duraient souvent six heures de suite, il allait lentement, à pied, à travers les rangs ne se lassant pas de poser des questions, interrogeant les soldats, recueillant les pétitions piquées aux baguettes des fusils, rendant justice aux réclamations. Dans ses visites des bivouacs, il goûtait le pain de munition, buvait à la gourde d'un troupier, on le vit au matin d'Eylau demander dans une compagnie une pomme de terre par escouade et, assis sur une botte de paille, les faire cuire à son feu, les retournant du bout d'un bâton. Bluff de grand chef que tout cela, dira-t-on, mais ce bluff empoignait les hommes.

Aucun chef d'armée peut-être ne donna plus d'ordres que Napoléon pour assurer l'entretien et la subsistance de ses armées. La rapidité des mouvements, l'organisation et le fonctionnement défectueux de l'administration firent souvent que ces ordres, parfois du reste inexécutables, restèrent lettre morte, mais les soldats, voyant l'Empereur plein de sollicitude pour eux, ne songeaient pas à lui reprocher leurs privations et leurs souffrances; il faut avouer d'ailleurs qu'il ne se faisait pas faute de détourner sur d'autres l'apparence des responsabilités, avec une injustice évidente. Mais son but était atteint, il était et restait pour le soldat « le dieu tutélaire et infaillible ».

Les récompenses morales et matérielles donnèrent à la Grande Armée une impulsion longtemps irrésistible, mais le souffle offensif, si puissant soit-il, ne suffit pas à faire une armée d'une

---

(1) SAINTE-BEUVE, *Causeries du lundi*, t. I.

réunion d'hommes. Dans une pareille agglomération, il y a de multiples éléments de désordre contre lesquels il faut réagir. Pour assurer la cohésion et la concordance des efforts, il faut la discipline. On doit sans doute chercher à créer, dans une armée, une discipline morale qui fait que chaque individu sacrifie son intérêt personnel aux exigences du bien général; c'est un idéal qu'on doit toujours poursuivre, mais on ne l'atteint jamais; le maintien de l'ordre exige l'application de sanctions répressives destinées à réprimer les écarts et les défaillances inévitables.

Les moyens à employer pour assurer la discipline sont très différents suivant la nationalité des armées. « Les armées sont dans leurs qualités comme dans leurs défauts, la représentation fidèle des nations d'où elles procèdent, il faut conséquemment juger et conduire chacune d'elles avec des vues et par les moyens qui lui sont propres. Cette doctrine est surtout applicable à l'armée française dont la complexion est particulière et dont l'originalité dépasse celle des autres armées. » (général Trochu.) Les différences de tempérament, d'éducation générale, de civilisation, sont autant de conditions dont il faut tenir compte.

« Si je commandais à des Français, disait un jour Frédéric II, j'en ferais les meilleures troupes des quatre parties du monde. Leur passer quelques légères étourderies, ne jamais les tracasser mal à propos, nourrir la gaieté naturelle de leur esprit, être juste envers eux jusqu'au scrupule, ne les affliger d'aucune minutie, tel serait mon secret pour les rendre invincibles. »

C'est de cette façon, si bien adaptée à notre caractère national, que Napoléon, lui aussi, concevait la discipline française. Pourvu qu'il fût brave au feu et résistant aux fatigues, le soldat pouvait commettre bien des fautes sans épuiser l'indulgence de l'Empereur.

« Toute répression est une exception et n'est ordonnée que pour l'exemple. Lorsqu'on se bat, lorsqu'on maraude, lorsqu'on pille ou qu'on viole, il faut être né sous une mauvaise étoile pour recevoir le châtiment prescrit par les ordonnances (1). »

Même dans la plus belle période — en 1805 et 1806 — les

---

(1) *Le Soldat impérial*, par Jean Morvan, t. II, p. 495.

armées impériales furent indisciplinées, le corps de Davout où l'ordre était maintenu avec une remarquable fermeté, forme contraste avec le reste des troupes. Dans la campagne d'Ulm, les soldats se livrèrent ouvertement à la maraude. Après Iéna, le relâchement de la discipline fut portée à ce point que la vie des officiers n'était plus en sûreté (1). Après Eylau, l'armée compte 60.000 absents presque tous maraudeurs (2). Le soir de Wagram, toute l'armée française est ivre. On ferait un volume des traits d'indiscipline tolérés dans les armées de la République et de l'Empire (3).

Napoléon fermait les yeux tant qu'il jugeait que le succès de ses opérations n'était pas compromis par le désordre, mais à l'approche de la bataille, il se décidait parfois à faire des exemples pour ramasser son monde.

En 1796, au départ de Nice pour l'Italie, un bataillon réclame sa solde, se plaint d'être sans chaussures et refuse de partir. Bonaparte le force à se mettre en marche, puis l'arrêtant, il le renvoie ignominieusement sur les derrières. Le même jour, le chef de bataillon est mis en jugement, le bataillon dissous, les officiers licenciés, les sous-officiers cassés et les soldats disséminés par cinq hommes dans les autres corps (4). Au commencement de la campagne de 1796, les troupes étaient dans le plus grand dénûment, les désordres se renouvelèrent. Par l'ordre du 22 avril 1796, les généraux de division furent autorisés à faire fusiller sur-le-champ les officiers ou les soldats qui, par leur exemple, exciteraient les autres au pillage et détruiraient la discipline.

Mais ces exemples de sévérité sont exceptionnels, ils ne sont pas dans la manière habituelle de Napoléon. Son système est de faire appel surtout aux moyens moraux pour ramener ses soldats à l'observation de la discipline. En novembre 1796, Vaubois, forcé dans le Haut-Adige, avait dû abandonner Trente et battre précipitamment en retraite sur Rivoli. Deux demi-

---

(1) Lettre du maréchal Ney du 18 octobre 1806.
(2) FEZENSAC, *Souvenirs militaires*, p. 163.
(3) *Études sur l'armée révolutionnaire*, par Pierre CANTAL, p. 118.
(4) SÉGUR, *Histoire et Mémoires*, t. I, p. 190.

brigades, la 39ᵉ et la 85ᵉ, avaient lâché pied sans pouvoir être ralliées. Bonaparte réunit toute la division sur le plateau de Rivoli et lui parle en ces termes :

« Soldats, je ne suis pas content de vous ! Vous n'avez montré ni discipline, ni constance, ni bravoure. Aucune position n'a pu vous rallier, 39ᵉ et 85ᵉ, vous n'êtes pas des soldats français ! Chef d'état-major, faites écrire sur leurs drapeaux : « Ils ne sont plus de l'armée d'Italie. »

Cette harangue prononcée d'un ton sévère, arrache des larmes à ces vieux soldats, plusieurs grenadiers qui avaient des armes d'honneur s'écrièrent : « Général, on nous a calomniés, mettez-nous à l'avant-garde et vous verrez si la 39ᵉ et la 85ᵉ sont de l'armée d'Italie. » Ayant ainsi produit l'effet qu'il voulait, Napoléon leur adressa quelques paroles de consolation. Ces deux régiments, quelques jours après se couvrirent de gloire (1).

Par ces procédés, Napoléon sut inculquer à ses soldats un si grand sentiment d'amour-propre, qu'eux-mêmes veillaient à réprimer les défaillances qui pouvaient ternir leur gloire. Après Ulm, les traînards de l'armée, ramassés à Braunau, subirent en rentrant dans leurs compagnies l'affront d'une visite où chacun d'eux, dépouillé du butin qu'il avait pillé, fut livré aux joyeuses et rudes fustigations des camarades (2).

Le lendemain des batailles, on voyait les escouades se former en cours des pairs et traduire devant elles les soldats absents du combat. On écoutait leur défense, et une décision sans appel les renvoyait absous ou les soumettait à une correction fraternelle, infligée à l'instant même. Les officiers fermaient les yeux et laissaient faire, parfois même ils encourageaient cette sanction salutaire. « Recommandez aux colonels, écrit Davout à Gudin, après Eylau, d'engager les soldats à donner la savate, et avec du gras, à tous ceux qui n'ont pas paru à la bataille ou qui s'en sont absentés sans motif légitime. »

C'est ainsi que, malgré le désordre des marches et des bivouacs, une discipline spéciale, inspirée par l'émulation, le point d'honneur et le culte de l'Empereur, fit que l'armée française de cette

---

(1) *Commentaires de Napoléon Iᵉʳ*, t. I, p. 250.
(2) Ségur, *Histoire et Mémoires*, t. II, p. 428.

époque sut merveilleusement marcher et combattre, tout en étant la plupart du temps mal nourrie, mal entretenue et mal payée.

Il y a là ample matière à réflexion pour ceux qui auront l'honneur de conduire à la bataille notre armée nationale. Certainement tout n'est pas à prendre dans la manière de faire de Napoléon; en exploitant jusqu'à l'extrême limite toutes les ressources du pays, il eut surtout en vue d'établir la suprématie de sa puissance sur le monde et de surpasser, par sa gloire, les illustres capitaines de tous les temps; mais, abstraction faite de ce qu'il y avait de trop personnel dans cette ambition démesurée, on ne peut qu'admirer le pouvoir de suggestion que cet homme extraordinaire sut acquérir sur ses soldats. Par les mêmes moyens pourrait-on encore conduire nos soldats aux mêmes destinées glorieuses dans les batailles de l'avenir? « Il n'est rien, a dit l'Empereur, qu'on n'obtienne des Français par l'appât du danger, il semble leur donner de l'esprit : c'est leur héritage gaulois. La vaillance, l'amour de la gloire, sont chez les Français un instinct, une espèce de sixième sens. Combien de fois dans la chaleur des batailles, je me suis arrêté à contempler mes jeunes conscrits se jetant dans la mêlée pour la première fois! L'honneur et le courage leur sortaient par tous les pores (1). » Depuis cent ans, la race n'a pas changé : le Français n'est-il pas encore aujourd'hui à l'avant-garde des peuples qui s'élancent à la périlleuse conquête de l'air, et, quand on voit le superbe mépris de la mort qui anime les générations nouvelles, n'est-on pas en droit de conclure qu'il suffira de savoir les conduire, avec le tact militaire de Napoléon, pour renouveler, quand il le faudra, les exploits de l'épopée impériale?

---

(1) *Mémorial de Sainte-Hélène.*

CHAPITRE IX (1)

NAPOLÉON A LA BATAILLE

I — La veillée des armes

Activité de Napoléon la veille de la bataille. — Napoléon l'avant-veille et la veille d'Iéna. — La journée du 12 octobre 1806 : attente des renseignements pour prendre une décision ; action politique sur l'ennemi, lettre au roi de Prusse, proclamation aux Saxons. — Ralliement des troupes laissées en arrière, le ravitaillement en vivres. La nuit du 12 au 13 octobre : le manque de renseignements le 12 octobre provient de l'absence d'une cavalerie d'exploration sur le flanc gauche. Journée du 13 octobre : l'arrivée des renseignements ; les dispositions prises à 9 heures du matin. Départ de Gera à 10 heures. Dispositions prises à 11^h 30. Dispositions prises à 3^h 30. Arrivée de l'Empereur sur la hauteur au-dessus d'Iéna, à 4 heures ; première reconnaissance de l'ennemi. — La nuit du 13 au 14 octobre : la surveillance d'exécution. Ordre à Davout à 10 heures du soir. — Deuxième reconnaissance de l'ennemi le 14 octobre à 1 heure du matin. — Conclusions.

La bataille est l'acte essentiel de la guerre. Dans la stratégie de Napoléon, toutes les combinaisons visaient exclusivement la bataille décisive, ayant pour immédiate conséquence la destruction de l'adversaire. L'Empereur savait, mieux que personne, que dans cet acte de violence la victoire appartient à celui des deux partis opposés qui y met en œuvre la plus grande somme, non seulement de forces matérielles, mais aussi de forces intellectuelles et morales. C'est à se donner cette supériorité de force vive que tendait toute l'activité cérébrale de l'Empereur au cours de la campagne ; à la veille de la bataille, cette activité, en tout temps prodigieuse, redoublait encore d'intensité. Alors il ne vivait plus que pour la réalisation de l'œuvre qu'il poursuivait avec une force de volonté qui n'a sans doute jamais été égalée.

Que de batailles ont été perdues par l'insouciance et la

---

(1) Voir le croquis pour l'entrée en campagne de la Grande Armée en 1806 et la carte de Saxe par Petri.

torpeur des généraux en chef! Il n'est pas besoin, hélas! de remonter bien haut dans notre histoire pour trouver des exemples de pareilles défaillances, mais tenons-nous-en à l'histoire militaire du premier Empire.

« A Vittoria, disait Napoléon à Gourgaud, nous avons été battus, parce que Joseph dormait trop. Si j'avais dormi la nuit d'Eckmühl, je n'aurais jamais exécuté cette superbe manœuvre qui est la plus belle que j'aie jamais faite. Avec 50.000 hommes, j'en ai battu 120.000. Je me suis multiplié par mon activité. J'ai éveillé Lannes en lui donnant des coups de pied, tant il était endormi : un général en chef ne doit jamais dormir. » Il ajoutait que, s'il n'eût été si fatigué à Waterloo, il aurait couru à cheval toute la nuit. En réalité, c'est une règle chez Napoléon de passer le jour et la nuit qui précèdent la bataille à reconnaître la force et la position de l'ennemi, à étudier son champ de bataille, à parcourir les bivouacs, à donner ses ordres.

Devant une pareille manière de faire, qui est vraiment à la portée de tous ceux qui ont charge de la direction d'une armée, que dire de l'incurie criminelle de généraux qui désertent leurs fonctions au moment décisif, que les appels pressants de leurs subordonnés et du canon lui-même ne peuvent arracher à une criminelle quiétude. Répétons-le encore une fois : activité ! activité ! tu es un des éléments essentiels de la victoire !

De cette activité de l'Empereur nous allons donner un exemple. Nous allons le suivre pas à pas dans les deux jours qui précédèrent Iéna, avant de l'accompagner sur le champ de bataille même, ce qui sera l'objet du dernier chapitre de cette étude.

Dans un précédent chapitre, nous avons laissé l'Empereur à son quartier général d'Auma, le 12 octobre à 5 heures du matin, au moment où il avait fini de donner les ordres qui faisaient converser à gauche son armée et portaient les corps de première ligne sur la Saale, de Naumburg à Kahla.

Nous allons reprendre Napoléon à son quartier impérial à cette même heure du 12 octobre, et nous attacher à ses pas jusqu'au seuil de la bataille d'Iéna (14 octobre).

Après avoir dicté quelques lettres dans la matinée, l'Empereur monta à cheval à Auma le 12 octobre vers 8^{h}30 du matin, pour se rendre à Gera où le quartier impérial devait s'établir. Sur son trajet, entre Auma et Mittel, un peu après 9 heures, il passa devant le front de la division Gudin, qui allait se mettre en marche pour Naumburg, cette division lui rendit les honneurs. La distance d'Auma à Gera est d'une trentaine de kilomètres et peut être franchie facilement par un cavalier en quatre petites heures. Napoléon arrivait à Gera vers midi, il s'installait au palais ducal.

A ce moment, quelle idée se faisait-il de la situation?

Les bulletins, ses lettres aux maréchaux et à Talleyrand nous l'ont transmise comme il suit :

« L'armée prussienne occupe Eisenach, Gotha, Erfurt, Weimar, elle travaille à réunir ses colonnes sur Erfurt, le conseil du Roi est déchiré par des opinions différentes, toujours délibérant et jamais d'accord. » Dans un tel état d'esprit, à quelle résolution ce conseil va-t-il s'arrêter? Il peut choisir entre trois partis :

Prendre l'offensive d'Erfurt sur Iéna (1), rester à Erfurt sur la défensive (2), ou opérer un mouvement de retraite derrière l'Ilm et la Saale (3).

La position de l'armée française le 12 octobre permet de répondre à ces trois hypothèses : trois corps en première ligne, sur la Saale, Davout à Naumburg, Lannes à Iéna, Augereau à Kahla, puis à une étape en arrière, la Garde, Soult et Ney, enfin sur le flanc droit à une petite étape de Naumburg, surveillant la direction de Leipzig, Bernadotte et Murat avec une partie de la réserve de cavalerie. Le reste de la réserve de cavalerie (trois divisions), la Garde impériale à cheval, les parcs d'artillerie et du génie sont en arrière, il leur faut encore une ou deux journées pour rejoindre la masse de manœuvre.

Avant d'ordonner de nouveaux mouvements, Napoléon veut avoir des renseignements plus précis sur l'ennemi. Il les attend avec impatience (4). Cependant, dans l'après-midi, il écrit au

---

(1) L'Empereur au maréchal Lannes, Gera, 13 octobre, 7 heures matin.
(2) L'Empereur à Murat, Gera, 13 octobre, 7 heures matin.
(3) L'Empereur à Davout, Auma, 12 octobre, 8ʰ 30 matin. — L'Empereur à Murat, Gera, 13 octobre, 9 heures matin.
(4) L'Empereur à Murat, Gera, 13 octobre 1806, 7 heures matin.

roi de Prusse cette lettre d'un ton si noble, pleine d'une modération apparente et aussi d'une machiavélique diplomatie, en ce qu'elle a pour objet d'entretenir au conseil du Roi la division des esprits et l'incertitude des projets. Elle nous paraît si remarquable qu'il convient de la reproduire en entier :

L'Empereur au roi de Prusse

Camp impérial, Gera, 12 octobre 1806.

Monsieur mon frère, je n'ai reçu que le 7 la lettre de Votre Majesté, du 25 septembre. Je suis fâché qu'on lui ait fait signer cette espèce de pamphlet.

Je ne lui réponds que pour lui protester que jamais je n'attribuerai à elle les choses qui y sont contenues; toutes sont contraires à son caractère et à l'honneur de tous deux. Je plains et dédaigne les rédacteurs d'un pareil ouvrage. J'ai reçu, immédiatement après, la note de son ministre, du 1er octobre. Elle m'a donné rendez-vous le 8. En bon chevalier, je lui ai tenu parole; je suis au milieu de la Saxe. Qu'elle m'en croie, j'ai des forces telles que toutes ses forces ne peuvent balancer longtemps la victoire. Mais pourquoi répandre tant de sang? A quel but? Je tiendrai à Votre Majesté le même langage que j'ai tenu à l'empereur Alexandre deux jours avant la bataille d'Austerlitz. Fasse le ciel que des hommes vendus ou fanatisés, plus les ennemis d'elle et de son règne qu'ils ne le sont du mien et de ma nation, ne lui donnent pas les mêmes conseils pour arriver au même résultat! Sire, j'ai été votre ami depuis six ans. Je ne veux point profiter de cette espèce de vertige qui anime ses conseils et qui lui ont fait commettre des erreurs politiques dont l'Europe est encore tout étonnée et des erreurs militaires de l'énormité desquelles l'Europe ne tardera pas à retentir. Si elle m'eût demandé des choses possibles, par sa note, je les eusse accordées; elle m'a demandé mon déshonneur, elle devait être certaine de ma réponse. La guerre est donc faite entre nous, l'alliance rompue pour jamais. Mais pourquoi faire égorger nos sujets? Je ne prise point une victoire qui sera achetée par la vie d'un bon nombre de mes enfants. Si j'étais à mon début dans la carrière militaire et si je pouvais craindre les hasards des combats, ce langage serait tout à fait déplacé. Sire, Votre Majesté sera vaincue; elle aura compromis le repos de ses jours, l'existence de ses sujets sans l'ombre d'un prétexte. Elle est aujourd'hui intacte et peut traiter avec moi d'une manière conforme à son rang; elle traitera, avant un mois, dans une situation différente. Elle s'est laissée aller à des irritations qu'on a calculées et préparées avec art. Elle m'a dit qu'elle m'avait souvent rendu des services. Eh bien, je veux lui donner la preuve du souvenir que j'en ai. Elle est maîtresse de sauver à ses sujets les ravages et les malheurs de la guerre. A peine commencée, elle peut la terminer, et elle fera une chose dont l'Europe lui saura gré. Si elle écoute les furibonds qui, il y a quatorze ans, voulaient prendre Paris, et qui aujourd'hui l'ont embarquée dans une guerre et immédiatement après *dans des plans offensifs également inconcevables,* elle fera à son peuple un mal que le reste de sa vie ne pourra guérir. Sire, je n'ai rien à gagner contre Votre Majesté. Je ne veux rien et n'ai rien voulu d'elle. La guerre actuelle est une guerre impolitique.

Je sens que peut-être j'irrite, dans cette lettre, une certaine susceptibilité naturelle à tout souverain ; mais les circonstances ne demandent aucun ménagement. Je lui dis les choses comme je les pense. Et, d'ailleurs, que Votre Majesté me permette de le lui dire, ce n'est pas pour l'Europe une grande découverte que d'apprendre que la France est du triple plus populeuse, et aussi brave et aussi aguerrie que les États de Votre Majesté. Je ne lui ai donné aucun sujet réel de guerre. Qu'elle ordonne à cet essaim de malveillants et d'inconsidérés de se taire à l'aspect de son trône, dans le respect qui lui est dû, et qu'elle rende la tranquillité à elle et à ses États. Si elle ne retrouve plus jamais en moi un allié, elle retrouvera un homme désireux de ne faire que des guerres indispensables à la politique de mes peuples et ne point répandre le sang dans une lutte avec des souverains qui n'ont avec moi aucune opposition d'industrie, de commerce et de politique. Je prie Votre Majesté de ne voir dans cette lettre que le désir que j'ai d'épargner le sang des hommes, et d'éviter à une nation, qui, géographiquement, ne saurait être ennemie de la mienne, l'amer repentir d'avoir trop écouté des sentiments éphémères, qui s'excitent et se calment avec tant de facilité parmi les peuples.

Sur ce, je prie Dieu, Monsieur mon Frère, qu'il vous ait en sa sainte et digne garde.

De Votre Majesté, le bon Frère,

NAPOLÉON.

Poursuivant sa manœuvre politique, l'Empereur prépare, dans cet après-midi de Gera, une proclamation aux Saxons, pour les détacher de la cause prussienne.

Sa pensée se porte en même temps vers les troupes laissées en arrière, qu'il faut faire rejoindre, sur la question importante du ravitaillement en vivres, à l'approche de la bataille. Il eut aussi sans aucun doute une entrevue avec Soult qui était à Gera avec son quartier général et une de ses divisions.

Tel est l'emploi de cet après-midi du 12 octobre à Gera. Le soir il se couche comme d'habitude vers 8 heures et se lève vers minuit. C'est alors qu'il prend l'importante décision de donner repos à son armée le 13.

Un seul corps, celui de Ney, fera mouvement, d'Auma il ira à Roda, où il sera à trois petites lieues d'Iéna et à même de secourir Lannes, en cas d'attaque (1).

Mais pour quelle raison ce repos est-il donné à l'armée?

« On ne fait pas cependant de marches forcées avec toute une armée, pour se reposer ensuite un jour (2). » La raison donnée par l'Empereur était « de donner le temps de rejoindre (3) », de permettre aux corps « de se procurer des vivres pour remplir les caissons, de rallier les traîneurs et de mettre les armes en état (3) », mais il est permis de croire à un autre motif non avoué, c'est que, dans ces premières heures du 13 octobre, Napoléon est dans l'incertitude sur la direction à donner à ses corps. Les renseignements, qui lui sont nécessaires pour prendre une décision, ne peuvent lui parvenir que vers 8 heures du matin le jour même (4).

Quoi qu'il en soit, la correspondance reprend le 13 octobre à 1 heure du matin : lettres à l'intendant général Villemanzy, pour le ravitaillement en vivres, l'établissement d'un hôpital à Auma, à Duroc pour le ravitaillement de la garde, au prince Jérôme, à Nansouty, d'Hautpoul, Klein, etc., pour faire avancer les troupes en arrière, ordre à Ney de se porter à Roda, aux autres maréchaux de faire prendre repos à leurs troupes. A 2 heures du matin, l'Empereur écrit à l'Impératrice :

Je suis aujourd'hui à Géra, ma bonne amie, mes affaires vont fort bien et tout comme je pouvais l'espérer. Avec l'aide de Dieu, en peu de jours, cela aura pris un caractère bien terrible, je crois, pour le pauvre roi de Prusse que je plains personnellement parce qu'il est bon. La Reine est à *Erfurt* avec le Roi. Si elle veut voir une bataille, elle aura ce cruel plaisir. Je me porte à merveille, j'ai déjà engraissé depuis mon départ, cependant je fais de ma personne 20 et 25 lieues par jour,

---

(1) L'Empereur au maréchal Lannes, Gera, 13 octobre, 7 heures du matin.

(2) Hohenlohe, *Lettres sur la stratégie*, t. I, p. 59.

(3) Le major général au grand-duc de Berg, Gera, 13 octobre 1806. — L'Empereur au maréchal Lannes, Gera, 13 octobre, 7 heures du matin.

(4) L'Empereur à Murat, Gera, 13 octobre, 7 heures du matin.

à cheval, en voiture, de toutes les manières. Je me couche à 8 heures et suis levé à minuit. Je songe quelquefois que tu n'es pas encore couchée. Tout à toi (1).

Il adresse ensuite à Talleyrand le troisième bulletin de la Grande Armée, qui avait été dicté dans la nuit.
Ce bulletin nous donne l'idée qu'avait Napoléon de la situation de l'ennemi dans la nuit du 12 au 13.
« L'ennemi, coupé de Dresde, était encore le 11 à Erfurt et travaillait à réunir ses colonnes, qu'il avait envoyées sur Cassel et Würzburg dans des projets offensifs. » Cette situation supposée était tout à fait inexacte, car, le 11 au matin, l'armée principale était concentrée aux environs de Blankenhayn, au sud de Weimar. On sent d'ailleurs à la lecture de la correspondance de Napoléon, dans cette matinée du 13 octobre, qu'il est gêné par le manque de précision de ses renseignements, il demande sans cesse des nouvelles des mouvements de l'ennemi, on sent

---

(1) Nous voyons encore, par cette lettre, que le travail de nuit était une habitude méthodique de Napoléon. J'insiste sur ce fait dans lequel je vois une des causes de sa supériorité à la guerre.
Voici ce que CONSTANT écrit dans ses *Mémoires* à ce sujet, t. II, p. 286 :
« L'Empereur reposait sur un petit lit de fer et moi je me couchais où et comme je pouvais. A peine étais-je endormi que l'Empereur m'appelait : « Constant ! — Sire. — « Voyez qui est de service. » C'était des aides de camp qu'il voulait parler. « Sire « c'est X... — Dites-lui de venir me parler. » Je sortais alors de la tente pour aller avertir l'officier que je ramenais avec moi. A son entrée, l'Empereur lui disait : « Vous allez vous rendre auprès de tel corps commandé par tel maréchal ; vous lui en- « joindrez d'envoyer tel régiment dans telle position ; vous vous assurerez de celle « de l'ennemi, puis vous viendrez m'en rendre compte. » L'aide de camp sortait et montait à cheval pour exécuter sa mission. Je me recouchais. L'Empereur faisait mine de vouloir s'endormir, mais au bout de quelques minutes je l'entendais crier de nouveau : « Constant ! — Sire. — Faites appeler le prince de Neufchâtel. » J'envoyais prévenir le prince qui arrivait bientôt et, pendant le temps de la conversation, je restais à la porte de la tente. Le Prince écrivait quelques ordres et se retirait. Ces dérangements avaient lieu plusieurs fois dans la nuit. Vers le matin, Sa Majesté s'endormait, alors j'avais quelques instants de sommeil.
« Quand il venait des aides de camp apporter quelque nouvelle à l'Empereur, je le réveillais en le poussant doucement :
« Qu'est-ce ? disait Sa Majesté en s'éveillant en sursaut ; quelle heure est-il ? Faites entrer. » L'aide de camp faisait son rapport. S'il en était besoin, Sa Majesté se levait sur-le-champ et sortait de la tente ; sa toilette n'était pas longue......
« L'Empereur rentrait quelque fois accablé de fatigue ; il prenait un léger repas et se couchait pour recommencer encore ses interruptions de sommeil.....
. . . .
« Les trois ou quatre jours qui précédaient une affaire, l'Empereur passait la plus grande partie de son temps étendu sur de grandes cartes qu'il piquait avec des épingles dont la tête était en cire de différentes couleurs. »

qu'il les attend avec impatience. Mais il était difficile que les rapports des maréchaux lui arrivassent avant la matinée du 13, la journée du 12 avait été très rude pour les corps de première ligne, l'étape avait été de 40 à 45 kilomètres pour Davout, 37 kilomètres pour Augereau, Lannes avait fait 24 kilomètres et livré un combat. Les rapports n'avaient pu être établis qu'à la nuit et pour les porter à Gera au quartier impérial, les officiers d'état-major avaient une quarantaine de kilomètres à parcourir en pays inconnu. Cette lenteur dans la réception des renseignements et aussi l'imprécision des nouvelles provenaient du manque de cavalerie d'exploration entre les corps d'armée de première ligne et l'ennemi. Si les trois divisions de la réserve de cavalerie qui marchaient avec les bagages eussent été lancées dès le début sur la gauche de l'armée dans la direction d'Erfurt, il est certain que l'Empereur eût été mieux renseigné. Mais il avait ses raisons pour agir autrement, la réputation de supériorité de la cavalerie prussienne l'engageait à diriger la sienne avec prudence.

Dans cet état d'esprit, l'Empereur écrit à 7 heures du matin à Murat la lettre suivante :

Gera, 13 octobre 1806, 7 heures du matin.

Vous avez reçu les ordres de l'état-major pour ne faire aucun mouvement aujourd'hui, afin de donner un peu de repos aux troupes. Si le prince de Wurtemberg venait à Leipzig, ce serait une bonne occasion de le rosser. J'ai son état de situation exact; il n'a pas plus de 10.000 hommes (1). Je n'ai pas de nouvelles d'Iéna ni de Naumbourg; j'en recevrai sans doute dans une heure. Reposez vos dragons, afin que, selon l'*ordre que je donnerai cette nuit* (2), ils arrivent à Iéna demain. Mon intention est de marcher droit à l'ennemi. Envoyez un commissaire des guerres à Leipzig, avec ordre d'y faire 30.000 rations de pain et de les faire diriger sur Naumburg. Je partirai d'ici à 9 heures du matin pour être rendu à midi ou à 1 heure à Iéna. Si l'ennemi est à Erfurt, mon projet est de faire porter mon armée sur Weimar et de l'attaquer le 16.

. . . .

---

(1) Comme d'habitude, l'Empereur diminuait les forces de l'adversaire. La réserve du prince Eugène de Wurtemberg (18 bataillons, 20 escadrons) comptait environ 15.000 hommes.

(2) A moins de circonstances exceptionnelles, il ne donne les ordres que la nuit entre minuit et 4 heures du matin, après la réception des « rapports de la journée ».

Nous allons prendre cette lettre comme point de départ pour suivre le fil des idées de l'Empereur dans la journée du 13; en même temps qu'il écrit cette lettre, il envoie des officiers aux nouvelles, « le général Lemarois se rendra *en toute diligence* à Naumburg (45 kilomètres). Il y verra la situation du maréchal Davout. A Naumburg il prendra des renseignements sur l'ennemi. Il verra si l'on a passé la rivière l'Unstrut et où se trouve l'ennemi. Après, il viendra *en toute diligence* me rapporter les renseignements qu'il aura, à Iéna (30 kilomètres), où je serai à midi (1). »

« L'officier d'ordonnance Scherb se rendra *en toute diligence* à Iéna. Il verra ce qui se passe. Il prendra des renseignements sur l'ennemi et viendra m'en rendre compte. Il me rapportera des nouvelles du maréchal Lannes et des *mouvements de l'ennemi* (2). »

En même temps le capitaine Scherb recevait une lettre de l'Empereur à remettre au maréchal Lannes. Napoléon avisait Lannes de son arrivée à Iéna à 1 heure, de son itinéraire par Roda et l'invitait à lui envoyer en ce point « des renseignements sur *les mouvements* qu'aurait faits l'ennemi ». Et il ajoutait : « Le maréchal Ney sera dans la journée à Roda, à trois petites lieues de vous. Si l'ennemi vous attaquait, ne manquez pas de l'en instruire sur-le-champ. »

Les mouvements de l'ennemi : voilà ce qu'il importe de connaître !

Pour l'Empereur, l'ennemi était à Erfurt le 11, mais qu'a-t-il fait depuis? Toujours les trois hypothèses subsistent : immobilité, offensive, retraite. Il faut déchirer le voile qui cache la réalité avant de donner des ordres. Entre 8 heures et 9 heures du matin, arrivent les renseignements attendus, le rapport de Davout du 12, de Naumburg, les interrogatoires des prisonniers et des déserteurs et aussi le rapport de Lannes de Iéna, 13 octobre. Ce rapport, envoyé sans aucun doute à la première heure du 13, rendait compte des événements du 12. « Le corps d'armée est arrivé hier devant Iéna ; l'ennemi y était avec 12.000 à

---

(1) L'Empereur au général Lemarois, Gera, 13 octobre 1806, 7 heures du matin.
(2) L'Empereur à M. Scherb Gera, 13 octobre 1806, 7 heures du matin.

15.000 hommes. Après nous avoir tiré quelques coups de canon, il s'est retiré sur Weimar...

« D'après les renseignements donnés par les habitants, le Roi était encore avant-hier à Erfurt, je ne sais s'il veut nous livrer bataille au lieu de se retirer », et en post-scriptum le maréchal Lannes ajoutait :

« J'apprends à l'instant même que l'ennemi a un camp de 30.000 hommes à une lieue d'ici, sur la route de Weimar : il serait très possible qu'il voulût nous livrer bataille. »

Ces renseignements provoquaient chez l'Empereur la manifestation suivante où n'apparaît pas cependant encore une idée absolument nette de ce que fait l'ennemi. L'Empereur écrit à Murat à 9 heures du matin :

« Enfin le voile est déchiré, l'ennemi commence sa retraite sur Magdeburg. Portez-vous le plus tôt possible avec le corps de Bernadotte sur Dornburg. » C'est donc l'idée de la retraite, mais quelques lignes plus bas l'Empereur est beaucoup moins affirmatif.

« Je crois que l'ennemi essayera d'attaquer le maréchal Lannes à Iéna ou qu'il filera. S'il attaque le maréchal Lannes, votre position à Dornburg vous permettra de le secourir. »

En prévision d'une attaque sur Iéna, Soult avec sa cavalerie et une de ses divisions est appelé de Gera à Roda. Les deux autres divisions resteront disponibles à Gera, à égale distance (45 kilomètres environ) de Naumburg et d'Iéna, prêtes à partir à 2 heures après minuit, de façon à pouvoir arriver sur l'un ou l'autre point, onze heures après.

L'Empereur va se porter de sa personne à Iéna, à l'avant-garde, où il verra par lui-même la situation des choses, ce qui est souvent la manière la plus prompte de prendre une décision, la meilleure aussi, à condition de ne pas accorder trop d'importance à la situation forcément restreinte qu'on a sous les yeux.

A 10 heures, l'Empereur croit devoir lancer un nouveau bulletin, le quatrième de la campagne et le deuxième de la journée :

« Les événements se succèdent avec rapidité. L'armée prussienne est prise en flagrant délit, ses magasins enlevés, elle est tournée.

« Il *paraît* qu'elle se met en marche pour gagner Magdeburg, mais l'armée française a gagné trois marches sur elle... La bataille aura lieu *dans peu de jours*, les résultats décideront du sort de la guerre. Les Français doivent être sans inquiétude. »

Napoléon avait, comme on le voit, la confiance la plus grande dans la victoire, il en avait le droit, et pourtant à ce moment même, Lannes était menacé d'un désastre, Hohenlohe s'ébranlait à midi avec ses 50.000 hommes pour l'attaquer lorsqu'un contre-ordre vint le faire rentrer dans son camp de Capellendorf (1).

A 10 heures, l'Empereur part à cheval de Gera pour Iéna, mais au lieu de prendre, comme il l'avait annoncé à Lannes, la route par Roda, extrêmement mauvaise, encombrée de troupes et de bagages, il suit la route du Nord, par Köstritz, Weissenborn, Klosterlaunitz, plus longue de quelques kilomètres, mais plus commode à parcourir pour un nombreux état-major et aussi plus rapprochée de Naumburg, direction que l'Empereur continuait à surveiller. Après une heure et demie de marche, il arrive à Köstritz « qui est un assez gros endroit sur la route d'Iéna et où se trouve l'embranchement d'une autre route qui va à Naumburg (2) ». Il s'y arrête un moment et y fait établir « son bivouac », il se rend compte que les deux divisions de Soult laissées à Gera seraient mieux placées à Köstritz, car elles auraient ainsi trois lieues de moins à faire pour la marche du lendemain, aussi bien dans la direction de Naumburg que dans celle d'Iéna. Il ordonne donc que ces deux divisions viendront coucher le soir à Köstritz « une des divisions bivouaquera sur la route d'Iéna et l'autre sur celle de Naumburg (2) ». Il remonte alors à cheval vers midi et continue sa route. Depuis une heure et demie de l'après-midi, la fusillade et le canon se font entendre vers Iéna. A 3 heures, l'Empereur galopant toujours vers la fusillade, est à une lieue et demie d'Iéna, lorsqu'il reçoit de nouveaux renseignements de Lannes, peut-être même son officier d'ordonnance Scherb le rejoint-il à ce moment et lui rend-il compte de ce qu'il a vu

---

(1) Hohenlohe, *Lettres sur la stratégie*, t. I, p. 91.
(2) Le major général au maréchal Soult, au bivouac de Köstritz, 13 octobre 1806 11ʰ 30 du matin.

c'est-à-dire du mouvement offensif amorcé à midi par Hohenlohe. L'Empereur et l'état-major mettent pied à terre et Berthier reçoit l'ordre de dicter et d'expédier les quatre lettres suivantes, datées du bivouac à une lieue et demie d'Iéna, 3 heures soir :

1º *Au maréchal Lefebvre, commandant la Garde à pied :*

Il paraît, monsieur le Maréchal, que l'ennemi *attaque* l'armée ce soir ou sûrement demain matin. Dans ce moment ses avant-postes fusillent. L'Empereur vous ordonne d'avancer le plus tôt possible ; faites passer le même avis au maréchal Soult qui vous suit. *Qu'un aide de camp crève un cheval s'il le faut.*

2º *Au maréchal Soult :*

L'Empereur vous fait dire, monsieur le Maréchal, que l'ennemi *marche en force* sur Iéna, on croit même qu'il a envie d'attaquer ce soir : hâtez votre marche sur Iéna.

3º *Au maréchal Ney, à Mœsdorf* (1) :

L'ennemi est avec 40.000 hommes, entre Weimar et Iéna ; poussez avec tout votre corps d'armée aussi loin que vous pourrez sur Iéna (2), afin d'être demain de bonne heure à Iéna. . . . .
Dirigez tout cela en arrière, avec votre cavalerie légère, aux portes d'Iéna. Tâchez d'être de votre personne ce soir à Iéna pour être à la reconnaissance que l'Empereur fera ce soir sur l'ennemi.

4º *Au maréchal Davout, à Naumburg :*

L'Empereur, monsieur le Maréchal, apprend à une lieue d'Iéna que l'ennemi est en présence du maréchal Lannes avec près de 50.000 hommes. Le maréchal croit même qu'il sera attaqué ce soir : si vous entendez ce soir une attaque sur Iéna, vous devez manœuvrer sur l'ennemi et déborder sa gauche. S'il n'y a pas d'attaque ce soir à Iéna, vous recevrez cette nuit les dispositions pour la journée de demain.

5º *Même ordre au maréchal Bernadotte.*

---

(1) Mœsdorf est à 6 kilomètres en avant de Roda, sur la route de Gera à Iéna.

(2) Ney suivait la route de Roda, précédé par les trois divisions de la réserve de cavalerie ; la Garde impériale, suivie par la cavalerie légère de Soult et la division Saint-Hilaire du même corps, suivaient la route par Saint-Gangloff, Hermsdorf et Rödigast ; les deux autres divisions de Soult suivaient la même route que l'Empereur, la route du nord, par Weissenborn et Klosterlaunitz.

L'attention de Napoléon se fixe comme on le voit de plus en plus sur Iéna. Des trois hypothèses qu'il examinait le matin, sur la conduite possible de l'armée ennemie, il retient surtout celle qui prévoit l'offensive sur Iéna. Il se réserve pourtant d'arrêter ses dernières dispositions après *sa reconnaissance personnelle*. Aucun chef d'armée n'a jamais accordé plus d'importance à cette opération essentielle, si souvent omise.

Ce que l'Empereur ne sait pas faute d'un service d'exploration et de découverte en avant de ses corps de première ligne, c'est qu'à cette heure même, l'armée du Roi, partie de Weimar à midi, est en retraite sur Auerstædt, par la grande route d'Erfurt. à Leipzig, sous la protection de l'armée de Hohenlohe campée sur le plateau de Capellendorf et qu'il n'a devant lui vers Iéna, que la moitié de l'armée prussienne. Ces ordres donnés, l'Empereur continue rapidement sa route ; en une demi-heure, il franchit les 8 kilomètres qui le séparent de la hauteur à l'est d'Iéna, il y rejoint le maréchal Lannes à 4 heures et de là observe l'ennemi pendant le reste du jour (1). « Après avoir mis pied à terre, il s'avança sur le plateau, écrit Savary (2), et s'approcha seul des postes ennemis jusqu'à ce qu'on lui eût tiré quelques coups de fusil. Il revint presser la marche de ses colonnes, *mena lui-même les généraux à la position qu'il voulait qu'ils occupassent pendant la nuit* et leur recommanda de ne la prendre que lorsqu'ils ne pourraient plus être aperçus de la ligne ennemie. Son bivouac fut établi sur le bord du plateau. » Les grenadiers du 40e (division Suchet) s'empressèrent de lui dresser un abri en paille et furent honorés d'être chargés de la garde de son auguste personnne (1).

L'Empereur fit souper avec lui tous les généraux qui étaient là. Avant de se reposer, il descendit à pied la montagne d'Iéna pour s'assurer qu'aucune voiture de munitions n'était restée en route ; c'est là qu'il trouva toute l'artillerie du maréchal Lannes engagée dans une ravine que l'obscurité lui avait fait prendre pour un chemin, et qui était tellement resserrée, que les fusées des essieux portaient des deux côtés sur le rocher.

---

(1) Rapport du maréchal Suchet.
(2) *Mémoires du duc de Rovigo.*

Dans cette position, elle ne pouvait ni avancer ni reculer, parce qu'il y avait deux cents voitures à la suite dans le défilé. Cette artillerie était celle qui devait servir la première, celle des autres corps était derrière elle.

« L'Empereur entra dans une grande colère qui se fit remarquer par un silence froid. Il demanda beaucoup le général commandant l'artillerie de l'armée (1), qu'il fut étonné de ne pas trouver là, et, sans se répandre en reproches, il fit lui-même l'officier d'artillerie, réunit les canonniers et, après leur avoir fait prendre les outils du parc et allumer les falots, il en tint un lui-même à la main dont il éclaira les canonniers qui travaillaient, sous sa direction, à élargir la ravine jusqu'à ce que les fusées des essieux ne portassent plus sur le roc. J'ai toujours présent devant les yeux, continue Savary, ce qui se passait sur la figure des canonniers en voyant l'Empereur éclairer lui-même, un falot à la main, les coups redoublés dont ils frappaient le rocher. Tous étaient épuisés de fatigue et pas un ne proféra une plainte, sentant l'importance du service qu'ils rendaient et ne se gênant pas pour témoigner leur surprise de ce qu'il fallait que ce fût l'Empereur lui-même qui donnât cet exemple à ses officiers. L'Empereur ne se retira que lorsque la première voiture fut passée. »

Rentré à son bivouac, il songea à Davout. A 10 heures du soir, il lui envoyait un nouvel ordre dont voici la teneur : « L'Empereur a reconnu UNE (2) armée prussienne qui s'étend depuis une lieue, en avant et sur les hauteurs d'Iéna jusqu'à Weimar. Il a le projet de l'attaquer le lendemain. Il ordonne à M. le maréchal Davout de se porter sur Apolda, afin de tomber sur les derrières de cette armée. Il laisse M. le Maréchal maître de tenir la route qui lui convient, pourvu qu'il prenne part au combat. » Le major général ajoutait : « Si le maréchal Bernadotte se trouve avec vous, vous pourrez marcher ensemble, mais l'Empereur espère qu'il sera dans la position qu'il lui a indi-

---

(1) Général de division Songis, commandant l'artillerie de l'armée. L'artillerie du 5ᵉ corps (Lannes) était commandée par le général de brigade Foucher.

(2) On voit par cette expression « une armée prussienne » que l'Empereur ne croyait pas avoir devant lui *toute* l'armée prussienne. En réalité, il croyait avoir devant lui le roi de Prusse avec l'armée principale.

quée à Dornburg. » Aucun autre ordre ne devait être envoyé à Davout et à Bernadotte avant le 15 octobre, 5 heures du matin.

Davout n'en agit pas moins avec la vigueur que l'on admire, mais Bernadotte profita de ce silence pour rester inactif, le 14 octobre, entre les deux batailles qui se livraient à sa droite et à sa gauche.

Après l'envoi de cet ordre à Davout, Napoléon prit quelque repos, puis à 1 heure du matin, il fit une nouvelle reconnaissance de l'ennemi accompagné du général Suchet, divisionnaire de Lannes. Dans cette reconnaissance, il sortit si entièrement de la ligne des avant-postes qu'en y rentrant, une grand'garde, sachant les Prussiens à quelques pas, le prit pour eux et fit feu sur lui. L'Empereur n'eut que le temps de se jeter à terre pour échapper à la fusillade (1). Après s'être fait reconnaître, il rentra à son bivouac où nous le reprendrons bientôt.

Nous pourrions suivre ainsi Napoléon dans les journées qui précédèrent ses autres grandes victoires : Austerlitz, Eckmühl, Wagram ; nous constaterions encore la même activité d'esprit et de corps, « le même soin dans le calcul de tous les éléments de la résolution qu'il avait à prendre (2) », le même souci d'inspirer la confiance et le feu sacré à son armée. Il visite ses soldats, leur parle, leur adresse une proclamation, réunit ses généraux et toujours dans la nuit qui précède la bataille, il fait lui-même la reconnaissance de l'ennemi. A cela, il attache une particulière importance. De son propre aveu, il commit une grave négligence, en ne faisant pas « cette reconnaissance sur l'ennemi » la veille d'Eylau ; il s'en rapporta ce soir-là aux jactances de Murat et se laissa persuader, sans s'en assurer, que Bennigsen continuait à fuir. « Plusieurs fois, disait-il à Davout, le lendemain de la bataille, prêt à céder dans cette soirée à une secrète inspiration, j'ai voulu m'avancer sur ce rideau, et l'on m'y a fait renoncer. J'ai fait là une grande faute! J'ai cru Murat. Il protestait que l'armée ennemie n'était point derrière. Il ne s'agissait que de monter sur cette colline d'où j'aurais tout vu par moi-même. Dès lors la bataille d'hier n'aurait eu

---

(1) *Mémoires de Ségur* et *Mémoires de Rovigo*.
(2) *Mémoires du baron Fain*, p. 247 et 248.

lieu qu'aujourd'hui et elle eût été gagnée ! Mais parce que les boulets pleuvaient sur ce mamelon, on est parvenu à m'en détourner et quand, dans de telles circonstances, un général doit toujours être prêt à se faire tuer, j'ai fait l'Empereur ! je me suis laissé ménager (1). »

En 1812, dans les quatre nuits qu'il passa au bivouac avant la Moskova, on le vit constamment sur pied, mais il était déjà moins apte à supporter les grandes fatigues qu'il s'imposait auparavant dans des circonstances analogues. Il contracta pendant ces nuits un refroidissement qui dégénéra, le lendemain de la bataille, en une extinction de voix dont il fut vivement contrarié. Il fut alors réduit à griffonner ses ordres sur de petits carrés de papier (2).

La veille de la bataille, Rapp, aide de camp de service, coucha dans la tente de l'Empereur. Il raconte que Napoléon dormit fort peu cette nuit-là. Rapp l'éveilla plusieurs fois pour lui remettre des rapports d'avant-postes qui indiquaient tous que les Russes s'attendaient à une attaque. A 3 heures du matin, Napoléon appela un valet de chambre et se fit apporter du punch qu'il partagea avec son aide de camp.

« Il me demanda, raconte Rapp, si j'avais bien dormi ; je lui répondis que les nuits étaient déjà fraîches et que j'avais été souvent réveillé. Il me dit : « Nous aurons affaire aujourd'hui à ce fameux Kutusow. Vous vous rappelez sans doute que c'était lui qui commandait à Braunau, lors de la campagne d'Austerlitz. Il est resté trois semaines dans cette place sans sortir une seule fois de sa chambre, il n'est pas seulement monté à cheval pour voir les fortifications. Le général Bennigsen, quoique aussi vieux, est un gaillard plus vigoureux que lui. Je ne sais pas pourquoi Alexandre n'a pas envoyé cet Hanovrien pour remplacer Barclay. » Il prit un verre de punch, lut quelques rapports et ajouta : « Eh bien, Rapp, crois-tu que nous ferons de bonnes affaires aujourd'hui ? — Il n'y a pas de doute, Sire, nous avons épuisé toutes nos ressources, nous sommes forcés de vaincre. » Napoléon continua sa lecture et

---

(1) Ségur, *Histoire et Mémoires*, t. II, p. 155.
(2) Méneval, *Mémoires*, t, III. p. 62.

reprit : « La Fortune est une franche courtisane, je l'ai souvent dit et je commence à l'éprouver. » — « Votre Majesté se rappelle qu'elle m'a fait l'honneur de me dire à Smolensk que le vin était versé, qu'il fallait le boire. C'est maintenant le cas plus que jamais. L'armée connaît d'ailleurs sa position, elle sait qu'elle ne trouvera de subsistances qu'à Moscou, et qu'elle n'a plus que trente lieues à faire. » — « Cette pauvre armée, elle est bien réduite, mais ce qui reste est bon, ma garde est d'ailleurs intacte. »

Il manda le prince Berthier et travailla jusqu'à 5ʰ30. Nous montâmes à cheval. Les trompettes sonnaient, les tambours battaient; dès que les troupes l'aperçurent, ce ne fut qu'acclamations. « C'est l'enthousiasme d'Austerlitz, s'écria l'Empereur, faites lire la proclamation :

« Soldats, voilà la bataille que vous avez tant désirée! Désormais la victoire dépend de vous, elle nous est nécessaire, elle nous donnera l'abondance, de bons quartiers d'hiver et un prompt retour dans la patrie. Conduisez-vous comme à Austerlitz, à Friedland, à Witebsk, à Smolensk et que la postérité la plus reculée cite votre conduite dans cette journée; que l'on dise de vous : « Il était à cette grande bataille sous les murs de Moscou. » Les acclamations redoublèrent, les troupes ne demandaient qu'à combattre, l'action fut bientôt engagée (1). »

On reconnaît là encore d'une façon générale la manière des beaux jours : redoublement d'activité à la veille de la bataille, travail de nuit, souci de surexciter le moral du soldat par des promesses de repos, d'abondance et de gloire; ce n'est plus cependant l'activité d'Austerlitz, d'Iéna et d'Eckmühl; l'Empereur a vieilli, il cède à ses aises, ce n'est plus la belle confiance en son étoile, la même tension d'esprit vers un objectif unique, la victoire; il perd une partie de son temps en choses oiseuses et en bavardages.

Cet affaissement est encore plus accentué en 1813. Quelques jours avant Leipzig, le major saxon Odeleben le vit plongé dans une sorte de torpeur. Il était triste, inquiet, comme accablé par la Fortune, attendant des nouvelles de l'armée de Blücher,

---

(1) Rapp, *Mémoires*, p. 211.

qui avait déjoué ses projets et si malheureux qu'il n'avait la force de s'occuper de rien.

Aucun mouvement dans son antichambre qui jadis « ressemblait au ventre du cheval de Troie », tellement il y avait foule serrée et prête à prendre le service. Ses collaborateurs ordinaires (1) l'entourent, les bras ballants, et lui, assis sur un sofa, devant une grande table, cherche à se distraire en traçant de grosses lettres sur une feuille de papier blanc!

Ce n'est plus l'homme d'Austerlitz et d'Iéna qui, à la moindre hésitation « faisait feu des quatre pieds! » — « Insouciant et craignant la fatigue, écrit Marmont, blasé sur tout, indifférent à tout, ne croyant à la vérité que lorsqu'elle est d'accord avec ses passions, ses intérêts ou ses caprices, d'un orgueil satanique et d'un grand mépris pour les hommes, son esprit était toujours le même, le plus vaste, le plus étendu, le plus profond, le plus productif qui fut jamais, mais plus de volonté, plus de décision et une mobilité qui ressemblait à de la faiblesse. »

Ce n'est pas ce Napoléon de 1813 que nous prendrons comme type du général en chef, mais celui que nous avons suivi d'Auma à Iéna, au mois d'octobre 1806. Donnez, dans la préparation de la bataille, une semblable activité, une égale volonté de vaincre au commandant de l'armée française le 18 août 1870, et répondez à cette question bien simple : à quelle armée serait allée la victoire?

---

(1) Bacler d'Albe, Fain, d'Ideville

CHAPITRE X (1)

NAPOLÉON A LA BATAILLE (*suite*)

II — La bataille

Napoléon a l'ardent désir de la bataille. — Il s'engage toujours à fond. — Dernière reconnaissance le matin de la bataille, ordre d'engagement. — Action sur le soldat. — Le point de stationnement. — Sûreté de son coup d'œil sur le champ de bataille. — Son talent extraordinaire de s'orienter. Action de l'Empereur au cours de la bataille; la création de l'événement. — Il n'y a pas de formule de la bataille napoléonienne. — La conduite de la bataille est le développement de la manœuvre stratégique. — L'Empereur sur le champ de bataille d'Iéna. — Réflexions sur la manière dont la bataille d'Iéna fut conduite. Action du général en chef dans les grandes batailles de l'avenir.

Enfin arrive le jour de la bataille, de cette bataille que Napoléon a préparée avec tant de soin et de passion et qu'il désire avec tant d'ardeur. Cet *ardent désir* de la bataille est un *nouveau trait caractéristique* de son génie, car combien de généraux en chef ne sont-ils pas hésitants au moment d'entrer dans ce terrible drame, qui se joue au prix de tant de vies humaines et dont dépend souvent le sort des empires et des nations? Napoléon lui-même disait « qu'on se faisait une idée peu juste de la force d'âme nécessaire pour livrer, avec une pleine méditation de ses conséquences, une de ces grandes batailles d'où vont dépendre le sort d'une armée, d'un pays, la possession d'un trône. Aussi observait-il qu'on trouvait rarement des généraux empressés à donner bataille : ils prenaient bien leur position, s'établissaient, méditaient leurs combinaisons, mais

---

(1) Voir le plan de la bataille d'Iéna.

là commençaient leurs indécisions, et rien de plus difficile et pourtant de plus précieux que de savoir se décider (1) ».

Au contraire « lui était toujours prêt et tranquille les jours d'action, jours de hasard qui lui plaisaient, dont il recherchait même les situations fortes et violentes, où, plus le danger pressait, plus il se sentait d'avantages, son génie prompt comme l'occasion étant sûr de la saisir avec une décision plus rapide qu'aucun de ses adversaires (2). »

Dans cette partie suprême, qu'il recherche non seulement par inclination naturelle pour les situations fortes et violentes, mais aussi parce qu'elle est la consécration d'un labeur personnel intensif, il s'engage à fond, avec la passion et l'audace — calculée — d'un grand joueur. Certains historiens l'ont désapprouvé de ne pas avoir rompu le combat le soir de Waterloo, à l'approche des Prussiens et de n'avoir pas opéré une retraite hasardeuse; une pareille prudence était à ce moment hors de saison, elle était aussi tout à fait contraire au tempérament de Napoléon et à ses principes. Dans les *Commentaires* (3), il fait gloire à Condé, le jour de Nordlingen, après la défaite de sa droite et de son centre, d'avoir continué la bataille avec sa gauche, la seule troupe qui lui restât. « Des observateurs d'un esprit ordinaire diront qu'il eût dû se servir de l'aile qui était encore intacte pour opérer sa retraite et ne pas hasarder son reste, mais avec de tels principes, un général est certain de manquer toutes les occasions de succès et d'être constamment battu... La gloire et l'honneur des armes est le premier devoir qu'un général qui livre bataille doit considérer, le salut et la conservation des hommes ne sont que secondaires. Mais c'est aussi dans cette audace, dans cette opiniâtreté que se trouvent le salut et la conservation des hommes, car quand bien même le prince de Condé se fût mis en retraite avec le corps de Turenne (aile gauche), avant d'arriver au Rhin il eût presque tout perdu. »

Lorsque Napoléon a donné ses ordres pour rassembler avant

---

(1) *Mémorial de Sainte-Hélène.*
(2) Ségur, *Histoire et Mémoires*, t. I, p. 504.
(3) *Commentaires de Napoléon; Guerres de Turenne*, t. VI, p. 1645.

la bataille, hors de portée d'attaque de l'ennemi, toutes ses forces « sans en négliger aucune, car un bataillon quelquefois décide d'une journée (1) », qu'il a donné, autant que possible, à ses troupes, une bonne nuit de repos, il entame le jour de la bataille avec sérénité et confiance. Il fait le matin même, à la pointe du jour, une dernière reconnaissance de l'ennemi avant de donner ses derniers ordres d'engagement. Des dispositions préparatoires pour l'entrée en ligne des corps ont pu être prises dès la veille, mais la direction définitive à donner aux colonnes ne doit être ordonnée que le matin même de la bataille, après une dernière reconnaissance. A propos de la bataille de Minden, perdue le 1er août 1759 par le maréchal de Contades, Napoléon blâme le général français « de s'en être tenu aux dispositions qu'il avait faites la veille dans un ordre du jour de cinq ou six pages, ce qui est bien le cachet de la médiocrité. L'armée une fois rangée en bataille, le général doit, à la *pointe du jour*, reconnaître la position de l'ennemi, ses mouvements de la nuit et sur ces données former son plan, expédier ses ordres, diriger ses colonnes (2) ». C'est ainsi qu'il procède à Austerlitz. « Les dispositions générales pour la journée du 2 décembre furent données le 1er décembre à 8h30 du soir, elles indiquaient à chaque corps son emplacement dans la ligne de bataille et l'heure à laquelle il devait être en place, exceptionnellement elles donnaient même l'évolution à exécuter, qui était « une marche en avant par échelons, l'aile droite en avant (3) », et elles se terminaient par cette prescription : « à 7h 30, les maréchaux se trouveront près de l'Empereur, à son bivouac pour, selon les mouvements qu'aura faits l'ennemi pendant la nuit, donner de nouveaux ordres. »

Même manière d'opérer à Iéna, comme nous le verrons bientôt, méthode rationnelle et féconde qui, si elle eût été suivie dans telles batailles que nous connaissons, celles de Saint-Privat et de Sedan par exemple, nous eût évité des désastres.

---

(1) *Commentaires de Napoléon ; Guerres de Frédéric ; Campagne de 1759.*
(2) *Ibid.*
(3) *Correspondance militaire de Napoléon.*

Ses ordres donnés en grand, Napoléon parcourt les lignes à cheval, il cherche à agir sur les esprits par quelque acte susceptible d'exciter l'enthousiasme, d'animer l'ardeur des soldats, il est salué, dans les beaux jours, par les vivats retentissants et prolongés des colonnes (1). Puis les premiers coups de feu annoncent le commencement de l'engagement, l'Empereur s'installe alors en un point de stationnement, point central d'où il peut voir tout ce qui se passe, « d'un accès facile aux rapports et d'où les ordres peuvent se répandre avec célérité. Une portion de la Garde impériale est devant lui et le reste en arrière, comme dernière réserve (2) ». Immédiatement près de l'Empereur se trouvent le major général, le grand écuyer, deux aides de camp et deux officiers d'ordonnance de service, un page, Roustan, un officier des écuries et un officier interprète. A quelque distance, le reste de la suite avec les quatre escadrons de service pris dans chacun des quatre régiments de la Garde impériale, chasseurs, chevau-légers polonais, dragons et grenadiers à cheval.

« Ce point de stationnement une fois choisi, l'Empereur ne le quitte plus guère que par intervalle, pour aller reconnaître ce qui se passe d'imprévu sur les ailes, remédier par sa présence à quelque désordre, encourager une colonne d'attaque, ou prendre possession d'un succès et en faire compliment à qui de droit....

« Quand l'Empereur s'avance trop au danger, il renvoie son monde et permet à peine à Berthier et à Caulaincourt, grand écuyer, de le suivre. Le page a seul le privilège de ne pas être éloigné et il le doit à la lunette dont on peut avoir besoin (2). »

De son point de stationnement, il suit l'action avec une sûreté de coup d'œil extraordinaire.

« Napoléon était parvenu, raconte Odeleben, à acquérir le talent extraordinaire de juger dans les moments décisifs la position et l'état des choses. Il ne s'est jamais trompé lorsqu'il a porté un jugement sur la distance ou sur l'approche du feu de

---

(1) Odeleben, *Campagne en Saxe en 1813*, p. 55.
(2) *Mémoires du baron Fain*, p. 248 et 249.

l'ennemi. Il remarquait chaque mouvement et s'apercevait de la force de l'ennemi et de ses mouvements soit rétrogrades, soit de flanc beaucoup plus vite et mieux qu'aucun de ses généraux. Il n'avait qu'à jeter un coup d'œil aidé de son télescope (1) pour concevoir avec une rapidité extraordinaire la position et les forces de toute une armée.

« Il avait outre cela le talent extraordinaire de s'orienter rapidement... Il se figurait toutes les localités et la situation du pays, il s'orientait une seule fois en plein air d'après la carte, ensuite, en avançant, il connaissait tout d'après l'idée qu'il s'était d'abord formée comme s'il fût né dans le pays : alors, à la vérité, il ne jugeait plus de la plupart des mouvements qu'en grand et, sans faire cas des difficultés inconnues, il ordonnait des opérations qui, exécutées à la lettre par ses généraux, coûtaient de grands sacrifices en hommes (2). »

Quelle action l'Empereur exerçait-il au cours de la bataille ?

On connaît la conversation qu'il eut à Dresde, quelques jours avant Bautzen, avec le maréchal Gouvion-Saint-Cyr. Comme il faisait part à Saint-Cyr des dispositions qu'il comptait prendre pour attaquer l'armée prusso-russe et qui consistaient à la faire déborder par l'armée du maréchal Ney, tandis que lui-même attaquerait de front, Saint-Cyr lui manifesta son étonnement de lui voir préférer une attaque d'aile à sa manière ordinaire d'attaquer le centre. Mais les paroles de Gouvion-Saint-Cyr ont trop de poids pour que nous ne tenions pas à les rapporter ici textuellement. « ... Ensuite l'Empereur me fit part de ses dispositions d'attaque, qui étaient bonnes, comme le sont presque toutes celles faites par un homme expérimenté ; car *ce n'est que dans l'exécution que se trouvent ordinairement les grandes difficultés, lesquelles se compliquent souvent par les fautes des collaborateurs, par les manœuvres et les dispositions de l'adversaire, ou quelquefois par le seul hasard.* Le moyen sur lequel Napoléon me parut le plus compter, c'était la disposition qu'il avait faite pour tourner l'ennemi par sa droite, dans sa position de Bautzen. Je lui fis observer qu'il me semblait s'éloi-

---

(1) On sait que Napoléon était légèrement myope.
(2) Odeleben, *Campagne en Saxe en 1813*, p. 165.

gner de sa manière ordinaire, en ce que je croyais qu'il aimait mieux les attaques sur le centre que celles sur les ailes, tandis que celles-ci paraissent avoir été presque toujours préférées par Frédéric II; que les premières en présentant d'abord de plus grands obstacles à surmonter, offraient ensuite quand elles réussissaient entièrement, de bien plus grands résultats, puisqu'il était presque impossible à un ennemi battu et enfoncé par son centre d'éviter une déroute complète et de faire une retraite passable. J'ajoutai que cette manière d'attaquer m'avait aussi toujours paru la plus en rapport avec la nature de son génie, et le besoin qu'il avait d'être un jour de bataille l'*unique ressort de cette grande machine;* qu'elle se prêtait mieux qu'aucune autre à la *réunion dans sa main de tous ses moyens.* Il me répondit qu'il n'accordait aucune préférence à l'attaque du centre sur celle des ailes, qu'il avait pour principe d'aborder l'ennemi avec le plus de moyens possible, que, les corps les plus à proximité étant engagés, il les laissait faire sans trop s'inquiéter de leurs bonnes ou mauvaises chances, qu'il avait seulement grand soin de ne pas céder trop facilement aux demandes de secours de la part de leurs chefs. Il cita, par exemple, Lutzen où, disait-il, Ney lui avait demandé les plus prompts renforts, ayant encore deux divisions qui n'avaient pas donné; il m'assura que, dans la même affaire, un autre maréchal lui en avait aussi demandés avant d'avoir un ennemi devant lui. Il ajouta que ce n'était que vers la fin de la journée, quand il s'apercevait que l'ennemi, fatigué, avait mis en jeu la plus grande partie de ses moyens, qu'il réunissait ce qu'il avait pu conserver en réserve, pour lancer sur le champ de bataille une forte masse d'infanterie, de cavalerie et d'artillerie; que l'ennemi, *ne l'ayant pas prévu,* il faisait ce qu'il nommait un événement et que, par ce moyen, il avait presque toujours obtenu la victoire. Je convins que ce système pouvait, ainsi que l'expérience l'a démontré, offrir de grands avantages, surtout pratiqué par un général souverain, tant qu'il ne serait pas apprécié, jugé et combattu par son adversaire comme il était susceptible de l'être (1). »

---

(1) Gouvion-Saint-Cyr, *Mémoires pour servir à l'Histoire militaire sous le Directoire, le Consulat et l'Empire,* t. IV, p. 40 et suiv.

Nous voyons par là — car, en la circonstance, Napoléon n'avait pas d'intérêt à dire le contraire de la vérité — qu'il n'avait pas de préférence pour un genre d'attaque déterminé. Mais il se conforme toujours au principe supérieur de réunir ses forces et ses feux contre le point qu'il voulait forcer, car, « la brèche faite, l'équilibre est rompu et la place est prise ».

D'une façon plus générale, nous croyons qu'il ne faut chercher dans la tactique napoléonienne du champ de bataille aucun schéma, aucun esprit de système, aucune formule étroite. Sans entrer dans le détail des faits, qu'on peut interpréter de bien des façons différentes, nous donnons comme garantie de cette assertion, la nature même du génie de Napoléon et ses déclarations personnelles maintes fois exprimées.

Toute formule est la négation de l'art et ne saurait se concilier avec les conceptions géniales, avec l'envergure d'esprit du grand artiste de la guerre. D'ailleurs, lui-même s'est exprimé en termes formels à ce sujet :

« Le sort d'une bataille, disait-il à Las Cases (1), est le résultat d'un instant, d'une pensée : on s'approche avec des combinaisons diverses, on se mêle, on se bat un certain temps, le moment décisif se présente, une étincelle morale prononce et la plus petite réserve accomplit. »

Il déclarait à Gourgaud que ce qui était bon dans une circonstance, était mauvais dans une autre et que les *principes* eux-mêmes ne devaient être considérés que comme des axes auxquels se rapporte une courbe (2).

Il a même énuméré dans ses *Commentaires*, les circonstances diverses qui influaient sur la variété de ses dispositions :

1º Le nombre des troupes, celui de l'infanterie, de la cavalerie et de l'artillerie qui composent l'armée;

2º Le rapport qui existe entre les deux armées, leur moral;

3º Le but qu'on se propose;

4º La nature du champ de bataille;

5º La position qu'occupe l'armée ennemie et le caractère du chef qui la commande.

---

(1) Comte DE LAS CASES, *Mémorial de Sainte-Hélène*.
(2) GOURGAUD, *Journal de Sainte-Hélène*, t. II, p. 20.

On ne peut, ajoutait-il, et on ne doit prescrire rien d'absolu.

De ces diverses considérations, une de celles dont il tenait le plus grand compte pour le choix du point sur lequel il concentrait ses attaques, était le but stratégique qu'il pousuivait. Les batailles ne doivent pas être envisagées comme des œuvres indépendantes et isolées, elles n'ont jamais été qu'une partie de très vastes combinaisons (1).

« Il assignait toujours à son attaque l'objectif qui lui promettait le plus de succès au point de vue stratégique, mais, tandis qu'au début, tout en choisissant son point d'attaque d'après des considérations stratégiques, il s'efforçait en même temps de tirer de la situation les avantages tactiques qu'elle pouvait offrir, il devint, dans la suite, de plus en plus indifférent à ce point de vue, s'étant affranchi finalement de toute préoccupation tactique, il en est arrivé à faire, dans les plaines de la Russie, ses attaques de la façon la plus brutale sans se préoccuper de l'énormité des pertes (2). »

Au point de vue tactique, il semble se préoccuper beaucoup moins de la nature du champ de bataille, des difficultés du terrain que des mouvements ou contre-mouvements de l'ennemi. Pour Napoléon, « une bataille est une action dramatique qui a son commencement, son milieu et sa fin. L'ordre de bataille que prennent les armées, les premiers mouvements pour en venir aux mains sont l'exposition, les *contre-mouvements* que fait l'armée attaquée forment le nœud, ce qui oblige à de nouvelles dispositions et amène la crise finale d'où naît le résultat ou dénouement ». Voilà ce qu'il expose dans ses *Commentaires* (3) et il ajoute à propos de la bataille de Waterloo : « Aussitôt que l'attaque du centre de l'armée française aurait été démasquée, le général ennemi ferait des contre-mouvements soit par ses ailes, soit derrière sa ligne pour faire diversion ou accourir au secours du point attaqué. Aucun de ses mouvements ne pouvait échapper à l'œil exercé de Napoléon dans la position centrale où il s'était placé et il avait dans sa main toutes ses réserves

---

(1) Comte DE LAS CASES, *Mémorial de Sainte-Hélène*.
(2) YORCK DE WARTENBURG, *Napoléon chef d'armée*, t. II, p. 377.
(3) *Commentaires de Napoléon* t. V, p. 166.

pour les porter à volonté où l'urgence des circonstances exigerait leur présence. »

Si l'intervention de Napoléon se manifeste tout particulièrement dans le lancement de cette masse d'infanterie, de cavalerie et d'artillerie, avec laquelle il crée dans quelques-unes de ses batailles la surprise et l'événement, cette intervention ne se borne pas à cet acte décisif, elle est de tous les instants.

Il veut voir les choses par lui-même, « car un général qui voit par les yeux des autres, ne sera jamais en état de commander une armée comme elle devrait l'être (1) », il est au combat ; dès lors comment, avec son tempérament autoritaire et absorbant, respecterait-il, là plus qu'ailleurs, l'initiative de ses subordonnés, comment n'aurait-il pas besoin, comme le lui disait Gouvion-Saint-Cyr, d'être l'unique ressort de cette grande machine qu'est la bataille? En fait, là comme ailleurs, il concentre en lui toute l'activité intellectuelle, ne laissant aux autres que le rôle d'exécutants.

« Le plus difficile, disait Napoléon à Gourgaud (2), est de deviner les projets de l'ennemi, de voir le vrai dans tous les rapports qu'on reçoit ; le reste ne demande que du bon sens, c'est un combat à coups de poing, plus on en donne, mieux cela vaut... » et il disait aussi :

« Pour dire le vrai, ce qui m'a fait gagner tant de batailles, c'est que la *veille*, au lieu de donner ordre de diverger, je faisais converger toutes mes forces sur le point que je voulais forcer et les y massais. Je renversais ce que j'avais devant moi, car naturellement c'était *un point faible*. »

Nous trouvons dans ces quelques lignes les principaux caractères de la bataille napoléonienne :

1º Faire converger toutes les forces la veille sur le point qu'il voulait forcer et les y masser et ce point *choisi la veille* était un *point faible*;

2º Engager le combat, le combat à coups de poing et faire qu'on en donne le plus possible. C'est donc l'offensive à fond sur tout le front;

---

(1) O'Méara, *Napoléon en exil*, t. II, p. 377.
(2) Gourgaud, *Journal de Sainte-Hélène*, t. II, p. 418 et suiv.

3º Enfin sur le point faible et à la minute qu'il choisit, le général en chef lance lui-même un formidable coup de poing décisif, qui renverse l'adversaire.

S'il n'y a pas de formule, il y a dans toute bataille napoléonienne la personnalité de Napoléon. Mais cette personnalité, elle aussi, ne reste pas identique à elle-même. Quelle différence entre le vainqueur d'Austerlitz et d'Iéna « qui fait feu des quatre pieds » et l'Empereur de 1812 et 1813 qui s'occupe de ses aises jusqu'à en faire une affaire capitale, qui, pendant la bataille, ne quitte plus parfois son feu de bivouac et a l'air de tout traiter par-dessous la jambe (1). »

En vue de dégager un enseignement de notre étude, c'est naturellement dans ses beaux jours que nous tenons à suivre l'Empereur des batailles, et pour nous rendre compte de sa manière de faire dans un cas concret, nous allons le reprendre au point où nous l'avons laissé, à son bivouac du Landgrafenberg, le 14 octobre 1806, et le suivre pas à pas sur le champ de bataille d'Iéna.

Après sa reconnaissance sur l'ennemi, qu'il avait faite à 1 heure du matin avec le général Suchet, l'Empereur rentra à son bivouac.

« La nuit offrait un spectacle digne d'observation : celui de deux armées, dont l'une déployait son front sur six lieues d'étendue et embrasait de ses feux l'atmosphère, l'autre dont les feux apparents étaient concentrés sur un petit point, et, dans l'une et l'autre armée, de l'activité et du mouvement. Les feux des deux armées étaient à une demi-portée de canon; les sentinelles se touchaient presque et il ne se faisait pas un mouvement qui ne fut entendu (2). » Tout le corps du maréchal Lannes était rangé sur le rebord du plateau, la Garde impériale à pied s'était installée sur les pentes, et était comme attachée et suspendue au flanc de cette montée rapide (3), Augereau était en arrière d'Iéna, Davout, Bernadotte et Murat aux environs de Naumburg, les corps de Soult et de Ney, les cuirassiers de

---

(1) ODELEBEN, p. 313 et 314.
(2) 5º Bulletin de la Grande Armée. Campagne de 1806.
(3) SÉGUR, Histoire et Mémoires, t. III, p. 18.

Nansouty et d'Hautpoul, les dragons de Klein, accouraient à la bataille de l'Empereur. De la ville d'Iéna et des vallées voisines, on avait pratiqué des débouchés qui permettaient le déploiement le plus facile aux troupes qui n'avaient pu être placées sur le plateau, car c'était peut-être la première fois qu'une armée devait passer par un si petit débouché.

A son bivouac, l'Empereur donna les dispositions de l'ordre de bataille que Berthier traduisit en l'ordre du jour suivant :

Ordre du jour

Dispositions de l'ordre de bataille

Au bivouac d'Iéna, 14 octobre 1806.

M. le maréchal Augereau commandera la gauche, il placera sa première division en colonne sur la route de Weimar jusqu'à une hauteur par où le général Gazan (1) a fait monter son artillerie sur le plateau; il tiendra des forces nécessaires sur le plateau de gauche à hauteur de la tête de sa colonne. Il aura des tirailleurs sur toute la ligne ennemie aux différents débouchés des montagnes. Quand le général Gazan aura débouché en avant, il (Augereau) débouchera sur le plateau avec tout son corps d'armée et marchera ensuite, suivant les circonstances, pour prendre la gauche de l'armée.

M. le maréchal Lannes aura, à la pointe du jour (2), toute son artillerie dans ses intervalles et dans l'ordre de bataille où il a passé la nuit.

L'artillerie de la Garde impériale sera placée sur la hauteur, et la Garde sera derrière le plateau, rangée sur cinq lignes, la première ligne, composée des chasseurs, couronnant le plateau.

Le village qui est sur notre droite (3) sera canonné avec toute l'artillerie du général Suchet (4), et, immédiatement après, attaqué et enlevé.

L'Empereur donnera le signal, on doit se tenir prêt à **la pointe du jour.**

M. le maréchal Ney sera placé à la pointe du jour, à l'extrémité du plateau, pour pouvoir monter et se porter sur la droite du **maréchal**

---

(1) Du corps de Lannes.
(2) Vers 5ʰ 30 du matin.
(3) **Closwitz.**
(4) Nous jugerions aujourd'hui cet ordre prématuré.

Lannes, du moment que le village sera enlevé et que, par là, on aura la place de déploiement.

M. le maréchal Soult débouchera par le chemin qui a été reconnu sur la droite et se tiendra toujours lié pour tenir la droite de l'armée.

L'ordre de bataille en général sera pour MM. les maréchaux de se former sur deux lignes, sans compter celle de l'infanterie légère; la distance des deux lignes sera au plus de 100 toises.

La cavalerie légère de chaque corps d'armée sera placée pour être à la disposition de chaque général pour s'en servir suivant les circonstances.

La grosse cavalerie, aussitôt qu'elle arrivera, sera placée sur le plateau et sera en réserve derrière la Garde, pour se porter où les circonstances l'exigeraient.

Ce qui est important aujourd'hui, c'est de se déployer en plaine; *on fera ensuite les dispositions que les manœuvres et les forces que montrera l'ennemi indiqueront* afin de le chasser des positions qu'il occupe et qui sont nécessaires pour le déploiement.

Par ordre de l'Empereur :
Le Major général,
Maréchal Alex. Berthier.

Arrêtons un instant notre attention sur cet ordre du jour qui est, en réalité, ce que nous appelons aujourd'hui un ordre général d'opérations. Son objet est de faire prendre à l'armée un ordre de bataille. L'avant-garde, qui est le corps de Lannes, y trouve l'indication de la formation à prendre, de la direction générale à suivre, de l'heure du départ et du premier objectif à enlever.

L'indication, dans un ordre général d'opérations donné plusieurs heures avant le commencement de l'action, de faire canonner un village puis de l'attaquer et de l'enlever nous semblerait aujourd'hui prématurée, car elle présuppose que l'ennemi occupera toujours le village en question. Aujourd'hui l'artillerie ne s'engage que pour vaincre les résistances opposées à la progression de son infanterie (1).

Les autres corps et la cavalerie sont orientés avec précision

---

(1) Par le fait, le brouillard qui s'éleva vers 5^h 30 et ne se dissipa que vers 9 heures, fit que l'attaque de Closwitz eut lieu tout autrement que l'Empereur ne l'avait ordonné.

sur les mouvements qu'ils auront à faire pour déboucher et se lier à l'avant-garde.

Enfin, l'ordre indique en terminant l'objet de la première opération de la journée qui est de se déployer en plaine.

Au point de vue rédaction, l'ordre est d'un style lourd, incorrect, diffus. On sent à un certain décousu qu'il a été écrit sous la dictée, on n'y reconnaît pas la griffe de l'Empereur. Sans doute Berthier l'a dicté lui-même d'après les indications de l'Empereur (1).

A l'exception du nom de Weimar, il n'y est fait mention d'aucun nom de lieu. « Le plateau de gauche », « le village qui est sur la droite », « la hauteur par où le général Gazan a fait monter son artillerie », etc., telles sont les expressions employées pour orienter les troupes. Ce mode de procéder était rendu nécessaire par la pénurie de cartes dont les maréchaux eux-mêmes n'étaient pas toujours pourvus. Des reconnaissances préliminaires suppléaient aux cartes. Il n'est pas question davantage d'heure, les montres aussi faisaient défaut, on se réglait sur « la pointe du jour » et les affaires n'en allaient pas plus mal.

Revenons à l'emploi du temps de l'Empereur.

Pendant la fin de la nuit il dormit très peu. Vers les 4 heures du matin, il fit appeler les maréchaux Lannes et Soult pour leur faire part de ses projets (2) et leur donner ses derniers ordres : Lannes se portera par le plateau sur Closwitz, tandis que Soult débouchera sur le plateau avec la division Saint-Hilaire par les chemins reconnus la veille (Rau-Thal et chemin de Zwetzen), s'emparera du bois à l'Est et tournera ainsi le village de Closwitz par la gauche.

Le plan d'engagement, qui découlait naturellement de la manœuvre stratégique, était de manœuvrer sur la gauche de l'ennemi, de façon à lui couper sa ligne de retraite; un succès

---

(1) D'une façon générale, le style de Berthier manquait d'élégance. Il faut reconnaître, toutefois, que le 14 octobre 1806, à 2 heures du matin, dans un abri de paille, après plusieurs nuits presque sans sommeil, il avait quelque excuse de ne pas soigner son style.

(2) Rapport du général Victor, chef d'état-major du 5ᵉ corps (FOUCART, *Campagne de Prusse*, p. 625; SÉGUR, *Histoire et Mémoires*).

sur la gauche de l'armée prussienne compromettait la retraite de tout le reste, d'autant plus qu'on attendait de ce côté Davout et Bernadotte.

Vers 5 heures, Lannes quitta l'Empereur. Napoléon, resté seul avec Soult, lui dit alors : « Les battrons-nous? — Oui! s'ils sont là, répondit le maréchal, mais je crains qu'ils n'y soient plus (1). »

A ce moment les premiers coups de fusil se firent entendre, l'Empereur s'écria gaiement : « Les voici! l'affaire commence! » Puis, éclairé par des soldats portant des torches, il alla haranguer l'infanterie, la piquant d'honneur contre cette cavalerie prussienne si célèbre « qu'il fallait, dit-il, faire expirer devant nos carrés, comme nous avions à Austerlitz écrasé l'infanterie russe (2). »

Jusqu'à 8 heures, un brouillard extrêmement épais obscurcit l'horizon, les tirailleurs marchaient comme à tâtons, guidés seulement par la lueur et le bruit des coups de feu qui répondaient à leur attaque.

A 9 heures, le brouillard se dissipa, Suchet s'élança alors sur Closwitz et emporta le village.

Ce début provoqua une première intervention de l'Empereur. Par suite du changement de direction à droite qu'avait dû faire le 5e corps pour marcher sur Closwitz, une ouverture s'était produite entre ce corps et le 7e, Napoléon remplit cet intervalle avec la Garde et une grande batterie de vingt-cinq canons, « la grande batterie du centre », constituée avec l'artillerie de la Garde, une partie de celles des divisions Gazan (5e corps) et Desjardins (7e corps). Il faisait ainsi œuvre de général en chef en assurant la liaison entre les différents corps.

Après la prise de Closwitz, Lannes prit pied sur le Dornberg, entre Closwitz et Lützeroda.

« Il était à peu près 10 heures et l'on entendait déjà sur la droite le canon du maréchal Soult qui, ayant débouché à son tour sur le Landgrafenberg par les deux chemins du Rau-Thal

---

(1) En réalité, Soult avait en partie raison; la principale armée prussienne n'était plus là.

(2) SÉGUR, *Histoire et Mémoires*, t. III, p. 20.

et de Zwetzen, chassait l'aile gauche prussienne (détachement du général Holtzendorf) du bois de Closwitz et la rejetait sur le village de Rödigen. Finalement le général Holtzendorf, séparé de la ligne prussienne, se retira sur les hauteurs de Stobra et ne prit plus part à l'action.

Ces premiers succès au centre et à la droite des Français leur firent gagner le terrain nécessaire pour déployer leurs masses et faciliter le débouché des troupes de l'aile gauche et des réserves (1).

La première opération prescrite par l'Empereur était exécutée. On avait gagné le terrain nécessaire pour se déployer en plaine; il s'agissait maintenant de prendre les dispositions indiquées par les manœuvres et les forces de l'ennemi. « L'Empereur eût désiré retarder de deux heures d'en venir aux mains, afin d'attendre dans la position qu'il venait de prendre, après l'attaque du matin, les troupes qui devaient le joindre et surtout sa cavalerie, mais l'ardeur française l'emporta (2). » Le maréchal Ney intervenait avec sa fougue habituelle, à 10ʰ 30 il arrivait sur le champ de bataille avec tous ses grenadiers et ses voltigeurs, le 25ᵉ léger et sa brigade de cavalerie, impatient de prendre part au combat, il passait entre les divisions Gazan et Suchet et se portait sur le village de Vierzehn-Heiligen.

Pendant ce temps, le 7ᵉ corps, celui du général Augereau, abordait le plateau par la gauche et arrivait aux environs de Cospeda.

Vers 11 heures, au moment où le maréchal Ney se présentait devant Vierzehn-Heiligen, l'Empereur s'était porté de sa personne à la tête de sa Garde sur le Dornberg; de cette position où il resta presque tout le jour, son regard dominait la plaine. A peine y était-il arrivé que le plateau fut envahi par des centaines de cavaliers ramenés à vive allure par la cavalerie prussienne; c'étaient les escadrons du 10ᵉ chasseurs que Ney avait lancés à l'attaque de l'artillerie ennemie et qui avaient été chargés de flanc par les dragons de Prittvitz et les cuirassiers d'Holtzendorf. « Napoléon fut un instant entouré de la déroute

---

(1) D'après le récit de Mathieu Dumas, *Précis des Événements militaires*, t. XVI.
(2) Cinquième *Bulletin* de la Grande Armée : Iéna, 15 octobre.

des chasseurs, ils ne s'arrêtèrent qu'à sa vue, au regard et au geste de mécontentement qu'il leur adressa (1). »

Mêlé d'aussi près au combat, l'Empereur devait forcément intervenir dans ses détails. Il appela le général Durosnel, commandant la brigade de cavalerie d'Augereau, et lui ordonna de charger ; en même temps il lançait lui-même le 40e régiment d'infanterie de la division Suchet sur Vierzehn-Heiligen.

Peu après, pendant que le combat se poursuivait violent et indécis autour de Vierzehn-Heiligen en feu, il disposait encore d'une des brigades d'infanterie d'Augereau pour renforcer l'attaque du village.

Vers 1 heure, le maréchal Soult, continuant à s'élever sur le flanc gauche des Prussiens, arrivait à hauteur de Vierzehn-Heiligen désigné des deux côtés comme principal point d'attaque ; en même temps, on annonçait à l'Empereur l'entrée sur le champ de bataille des deux divisions du 6e corps et des divisions de cavalerie de la réserve. Le moment décisif se trouvait alors bien indiqué. A ce moment l'Empereur avait auprès de lui :

Les six bataillons des 100e et 103e de la division Gazan ;
Quatre bataillons des 60e et 88e de la brigade Vedel ;
Les neuf escadrons de la brigade de cavalerie du 5e corps ;
La Garde impériale à pied.

Sur l'ordre de Napoléon, le maréchal Lannes se portait sur le flanc gauche de Vierzehn-Heiligen avec les 100e et 103e de ligne et six pièces d'artillerie de la division Gazan, commandées par le général Foucher, commandant l'artillerie du 5e corps. « Cette manœuvre étonne les ennemis, ils sont incertains, leur feu se ralentit, tandis que le nôtre redouble, ils cèdent le terrain ; Lannes saisit cette occasion, il les fait charger par ses deux régiments en masse, *tout le corps d'armée suit cette impulsion décisive*. L'armée prussienne est culbutée (2). » Il était 2 heures.

Cependant, la bataille n'était pas finie. A l'aile droite prussienne les Saxons résistaient toujours sur la Schnecke. Rüchel arrivant

---

(1) Ségur, *Histoire et Mémoires*, t. III, p. 23.
(2) Rapport du général Victor, chef d'état-major du 5e corps (Foucart, *1806* p. 625.

tardivement de Weimar, se déployait sur la hauteur dite le Sperlings-Berg au nord-ouest de Vierzehn-Heiligen, puis se portait en avant flanqué sur ses deux ailes par de la cavalerie.

« Des escadrons nombreux, d'une apparence formidable, se montraient à l'horizon, ils semblaient s'apprêter à prendre en flanc droit le maréchal Lannes. L'Empereur, apercevant cette cavalerie, s'en inquiéta et, l'indiquant à son officier d'ordonnance Ségur, l'envoya porter l'ordre à la division Suchet de se former en carrés contre elle.

En même temps, il envoyait la brigade Vedel du 5e corps en soutien de la division Desjardins du 7e, qui débouchait du bois d'Isserstedt sur les hauteurs de Gros-Romstedt.

Au cours de l'action, la Garde impériale à pied voyait, avec un dépit qu'elle ne pouvait dissimuler, tout le monde aux mains et elle dans l'inaction. Plusieurs voix firent entendre les mots : « En avant ! » — « Qu'est-ce ? dit l'Empereur. Ce ne peut être qu'un jeune homme qui n'a pas de barbe, qui peut vouloir préjuger de ce que je dois faire ; qu'il attende qu'il ait commandé dans trente batailles rangées avant de prétendre me donner des avis (1). »

Cependant, pressé de front par Vedel, attaqué sur son flanc droit par Desjardins, sur son flanc gauche par Lannes et Soult, Rüchel à son tour abandonnait la lutte.

« Les voyez-vous, dit Lannes à Ségur, ils fuient tous sur Weimar ! la route se couvre de leurs caissons. Courez en prévenir l'Empereur. »

Ségur retrouvait Napoléon sur le Dornberg. Il était environ 3 heures. Il écoutait le rapport de l'aide de camp, quand plusieurs boulets saxons vinrent bondir presque entre le cheval de l'Empereur et celui de Ségur. Alors l'interrompant : « Il est inutile, s'écria-t-il, de se faire tuer à la fin d'une victoire, mettons pied à terre. » Il ordonna à Ségur de faire avancer sur ce point l'artillerie de la Garde, après quoi, Ségur crut utile de lui répéter l'avis du maréchal Lannes : « Bien, lui dit-il, allez donc et suivez leur retraite sur Weimar, mais avant voyez devant

---

(1) Cinquième *Bulletin* : Iéna, 15 octobre 1806.

notre gauche ce que deviennent ces Saxons et qu'on en finisse (1) »
et pour en finir il envoya sur leur flanc la division Marchand
(corps Ney). Par cette manœuvre, les Saxons, presque entièrement
coupés, furent presque tous faits prisonniers. Il était 4 heures.

Alors la poursuite commença et fut menée ce soir-là jusqu'au
delà de Weimar, où Murat entrait à 6 heures. Toujours galant
chevalier, il s'empressait d'aller offrir ses hommages à la duchesse
de Saxe-Weimar, qui le retenait à dîner à sa résidence.

Nous venons de voir l'Empereur suivre, de sa position du
Dornberg, les mouvements du corps de Lannes et intervenir
très activement, trop activement, dans l'action en donnant
des ordres directs aux brigades et aux régiments eux-mêmes.
Il en fut de même au corps d'Augereau, qui, débouchant vers
10 heures sur la gauche du plateau d'Iéna, combattit également
à la portée immédiate de l'Empereur. C'est Napoléon
lui-même qui désigna successivement leurs objectifs (bois
d'Isserstedt et petit bois de Vierzehn-Heiligen), aux régiments
de la 1re division d'Augereau (2). Au contraire, les corps plus
éloignés, Soult, Bernadotte et Davout, ne reçurent aucun ordre,
aucune directive de Napoléon au cours de la bataille.

La bataille gagnée, l'Empereur, après avoir, suivant son
habitude, parcouru le champ de bataille pour réconforter les
blessés, rentra à Iéna. Il reçut dans la soirée le corps de l'Université.
Ségur, revenant de Weimar, venait lui faire son rapport
à minuit. Voici le récit qu'il donne de son audience :

« Le quartier de l'Empereur, autant que je puis me le rappeler,
était dans une auberge (3); son lit, au coin d'une salle assez vaste,
était celui du lieu. L'Empereur n'était pas alors entouré de
toutes ces aises qui, depuis, contribuèrent à lui rendre la guerre
moins fatigante et peut-être trop facile. J'entrai seul, une lumière
à la main et je m'approchai de son lit. Ce ne fut qu'un instant
après que la clarté terne de ce flambeau le réveilla d'un profond

---

(1) Ségur, *Histoire et Mémoires*.

(2) Rapports des colonels des 16e léger, 14e, 44e et 105e de ligne (Foucart, *1806*, p. 657 et suiv.).

(3) En réalité l'Empereur coucha le 14 octobre au château d'Iéna (Lettre de l'intendant Daru au major général. Berlin, 25 octobre 1806. Foucart, *Campagne de Prusse*, t. II, p. 66).

sommeil ; car il ne pouvait supporter la nuit aucune lumière et, pour l'empêcher de s'endormir, la plus faible lueur de la moindre lampe suffisait. Son réveil fut doux comme cela lui était habituel et comme l'est, dit-on, celui des caractères heureux ; il fut subit, entier, sans étonnement, par habitude, et comme s'éveillent ordinairement les gens de guerre.

« La lecture du rapport (1) achevée, je lui rendis compte de la prise du corps saxon que j'évaluai à 6.000 hommes. « J'ai « vu, me répondit-il, ils étaient plus, ils étaient au moins 8.000 ! » Puis quand j'ajoutai qu'à Weimar nous avions failli prendre la reine, sa voix s'anima en me répondant : « C'eût été justice ! « elle l'avait bien mérité ! C'est elle qui est la cause de la guerre ! » Alors d'un air préoccupé : « Mais reprit-il, n'avez-vous pas, en « marchant sur Weimar, entendu au loin, sur votre droite, une « forte canonnade ? » Sur ma réponse négative et qu'il eût été difficile de distinguer ce bruit de ceux de notre bataille, il ajouta : « Cela est singulier, il doit pourtant y avoir eu de ce côté une affaire considérable. »

« En effet, deux heures plus tard (vers 2 heures du matin), un officier de Davout, Bourcke, vint encore le réveiller, il lui apprit la victoire d'Auerstædt, victoire tellement à part de celle d'Iéna, quoique simultanée, que huit et dix heures même après la fin de celle-ci, l'Empereur l'ignorait, s'en enquérait et n'en avait même pas entendu le bruit (2). » Le récit de Bourcke ne fut pas sans causer une surprise à l'Empereur qui croyait avoir combattu l'armée principale prussienne et comme l'aide de camp de Davout lui donnait le nombre des ennemis de l'intrépide maréchal, Napoléon lui répondit : « Votre maréchal qui n'y voit pas d'ordinaire, y a vu double aujourd'hui. »

« Il ne faut donc pas s'étonner si, dans son bulletin du lendemain, il se plut à confondre cette victoire avec la sienne. C'était surtout à Auerstædt et devant un seul de ses lieutenants que, trois fois plus nombreuse, l'élite des forces prussiennes, avec ses généraux les plus renommés, ses princes et son Roi lui-même, venait d'être anéantie, tandis que, à Iéna, l'Empereur, aussi

---

(1) Il s'agit du rapport de Murat que Ségur lui rapportait de Weimar.
(2) Ségur, *Histoire et Mémoires*.

fort que l'ennemi, ne se trouvait avoir vaincu que deux lieutenants, qu'il avait surpris séparés du reste. La gloire était trop disproportionnée pour qu'il en convint aux yeux des peuples, lui qui vivait surtout de gloire ! Plus tard, moins gêné par la politique, il fut plus vrai dans ses paroles et plus juste dans ses éloges et sa reconnaissance (1). »

A 3 heures du matin, l'Empereur annonçait sa victoire à l'Impératrice par le court billet suivant :

Iéna, 15 octobre 1806, 3 heures du matin.

Mon amie, j'ai fait de belles manœuvres contre les Prussiens. J'ai remporté hier une grande victoire. Ils étaient 150.000 hommes, j'ai fait 20.000 prisonniers, pris 100 pièces de canon et des drapeaux. J'étais en présence et près du roi de Prusse. J'ai manqué de le prendre ainsi que la reine. Je bivouaque depuis deux jours. Je me porte à merveille.

Adieu, mon amie, porte-toi bien et aime-moi.

Si Hortense est à Mayence, donne-lui un baiser ainsi qu'à Napoléon et au petit.

Napoléon.

Comme on le voit, Napoléon racontait les faits à sa façon et pour son plus grand bénéfice.

A 4 heures du matin, malgré la fatigue des jours précédents, le travail se poursuivait, Napoléon donnait les ordres pour la continuation de la poursuite, que la cavalerie avait commencée d'elle-même à la fin de la bataille, de cette poursuite qui allait anéantir l'armée prussienne et compléter si brillamment les résultats de la victoire.

Si maintenant nous considérons la bataille d'Iéna à la lueur des trois grands principes qui, suivant Napoléon, lui rendirent toujours la fortune favorable :

Réunion des forces ;

Activité ;

Ferme résolution de périr avec gloire,

nous constatons que, cette fois encore, ce fut de leur application qu'il tint la victoire.

---

(1) Ségur, *Histoire et Mémoires.*

A ne considérer que l'éloignement du champ de bataille d'Iéna des corps de Davout et de Bernadotte et d'une partie de la réserve de cavalerie, on pourrait croire que Napoléon n'observât pas le principe de la réunion des forces. Mais la dispersion du 14 octobre fut le résultat d'événements imprévus. Quand dans la nuit du 11 au 12 octobre, poursuivant son idée stratégique de s'emparer des communications de l'adversaire, Napoléon disloqua son carré de 200.000 hommes, il ne s'attendait pas à une bataille avant le 16, mais aussitôt qu'il vit, le 13 octobre, à 3ʰ 30 du soir, la bataille imminente, sa première pensée fut de grouper toutes ses forces dans la région entre Weimar et Iéna. Sans perdre une minute, il lança à tous ses maréchaux l'appel le plus pressant et cet appel auquel Davout répondait avec la résolution et la vigueur que l'on connaît, contenait en germe la victoire d'Auerstædt. Le principe de la réunion des forces était donc toujours présent à sa pensée. Est-il besoin de rappeler l'activité de l'Empereur dans les trois journées qui précédèrent la bataille? Nous l'avons vu à cheval pendant la plus grande partie du jour, puis au travail dans son cabinet, la moitié de la nuit, ne prenant en vingt-quatre heures que quatre ou cinq heures de sommeil. Cette activité se traduisit en un gain de temps qui créa chez l'ennemi la surprise : « Pourtant ils ne peuvent pas voler, s'écriait le duc de Brunswick à l'annonce de l'entrée des Français à Naumburg. » Cette activité prodigieuse électrisait nos soldats, bouleversait, en même temps, les projets de l'ennemi, « le jetait dans l'incertitude et le trouble de l'imprévu, dans le désordre des contre-ordres, des contre-mouvements, où l'ensemble se perd, où le temps échappe, où rien ne se fait à propos, tandis que, d'autre part, tout étant concerté d'avance, le *nombre*, le *temps*, l'*attaque* et tous les avantages enfin s'étaient trouvés de notre côté (1) ».

Le nombre, c'est la réunion des forces; le temps, c'est l'activité; enfin l'attaque, et surtout l'attaque dans les conditions où elle se produisit, ne pouvait être inspirée que par la ferme résolution de réussir ou de périr avec gloire, car la situation de

---

(1) Ségur, *Histoire et Mémoires*, t. III, p. 30 et suiv.

l'armée française, le 13 au soir et le 14 au matin, était fort périlleuse.

L'Empereur croyait avoir à combattre à Iéna la plus grande partie de l'armée prussienne, 100.000 hommes, postés dans une situation avantageuse, il attaquait cette armée avec des forces inférieures au moins pendant la première partie de la journée « arrivant précipitamment et successivement au travers d'un défilé, dans un bas-fond, dont il fallait forcer l'issue pour se déployer et qu'on devait avoir à dos pendant la bataille (1) ».

Hohenlohe lui-même se refusait à croire qu'il put être attaqué dans cette direction, ses dispositions étaient prises pour répondre à une attaque venant du sud-ouest. L'audace dans l'attaque contribua aussi bien que la hardiesse de la manœuvre stratégique et la rapidité des mouvements, à surprendre et à déconcerter l'adversaire.

Il semble donc que c'est beaucoup plus dans l'application de ces grands principes directeurs, que dans les combinaisons tactiques du champ de bataille, qu'il faut chercher la raison de la victoire. Ces combinaisons tactiques, qui se réduisent, en somme, à l'attaque décisive sur Vierzehn-Heiligen combinée avec le mouvement enveloppant de Soult sur l'aile gauche des Prussiens, n'offrent rien de génial, tandis que la hardiesse de l'idée, l'audace de l'exécution, l'activité et le courage moral dont fit preuve Napoléon, sont vraiment d'un Maître dans l'art de la guerre.

Par l'examen du rôle tactique joué par Napoléon dans la bataille du 14 octobre 1806, nous voyons qu'il fut complètement absorbé au cours du combat par les événements qui se passèrent entre le Landgrafenberg et Capellendorf, il resta pendant presque toute la journée sur le Dornberg, entre Lutzerode et Closwitz, presque sur la ligne de combat, participant aux émotions de la lutte, donnant directement des ordres aux régiments des 5e et 7e corps, jouant aussi de ses réserves pour amener une décision sur cette partie du champ de bataille; on peut dire qu'il ne vit dans la bataille que le village en flammes

---

(1) Ségur, *Histoire et Mémoires*, t. III, p. 30 et suiv.

de Vierzehn-Heiligen et le bois d'Isserstedt, un tout petit coin de l'ensemble du tableau.

Pendant ce temps, à 10 kilomètres de lui, Bernadotte avec le 1er corps et la moitié de la réserve de cavalerie, restait inactif sur le plateau d'Utenbach, et Davout à Hassenhausen, à six lieues d'Iéna, livrait bataille avec ses 25.000 hommes à 60.000 Prussiens. Jusqu'à quel point Napoléon se préoccupa-t-il de cette importante partie de ses forces? On dit que toute la journée il fut inquiet de leur sort, en tout cas il ne chercha point à avoir de leurs nouvelles et ne leur envoya aucun ordre. Il y eut là un manque absolu de liaison. Le matin du 14, à 6 heures, Davout toujours prévoyant, avait bien envoyé à l'Empereur le capitaine de Trobriand pour le mettre au courant du mouvement du 3e corps, Trobriand dut faire son compte rendu à l'Empereur entre 8 et 9 heures du matin, sur le Landgrafenberg, il était de retour vers midi auprès de son maréchal.

C'est la seule liaison dont nous ayons trace; elle était suffisante pour appeler l'attention du chef d'armée sur cette partie éloignée du champ de bataille. Mais, trop près de la ligne de feu, Napoléon ne s'occupa que du combat qui se livrait sous ses yeux. Nous avons vu dans l'Histoire le même fait se renouveler trop souvent pour en être étonné cette fois. Si donc on confond, comme Napoléon le fit dans le bulletin du 15 octobre, les deux affaires d'Iéna et d'Hassenhausen dans une seule et même bataille, on doit reconnaître que la direction de l'ensemble de la bataille échappât à l'Empereur parce que toute son attention fut absorbée par la lutte qui se passait sous ses yeux.

Dans son beau livre sur la campagne de Prusse en 1806, où nous avons trouvé des documents si précieux pour notre étude, le commandant Foucart émet cette opinion (1) :

« Ce ne sont pas les batailles de l'avenir seules qui se développeront sur des champs de bataille immenses que le commandant en chef ne pourra pas embrasser du regard. La journée du 14 octobre a donné l'exemple d'un front de bataille de 20 kilomètres. L'art du commandant en chef est d'être avec la

---

(1) FOUCART, *Campagne de Prusse (1806)* (*Prenzlow-Lübeck*), p. 7. Berger-Levrault, éditeurs, 12 fr.

masse de ses forces là où doit se décider la bataille pour donner le coup décisif. »

Qu'il nous soit permis de dire que, le matin du 14 octobre 1806, Napoléon n'envisageait d'aucune manière une bataille sur un front de 20 kilomètres, il ne voyait que la bataille en avant d'Iéna, entre le Mühl-Thal et le ravin d'Alten-Gönne, sur un front de 5 kilomètres. S'il eût cru à une bataille sur un front de 20 kilomètres, du Mühl-Thal à Hassenhausen, il est très vraisemblable qu'il l'eût conduite autrement.

Si nous embrassons par la pensée les batailles auxquelles nous nous préparons, qui se livreront sur 100 kilomètres de front, nous sommes en droit de nous demander si l'art du commandant en chef sera bien d'être de sa personne, pendant toute la journée, sur le coin du champ de bataille où il présumera que doit se donner le coup décisif.

Le commandant en chef ne doit pas cesser d'exercer, au cours de la bataille, l'action de direction indispensable pour assurer la concordance des efforts et l'afflux de forces supérieures sur le point décisif. Il doit constamment orienter ses subordonnés sur la situation générale, sur le développement de l'action, sur ses intentions, il doit veiller à l'exécution de ses ordres qui souvent sont contrariés par mille circonstances imprévues, redresser les erreurs de direction, activer ou ralentir le mouvement de l'une ou l'autre armée; de leur côté, les subordonnés doivent tenir le commandement au courant de leur situation particulière, des mouvements qu'ils projettent, de tout événement grave et imminent. Ces communications constantes permettent seules d'établir l'unité de commandement.

Le point de stationnement du général en chef devra être choisi de telle sorte que ces communications soient rendues aussi faciles et aussi rapides que possible, c'est-à-dire dans une position centrale, à un nœud de routes et de lignes ferrées, assez éloigné de la ligne de combat pour qu'on puisse y avoir la vue d'ensemble de la bataille et la liberté de reporter son attention sur telle ou telle partie de l'immense front. C'est de ce point, où il reste la plus grande partie du temps, que le général en chef dirige de haut la bataille.

Nous ne voulons pas dire par là qu'il doive rester figé en ce centre d'informations, d'où partiront toujours cependant, grâce à un bon emploi de l'état-major, les fils directeurs de la bataille. Ce serait renoncer de parti pris à l'utilisation d'une force de premier ordre, l'action de présence du chef, qui à tel ou tel moment, particulièrement au début et à la fin de la bataille, pourra être utile et même nécessaire en l'une ou l'autre région. Dans cet ordre d'idée, il est infiniment désirable qu'à l'instant suprême, le général en chef puisse se trouver au point décisif pour développer et diriger l'impulsion qui doit triompher de toutes les résistances, mais il arrivera sans doute, souvent, que l'événement se produira hors de son action.

En résumé, son influence doit se faire sentir par une action régulatrice auprès des commandants d'armée ses subordonnés immédiats, et non pas, par une intervention directe dans les péripéties du combat, se différenciant ainsi de ce que nous venons de voir faire à Iéna par Napoléon.

CONCLUSION GÉNÉRALE

Nous venons de suivre, d'aussi près que nous l'avons pu, Napoléon pendant la première partie de la campagne de 1806. Il était alors dans toute la force de son génie. Dans l'intimité de son cabinet de travail, nous avons assisté à l'éclosion et à l'évolution de sa pensée, à l'établissement de ses ordres, nous l'avons vu, dans l'exercice de son commandement, surveiller et contrôler l'exécution, distribuer magnifiquement les récompenses, réprimer les fautes le plus habituellement avec indulgence, et donner ainsi à toute son armée une irrésistible impulsion. Enfin, sous nos regards attentifs, il a préparé, livré et gagné une grande bataille. Pendant ce temps nous avons essayé de partager, dans le recul de l'Histoire, son existence journalière, notant, au fur et à mesure, nos remarques personnelles. Aujourd'hui notre stage d'instruction à l'état-major impérial est terminé, quelle impression nous en reste-t-il?

De toute cette cour militaire brillante, ardente et agitée, notre souvenir ne retient que la physionomie et la manière d'être d'un homme, d'un seul homme, Napoléon. Il se distingue si entièrement de son entourage, qu'il semble appartenir à une autre humanité. Il est dans l'armée le centre moteur de toute action et suffit à cette formidable tâche par la force de sa volonté, l'étendue et la pénétration de son esprit et par un labeur physique et intellectuel pour ainsi dire incessant.

Une pareille méthode de commandement pratiquée par un homme de trente-sept ans, d'une activité prodigieuse, d'une santé de fer, hors de pair par l'intelligence et le caractère, donna pendant un temps les résultats que l'on connaît. Cette centralisation du commandement a, sans aucun doute, de grands avantages : elle assure l'originalité et la force des conceptions, la vigueur et la concordance des efforts, le secret et la rapidité des opérations, la surprise de l'adversaire, toutes choses qui sont les éléments de la victoire.

Elle a, par contre, les inconvénients très graves de supprimer chez les subordonnés toute initiative et toute activité de pensée, de sacrifier par conséquent l'avenir, de n'être applicable que par un homme de génie et pendant un court espace de temps, car elle implique une tension exagérée de toutes les forces naturelles ; Napoléon lui-même ne put y suffire que pendant une partie de sa carrière. C'est un tour de force qu'on ne peut donner en exemple.

A cette méthode de commandement napoléonienne, nous allons comparer la méthode de commandement par échange d'idées où la décision du chef est la résultante de ce que j'appellerai « une conférence d'état-major ». C'est la méthode des Allemands en 1870.

Voici comment les choses se passaient au grand quartier général allemand en 1870, d'après Verdy du Vernois, alors lieutenant-colonel et chef de section (1).

« Chaque matin on se réunissait chez le général de Moltke pour étudier la situation et les suites qu'elle comportait. A cette conférence assistaient le quartier-maître général, les trois lieutenants-colonels chefs de section, l'intendant général de l'armée, le chef du bureau des opérations, le premier aide de camp général de de Moltke et souvent le directeur de la télégraphie (ce qui faisait huit personnages sans compter de Moltke).

« A la suite de cette réunion, le général de Moltke soumettait ses propositions ainsi que les moyens d'exécution au roi Guillaume. »

Comme le roi Guillaume ne conservait en quelque sorte pour lui que le commandement nominal des armées, la haute direction des opérations était exercée en réalité, sous la présidence du général de Moltke, par cet aréopage de neuf officiers de grades et d'âges fort différents.

Nous allons voir l'application de cette manière de procéder dans un cas concret, alors qu'une décision grave était à prendre, et, nous rappelant ce que Napoléon fit à Auma dans la nuit du 11 au 12 octobre 1806, nous saisirons sur le vif la différence des deux méthodes de commandement et accorderons à l'une ou à l'autre la préférence.

C'était dans la nuit du 6 au 7 août 1870. Le grand quartier

---

(1) VERDY DU VERNOIS, *Souvenirs personnels :* « *Au grand quartier général en 1870* » traduits par SOUBISE.

général allemand était à Mayence, le Roi était logé au château grand-ducal, l'état-major était dans un hôtel situé au bord du Rhin. Nous laissons parler Verdy du Vernois.

« Dans la soirée du 6, différents renseignements étaient parvenus sur le combat de Spicheren, sans qu'on pût se faire une idée précise de l'importance et des conséquences de la rencontre; ce dont on était sûr, c'est que des troupes des Ire et IIe armées y avaient participé et que la direction du combat était passée d'une main dans une autre. Nous fûmes inquiets toute la nuit du 6 au 7 août. Je venais de me coucher vers les minuit (1), lorsqu'on frappa à ma porte et après l'avoir ouverte quelqu'un me dit : « Verdy, êtes-vous là? » Je reconnus à la voix le prince Antoine Radziwill, aide de camp de Sa Majesté. Après être entré, il me dit que le Roi l'avait envoyé chez moi (2), à cause d'un télégramme qu'il venait de recevoir et qui n'était pas très compréhensible. J'allumai rapidement une bougie et, encore au lit, je me mis à lire la dépêche commençant ainsi : « Deux « aigles, etc... » Il en ressortait que l'armée du Prince Royal avait livré une bataille et qu'elle avait été victorieuse, mais tout d'abord la dépêche ne laissait pas entrevoir où l'action avait eu lieu : cependant, comme nous connaissions tous ses mouvements jusqu'à ce moment, on avait peut-être des chances de le trouver. Je sautai donc hors du lit et m'installai à une table sur laquelle des *cartes étaient étalées* (3).

« Notre conversation réveilla Brandenstein (chef de la section des transports et étapes), qui dormait dans une chambre contiguë. « Qu'est-ce? que se passe-t-il? dit-il. — Viens un peu « ici », lui répondis-je. Il apparut dans le même costume que moi et nous nous mîmes autour de la table, tels que nous étions en sortant du lit; chacun une bougie à la main.

---

(1) Nous constatons encore une fois que minuit est l'heure de l'arrivée dans les grands quartiers généraux des nouvelles importantes, ce qui justifie la **méthode de travail de Napoléon.**

(2) Verdy était chef de la section des renseignements; le lieutenant-colonel Bronsart von Schellendorf, chef de la section des opérations; le lieutenant-colonel von Brandenstein, chef de la section des transports et étapes. Le commandant Blume était chef du bureau des opérations.

(3) C'est la carte qui au quartier général de Napoléon était dressée par Baoler d'Albe dans le cabinet ou la chambre de l'Empereur.

« La première idée que nous eûmes et qui fut plus tard reconnue être la vraie, était que nous n'avions en main que la deuxième moitié d'un télégramme dont la première moitié, pour une raison inconnue, n'était pas parvenue au Roi.

« En tout cas, la nouvelle était si importante que l'on devait *discuter* s'il n'y avait pas à prendre des dispositions. Là-dessus nous réveillons Bronsart (chef de la section des opérations), de Cler (premier aide de camp de de Moltke) et je crois aussi Blume (chef du bureau des opérations) et nous nous rendons chez le général Podbielski (quartier-maître général).

« Après lui avoir communiqué la dépêche, il nous emmena chez le général de Moltke, que nous avions fait éveiller. Je n'oublierai jamais l'expression de figure du général, lorsqu'il se leva sur son lit, sans perruque, éclairé par la lune, nous regardant comme s'il voulait dire : « Qu'est-ce que c'est que tout « ce monde-là? »

« Après avoir quelque peu causé, *nous* conclûmes que la bataille avait dû avoir lieu dans les environs de Wœrth et que non seulement *nous* devions en informer les autres armées, mais que *nous* devions donner de nouvelles instructions directives aux corps de deuxième ligne qui n'avaient pas encore été attribués à l'une ou l'autre armée.

« On donna également l'ordre aux Ire et IIe armées de ne pas trop se rapprocher de la Sarre, leur concentration n'étant pas suffisante.

« D'un autre côté, *nous ne voulions pas* (1) les empêcher de suivre la principale armée ennemie qu'elles avaient devant elles, si celle-ci battait en retraite, ce que nous comptions apprendre dans la journée. »

Rapprochez par la pensée la scène de Mayence dans la nuit du 6 au 7 août 1870 de la vision de Napoléon travaillant dans son cabinet à Auma dans la nuit du 11 au 12 octobre 1806 et les différences des deux méthodes de commandement vous sauteront aux yeux.

---

(1) C'est, comme on le voit, la résultante des volontés d'une collectivité qui est substituée à la volonté du chef, ce qui aboutit généralement à une solution moyenne. Les ordres sont bien donnés au nom du chef qui en assume la responsabilité, mais tout le monde sait qu'il n'en est pas l'auteur et qu'il a adopté — sans enthousiasme — une création collective; au point de vue moral, cet effacement du chef a une influence débilitante énorme.

CONCLUSION GÉNÉRALE

D'un côté, la décision prise résulte de la volonté d'un seul homme qui, en un clin d'œil, se rend compte par lui-même de tout, saisit l'occasion, précipite les mouvements, exploite le temps à son maximum. De l'autre côté, c'est la solution moyenne rationnelle, méthodique, résultant d'un échange de vues entre des officiers d'état-major, pénétrés de la même doctrine, « tous amis, remplissant chacun leur devoir avec zèle, sans envie et sans jalousie », comme l'a écrit Blume.

Entre ces deux méthodes, il est loisible à chacun de faire son choix. Pour moi, tout en étant partisan zélé de la **division du travail**, du développement des initiatives, d'une large diffusion dans l'armée de la vie de l'esprit, tout en jugeant indispensable de modifier, dans ce sens, tout ce que la méthode napoléonienne a de tyrannique et d'absolu, je crois fermement que rien ne peut remplacer le travail personnel du chef; ce travail de pensée incessant est la sauvegarde de l'autorité et du prestige du haut commandement, de l'originalité et de la force de ses conceptions; par le fait seul qu'il existe et qu'on sent son action, il décuple chez tous la force d'impulsion et le feu sacré, il donne à l'exécution une allure caractéristique par sa fermeté et sa rapidité; le commandement ainsi exercé, s'il s'adresse à une armée où sont exaltées les idées de patriotisme, de devoir et de sacrifice, obtiendra d'elle l'effort intense, qui est un gage presque certain de victoire. Aussi, pour terminer, je conclus par cette parole de Machiavel (1) :

« Qu'un seul commande à la guerre, plusieurs volontés affaiblissent l'armée. »

Cette maxime est aujourd'hui plus vraie que jamais car avec nos moyens rapides de communications et de renseignements, le chef d'armées devra plus que jamais utiliser le temps à son maximum, profiter immédiatement des fautes de l'adversaire, saisir l'occasion.

---

(1) MACHIAVEL, *Discours sur la première décade de Tite-Live.*

ANNEXES

ANNEXE I

Notice biographique sur Bacler d'Albe

Baron Bacler dit : Bacler d'Albe (Louis-Albert-Guislain), fils de Philippe-Albert-Hector et d'Anne-Cécile Delattre, né le 21 octobre 1761, à Saint-Pol (Pas-de-Calais), marié le 31 mars 1808 à Mlle Marie-Marthe-Alexandrine Godin.

État des services.

Volontaire au 2e bataillon de l'Ariège, le 1er mai 1793;
Capitaine de canonniers dans la 56e demi-brigade, le 20 octobre 1793;
Adjoint aux adjudants-majors du parc d'artillerie de campagne de l'armée d'Italie, le 3 septembre 1796;
Chef des ingénieurs géographes employés au Dépôt de la guerre, le 22 décembre 1799;
Chef d'escadron-ingénieur géographe, le 23 septembre 1801;
Chef du cabinet topographique de l'Empereur, le 23 septembre 1804;
Colonel, le 21 juin 1807;
Adjudant commandant, le 5 juillet 1807;
Général de brigade, le 24 octobre 1813;
Directeur du Dépôt de la guerre, le 2 mars 1814;
En non activité, le 10 juillet 1815;
Disponible, le 1er avril 1820;
Décédé à Sèvres (Seine-et-Oise), le 12 septembre 1824.

Campagnes.

1793, armée des Alpes et siège de Toulon. — 1794, 1795, 1796, 1797, 1798 et 1799, armée d'Italie. — 1804, armée des Côtes de l'Océan. — 1806, 1807, 1808, Grande Armée. — 1808, Espagne. — 1809, armée d'Allemagne. — 1812 (Russie). — 1813 (Saxe). — 1814 (France).

Blessures.

Blessé au cou, à la main droite et à la main gauche aux sièges de Lyon et de Toulon, en 1793.

Décorations.

Officier de la Légion d'honneur, le 10 avril 1813.
Chevalier de Saint-Louis, le 19 juillet 1814.

Titres.

Baron de l'Empire (lettres patentes du 9 décembre 1809 au 2 février 1810).

Dotation.

10.000 francs de rente annuelle sur les biens réservés en Westphalie, par décret du 17 mars 1808.

Renseignements biographiques

Lors de la naissance de Bacler d'Albe, à Saint-Pol (Pas-de-Calais), le 21 octobre 1761, son père était quartier-maître trésorier du régiment de Toul-Artillerie, aujourd'hui 4e régiment d'artillerie. En 1772, le père de Bacler d'Albe était retraité et occupait l'emploi de directeur des postes à Amiens.

Il fit donner à son fils une certaine instruction, notamment en ce qui concerne les mathématiques et le dessin.

A l'âge de quinze ans le jeune Bacler était premier commis des postes à Amiens. Son père étant souvent malade, il le remplaçait fréquemment dans ses fonctions de directeur; il avait donc la perspective de faire facilement son chemin dans la carrière paternelle. Mais à quinze ans, en 1781, il est pris d'un goût irrésistible pour les beaux-arts, il abandonne sa place de commis des postes et se met en route pour l'Italie. Captivé par le paysage de montagne, il s'arrête dans la région des Alpes et y reste sept ans. Il fait le levé du Haut-Faucigny pour sa propre satisfaction. La Révolution éclate, il embrasse les idées nouvelles; il s'engage le 1er mai 1793 comme volontaire au 2e bataillon de l'Ariège; le 20 octobre 1793 il organise à ses frais une compagnie de canonniers à la suite de ce bataillon, il en est nommé capitaine. Il prend part en cette qualité aux sièges de Lyon et de Toulon, en 1793. Au siège de Toulon, le général Laharpe le chargea de la défense du camp dit des Invincibles, dont il commanda l'artillerie. Il fait la connaissance de Bonaparte.

Le 13 germinal an II, le général Bonaparte l'emploie à lever toute la côte depuis Nice jusqu'à Savone et à déterminer conjointement avec le capitaine Muiron l'emplacement des batteries à élever sur toute cette ligne. Il fut ensuite employé à quantité de reconnaissances militaires dans toute la rivière du Levant et aux avant-postes.

Le 23 ventôse an IV, Bacler est nommé capitaine adjoint à l'état-major de l'artillerie, chef du bureau du dessin de construction et de topographie du parc et spécialement chargé de l'instruction des lieutenants d'artillerie pour le tracé des fortifications et le levé de plans.

Enfin, le 2 messidor an IV, il est nommé chef du bureau topographique à l'armée d'Italie près du général en chef Bonaparte, à qui il est attaché personnellement pendant la guerre. Il fait les campagnes de 1797, 1798 et 1799 à l'armée d'Italie. Puis il est ingénieur-géographe au Dépôt de la guerre jusqu'au 23 septembre 1804 où il est nommé chef du cabinet topographique de l'Empereur. Il fait avec l'Empereur les campagnes de 1806, 1807, 1808 en Espagne, 1809, 1812, 1813 et 1814.

Mis en non-activité par le Gouvernement de Louis XVIII, privé de sa dotation, réduit à la demi-solde, Bacler d'Albe passa dans la gêne les dernières années de sa vie.

La campagne de Russie, au cours de laquelle il avait perdu tous ses équipages et une vingtaine de chevaux, lui avait valu 60.000 francs de dettes. Après la chute de l'Empire, pour se libérer de ses dettes et faire vivre sa famille, il dut publier ses collections de lithographies des environs de Paris et peindre des porcelaines pour la manufacture de Sèvres.

Bacler d'Albe eut au moins deux fils. L'aîné, Joseph Bacler, fut, comme son père, un topographe remarquable. Aide de camp de Duroc et de Soult, capitaine à vingt-trois ans, chef d'escadron à vingt-six ans, il fut impliqué, après la Restauration, dans un complot bonapartiste. Obligé de fuir la France, il prit du service au Chili comme officier du génie. Il mourut la même année que son père, en 1824.

Un autre fils eut lui-même comme descendant M. Bacler d'Albe (Maurice-Wilhelm-Émilien-Martin), actuellement (1912) trésorier-payeur général honoraire, à qui nous sommes redevable de ces renseignements biographiques.

L'œuvre artistique de Bacler d'Albe est considérable; il a laissé plus de 500 œuvres, tableaux, aquarelles, gouaches, gravures, lithographies; mais, malheureusement, on n'a de lui aucune note ni aucuns mémoires, ce qui est fort regrettable, car Bacler d'Albe, qui avait vécu si longtemps à l'État-major impérial, familier de Napoléon, ami intime de Duroc, dont il reçut le dernier soupir, savait mille anecdotes qu'il

*

débitait fort bien. Des mémoires de Bacler d'Albe auraient certainement donné des détails précieux sur l'existence au quartier impérial, sur le travail de Napoléon, sur la part qu'il y prenait. Mais de cette courte notice, il ressort nettement que si Bacler d'Albe fut un topographe éminent, il n'était en rien un tacticien et nullement préparé à collaborer intellectuellement avec l'Empereur. Sa collaboration, fort précieuse du reste, était d'ordre essentiellement matériel.

ANNEXE II

Note sur les cartes.

Pour permettre de suivre les opérations de la campagne de 1806 jusqu'au 14 octobre et les opérations de la bataille d'Iéna, il a été annexé :

1º Un croquis des opérations du 8 au 14 octobre 1806;

2º La reproduction d'une carte des environs d'Iéna, publiée à Weimar en 1800 (1);

3º On a annexé, en outre, à titre de document, une partie de la « Nouvelle carte générale géographique de l'Électorat de Saxe » dessinée de 1759 à 1763 par Petri, lieutenant-colonel ingénieur prussien, à l'échelle du 1/171000e.

La carte de Petri était la seule carte détaillée de la Saxe dont pouvait disposer Napoléon au cours de ses campagnes.

La lettre suivante du major général Berthier au maréchal Soult permet en particulier d'affirmer que la carte de Petri était bien celle dont se sont servis Napoléon et ses maréchaux pendant la campagne de 1806 :

Le Major-général au Maréchal Soult.

Au bivouac de Köstritz, 13 octobre 1806, 11ʰ 30 du matin.

« L'Empereur, Monsieur le Maréchal, ordonne que vos deux divisions viennent coucher ce soir au village de Köstritz qui est un

---

(1) Cette carte des environs d'Iéna existe aux archives de la Section historique du ministère de la Guerre en un exemplaire sur lequel sont indiqués les emplacements au début de la bataille et les mouvements de la division Suchet (corps de Lannes), de la division Desjardins (corps d'Augereau) et de la Garde impériale. Suivant toute vraisemblance, cet exemplaire était, en 1806, entre les mains de quelque général ou officier d'état-major, si ce n'est de l'Empereur lui-même.

assez gros endroit sur la route d'Iéna et où se trouve l'embranchement d'une autre route qui va à Naumburg.....

« Le village de Köstritz se trouve à 3 lieues de Gera en passant par Langenberg.....

« Je vous fais observer que sur la carte de Saxe ce village est porté, mais que le nom n'est pas écrit; il se trouve à 3 lieues sur la route de Gera à Iéna que suit l'Empereur. »

Or, si on se reporte à la carte de Petri, on constate que sur la route de Gera à Naumburg par Langenberg et Crossen, à 10 kilomètres de Gera et à hauteur de Weissenbrünn, se trouve indiquée une localité dont le nom n'est pas marqué et qui est évidemment Köstritz, comme il est facile de le vérifier sur la carte actuelle au 1/100000e de l'Empire allemand.

La route de Köstritz a Iéna n'est pas marquée sur la carte, mais elle existait en 1806 passant par Weissenbrünn et Klosterlausnitz.

Il est intéressant pour le lecteur d'avoir sous les yeux un spécimen de la carte dont se servit Napoléon pour donner ses ordres, carte où le figuré de terrain est à peine indiqué, où ne sont portés que les chemins principaux. On voit ainsi que Napoléon ne pouvait indiquer à ses corps d'armée que des directions de marche et ne pouvait leur fixer ni zones de marche ni itinéraires. On se rend compte aussi de l'importance qu'avaient à cette époque les reconnaissances du terrain, et on s'explique le souci constant de Napoléon de se renseigner par tous les moyens possibles sur les particularités du terrain.

TABLE DES MATIÈRES

	Pages
Introduction	v

Chapitres :
- I. — La pensée et la décision 1
- II. — L'exécution 12
- III. — L'exécution (suite) 22
- IV. — Le quartier général impérial 52
  - I. — La Maison de l'Empereur 52
- V. — Le quartier général impérial (suite) 84
  - II. — L'État-major 84
- VI. — Surveillance de l'exécution 100
- VII. — Les sanctions 115
  - Napoléon et ses généraux 115
- VIII. — Les sanctions (suite) 143
  - Napoléon et le soldat 143
- IX. — Napoléon à la bataille 161
  - I. — La veillée des armes 161
- X. — Napoléon à la bataille (suite) 179
  - II. — La bataille 179

Conclusion générale 205

ANNEXES

- Annexe I. — Notice biographique sur Bacler d'Albe 211
- Annexe II. — Note sur les cartes 214

CARTES

(A la fin du volume)

- I. — Croquis des opérations du 8 au 14 octobre 1806.
- II. — Carte des environs d'Iéna, publiée à Weimar en 1800.
- III. — Nouvelle carte générale géographique de l'Électorat de Saxe, dessinée de 1759 à 1763 par Petri.

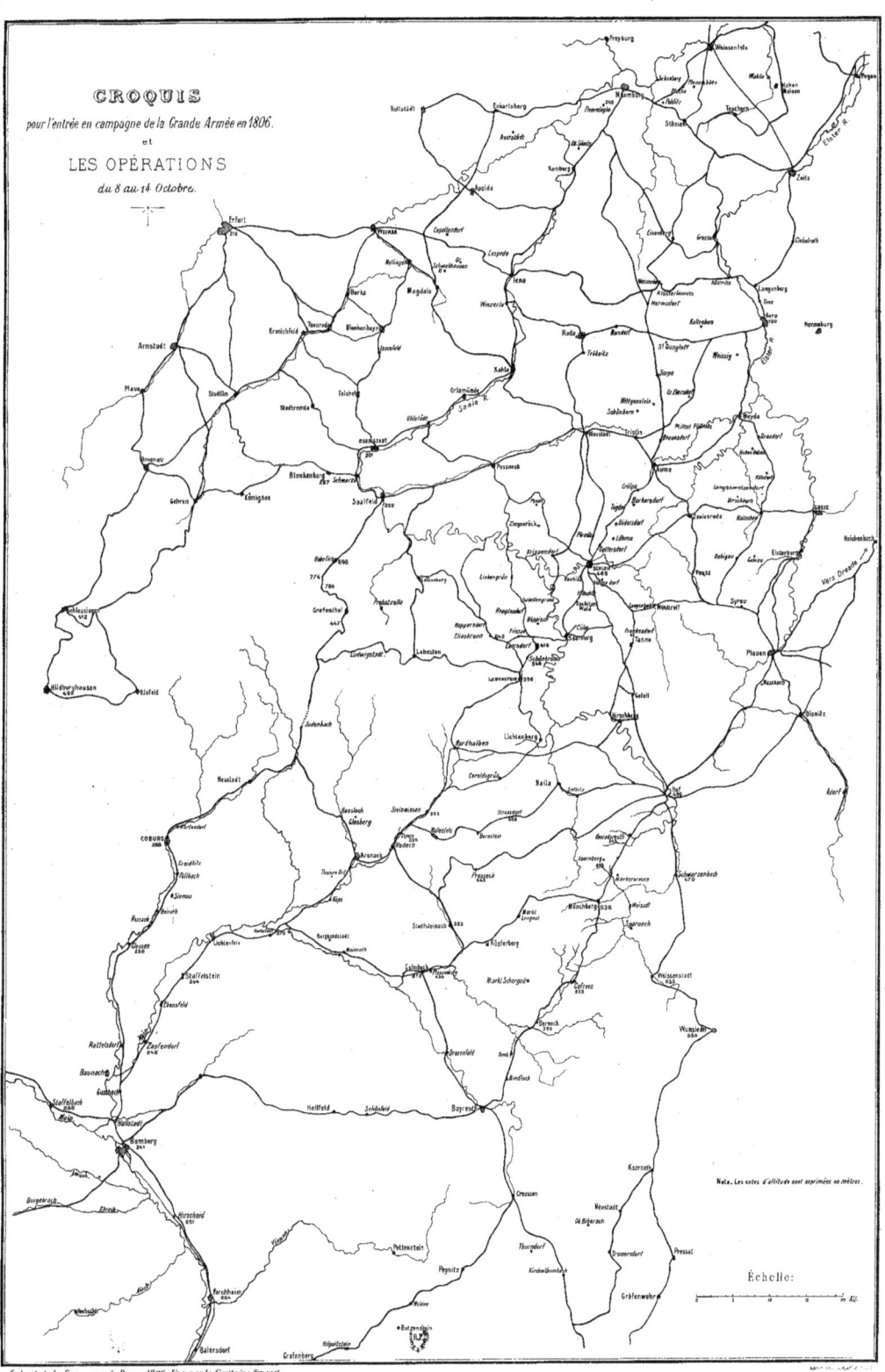

CARTE DES ENVIRONS D'IÉNA (1800)

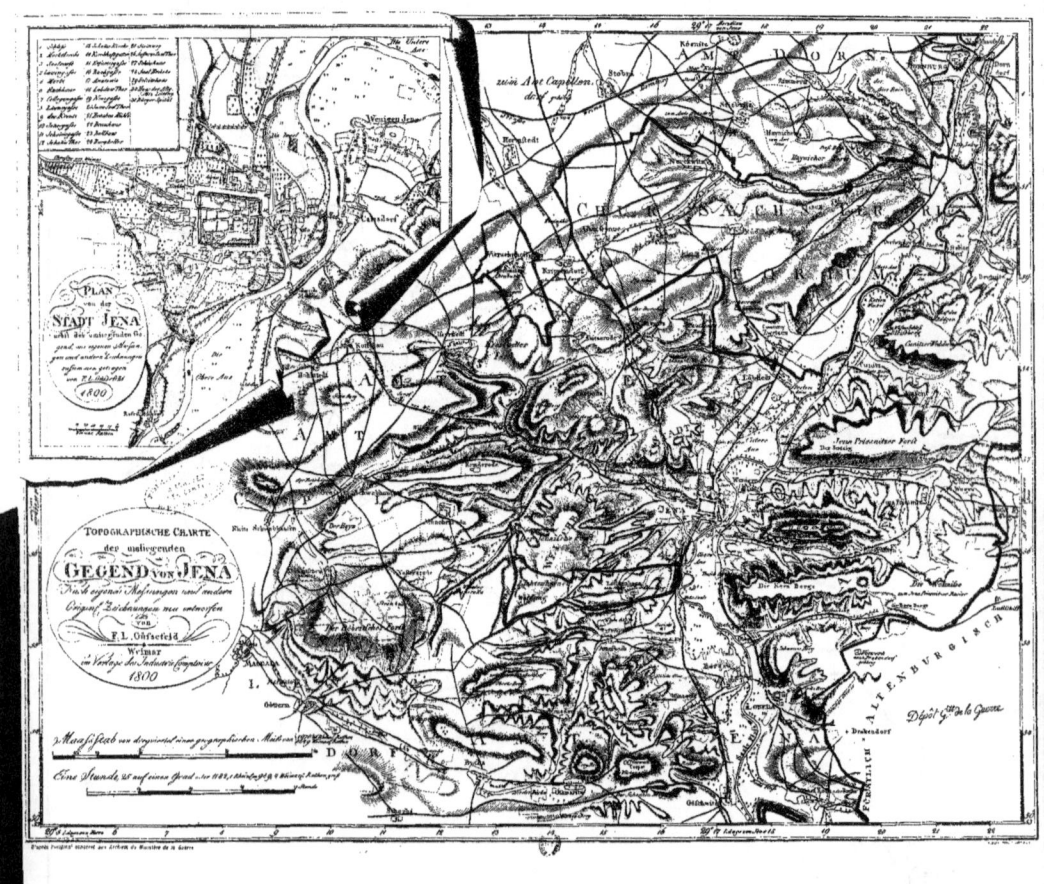

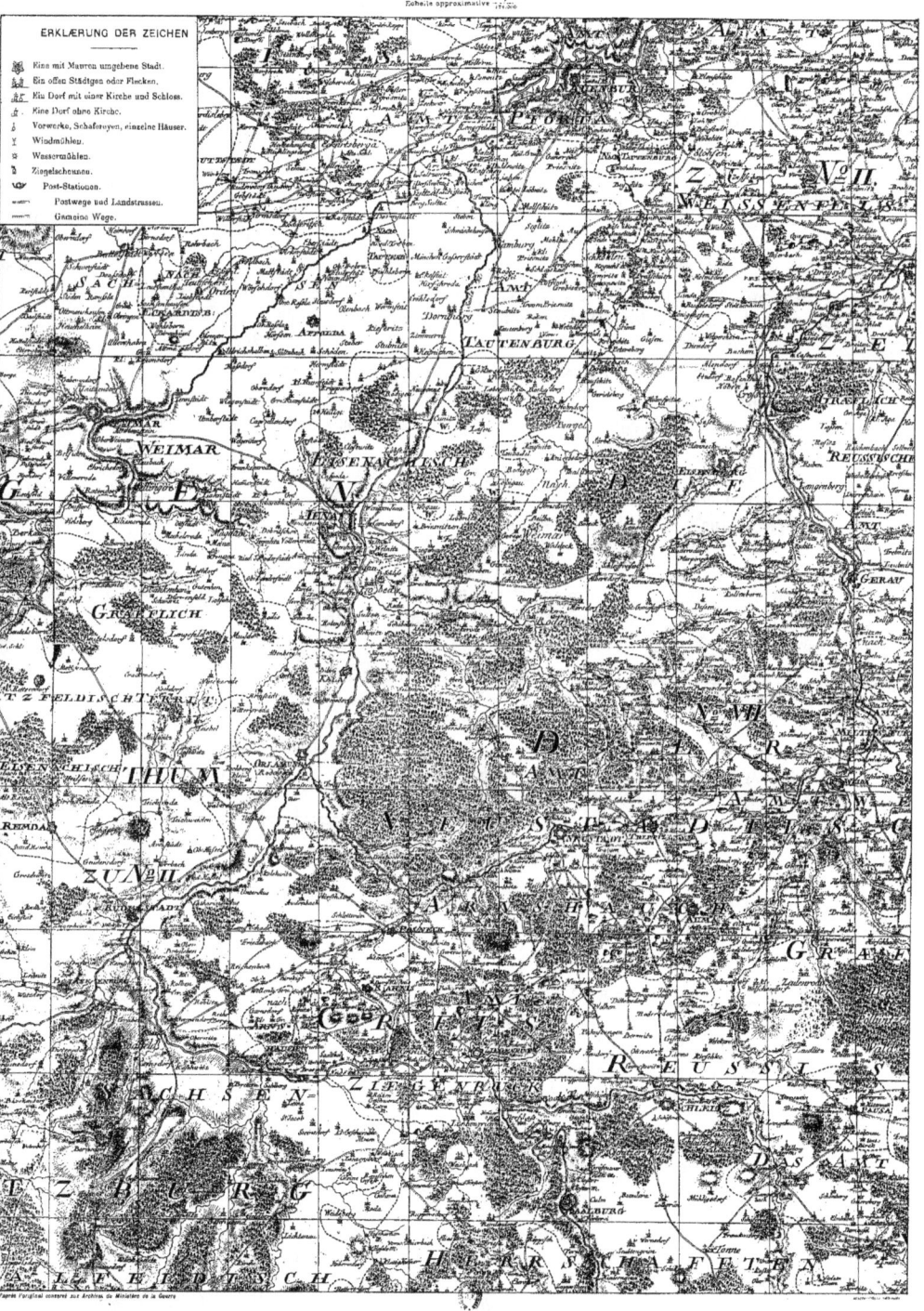

CARTE DE LA SAXE par Petri (1763)

LIBRAIRIE MILITAIRE BERGER-LEVRAULT

PARIS, 5-7, RUE DES BEAUX-ARTS — RUE DES GLACIS, 18, NANCY

ÉTAT-MAJOR DE L'ARMÉE (SECTION HISTORIQUE)

ZÜRICH — **MASSÉNA EN SUISSE.** *Messidor an VII-Brumaire an VIII (juillet-octobre 1799)*, par L. HENNEQUIN, capitaine breveté, de la Section historique de l'État-major de l'armée. 1911. Un volume in-8 de 581 pages, avec 8 cartes et croquis, et 4 portraits hors texte, broché . . . . **12 fr.**

LA RÉGÉNÉRATION DE LA PRUSSE APRÈS IÉNA, par J. VIDAL DE LA BLACHE, capitaine breveté au 128e régiment d'infanterie, détaché à la Section historique. Ouvrage publié sous la direction de la Section historique de l'État-major de l'armée. 1910. Un volume grand in-8 de 499 pages, broché . . . . **7 fr. 50**

CAMPAGNE DE L'AN 14 (1805). — **Le Corps d'armée aux ordres du maréchal Mortier.** — *Combat de Dürrenstein*, par le capitaine ALOMBERT, de la Section historique de l'État-major de l'armée. 1897. Un volume in-8, avec carte, croquis et gravure, br. **6 fr.**

CAMPAGNE DE L'EMPEREUR NAPOLÉON EN ESPAGNE (1808-1809), par le commandant breveté d'état-major BALAGNY.
— *Tome I*. Durango. Burgos. Espinosa. 1902. Un volume in-8 de 500 pages, avec 14 cartes, plans et croquis, broché . . . . **12 fr.**
— *Tome II*. Tudela. Somosierra. Madrid. 1903. Un volume in-8 de 719 pages, avec 9 cartes, plans et croquis, broché . . . . **15 fr.**
— *Tome III*. Napoléon à Chamartin. — La Manœuvre de Guadarrama. 1903. Un volume in-8 de 707 pages, avec 5 cartes, plans et croquis, broché . . . . . . **15 fr.**
— *Tome IV*. La Course de Benavente. La Poursuite de la Corogne. 1906. Un volume in-8 de 556 pages, avec 8 cartes, plans et croquis, broché . . . . **12 fr.**
— *Tome V* et dernier. Almaraz. Uclés. Départ de Napoléon. 1907. Un vol. in-8 de 571 pages, avec 5 cartes et croquis, broché . . . . **12 fr.**

CAMPAGNE DE 1809 EN ALLEMAGNE ET EN AUTRICHE, par le commandant SASKI.
Tome I.   — Un volume in-8 de 595 pages, avec 1 carte et 4 croquis, broché. . **10 fr.**
Tome II. — Un volume in-8 de 394 pages, avec 7 cartes, broché . . . . . **10 fr.**
Tome III. — Un volume in-8 de 412 pages, avec 1 carte et 2 croquis, broché. . **10 fr.**

LA MANŒUVRE DE LÜTZEN (1813), par le colonel LANREZAC, professeur à l'École supérieure de guerre. 1904. Un volume grand in-8, avec 18 croquis, broché . . . . **10 fr.**

Lieutenant-Colonel P. FOUCART

Campagne de Prusse (1806). — I. Iéna, d'après les Archives de la Guerre. 1887. Beau volume in-8 de 746 pages, avec 2 cartes et 3 croquis, broché. . . . . **10 fr.**
— II. Prenzlow-Lubeck. 1890. Beau volume in-8 de 986 pages, avec 3 cartes et 13 tableaux, broché . . . . **12 fr.**

Campagne de Pologne (1806-1807). *Pultusk et Golymin*, d'après les Archives de la Guerre. 1882. Deux volumes in-12 (1056 pages), avec 3 cartes et 8 tableaux, br. **12 fr.**

Bautzen. — I. Une Bataille de deux jours, 20-21 mai 1813. 1897. Un volume in-8 de 349 pages, avec 4 croquis, broché . . . . **5 fr.**
— II. La Poursuite jusqu'à l'armistice, 22 mai-4 juin 1813. 1901. Un volume in-8 de 379 pages, avec 1 croquis grand in-folio, broché . . . . **5 fr.**

Une Division de cavalerie légère en 1813. *Opérations sur les communications de l'armée. Combat d'Altenburg, 28 septembre 1813.* 1891. Un volume grand in-8, broché . . . . **3 fr.**

Le Général de Clausewitz. *Sa Vie et sa Théorie de la guerre*, d'après des documents inédits, par M.-P. ROQUES, professeur au lycée de Chartres. 1911. Un volume in-8 de 161 pages, broché . . . . **3 fr.**

Rosbach et Iéna. *Recherches sur l'état physique et intellectuel de l'armée prussienne pendant l'époque de transition du dix-huitième au dix-neuvième siècle*, par le baron COLMAR VON DER GOLTZ. Traduit avec l'autorisation de l'auteur par le commandant CHABERT. Nouvelle édition. 1896. Un volume in-8 de 493 pages, avec 2 plans coloriés, broché. **5 fr.**

LIBRAIRIE MILITAIRE BERGER-LEVRAULT

PARIS, 5-7, RUE DES BEAUX-ARTS — RUE DES GLACIS, 18, NANCY

Préceptes et Jugements de Napoléon, recueillis et classés par le lieutenant-colonel Ernest PICARD. 1912. Un volume grand in-8 de 580 pages, broché. . . . . . . **10 fr.**

Lettres, ordres et décrets de Napoléon Ier en 1812-13-14, *non insérés dans la Correspondance*, recueillis et publiés par M. le vicomte DE GROUCHY. Publication de « La Sabretache ». 1897. Un volume grand in-8, broché . . . . **2 fr.**

Lettres de l'Empereur Napoléon du 1er août au 18 octobre 1813, *non insérées dans la Correspondance*. Publiées par X... 1909. Un volume grand in-8 de 266 pages, broché. . . . . **12 fr.**

Notes de Napoléon Ier sur la Fortification, dictées à Sainte-Hélène. 1897. In-8, broché. . . . . **75 c.**

Les Centenaires de 1806 et 1807. *Iéna, Eylau, Friedland*, par Joseph PERREAU, chef de bataillon, ancien professeur à l'École militaire de Saint-Cyr. 1908. Un volume in-12 avec cartes, plans et illustrations, broché. . . . . **2 fr.**

Étude sur la période du 5 au 14 juin de la Campagne de 1807, par le lieutenant-colonel MICHEL. Un volume grand in-8, avec 2 cartes en couleurs, broché . **2 fr.**

Deux Études sur la Campagne de 1812, par le capitaine breveté ULMO. 1911. Un volume grand in-8, de 61 pages, avec 3 croquis, broché . . . . **2 fr.**

Les Monuments français du Centenaire de 1812 *et les cérémonies de Borodino et de Moscou*, par A. DRY (colonel FLEURY). Avec les discours prononcés à Schwardino le 8 septembre 1912. Brochure grand in-8, avec une planche . . . . **1 fr.**

La Défense de Torgau en 1813, par Fernand LE PLOGE. Publication de « La Sabretache ». 1896. Un volume grand in-8, avec un plan hors texte, broché . . . . **2 fr. 50**

La Défense des Vosges en 1814 et 1815. *Wolff, Brice, les frères Vadel, Vatot et Rouyer*, par M. MULLER. 1911. Brochure grand in-8 . . . . **1 fr.**

Histoire du régiment de chevau-légers de la Garde de Napoléon Ier. *Sources documentaires, d'après des manuscrits originaux et des documents édités*, par Alexandre REMBOWSKI. Préface par G. PRZECLAWSKI et le lieutenant-colonel E. TITEUX. Édition de la Bibliothèque du majorat Krasinski à Varsovie. 1899. Deux tomes grand in-8, formant un beau volume de 1004 pages, avec 89 gravures en partie en couleurs (uniformes, portraits, scène de batailles, fac-similés, etc.), brochés . . . . **40 fr.**

Les Espagnols à la Grande Armée. *Le corps de La Romana (1807-1808). Le régiment Joseph-Napoléon (1809-1813)*, par le commandant P. BOPPE. 1899. Un volume in-8 de 267 pages, avec 3 planches d'uniformes en couleurs et 1 carte, broché. . **6 fr.**

La Croatie militaire (1809-1813). *Les régiments croates de la Grande Armée*, par le même. 1900. Un volume in-8, avec 6 planches en couleurs et 1 carte, broché. **7 fr. 50**

Nos Drapeaux et Étendards de 1812 à 1815, par O. HOLLANDER. 1902. Un volume grand in-8 de 244 pages, avec 30 gravures, dont 20 hors texte, broché . **10 fr.**

Les Grands Cavaliers du premier Empire. Notices biographiques, par le général Ch. THOUMAS. — 1re série : *Lasalle, Kellermann, Montbrun, les trois Colbert, Murat*. 1890. Un volume grand in-8 de 521 pages, avec 4 portraits, broché. . . . **7 fr. 50**
— 2e série : *Nansouty, Pajol, Milhaud, Curély, Fournier-Sarlovèze, Chamorin, Sainte-Croix, Exelmans, Marulaz, Franceschi-Delonne*. 1892. Un volume grand in-8 de 537 pages, avec 8 portraits, broché. . . . . **7 fr. 50**
— 3e série : *Grouchy, Vagnair de Marisy (van Marisy), Lefebre-Desnoëttes, Bessières, Sébastiani, d'Hautpoul, Caulaincourt, Latour-Maubourg, Espagne*. 1910. Un volume grand in-8 de 357 pages, avec 8 portraits, broché . . . . **6 fr.**

Grands Artilleurs. *Drouot, Sénarmont, Éblé*, par le capitaine Maurice GIROD DE L'AIN. (Ouvrage couronné par l'Académie française). 1894. Beau volume in-8 de 465 pages, avec 4 portraits, broché . . . . **8 fr.**

Le Haut Commandement dans les principales Armées européennes, *depuis son origine jusqu'à nos jours*, par Gaston BODART. 1910. Un volume grand in-8 de 207 pages, broché. . . . . **6 fr.**

Soldats Académiciens, 1634-1911, par A. DRY (Colonel FLEURY). Brochure grand in-8.
1 fr. 50

www.ingramcontent.com/pod-product-compliance
Lightning Source LLC
Chambersburg PA
CBHW071946160426
43198CB00011B/1572